IM WALD DER PSYCHOSEN

CHRISTIAN KRUMM

EDITION ROTER DRACHE

Dieses Buch wurde klimaneutral produziert, gedruckt und versendet.

1. Auflage Februar 2024

Edition Roter Drache, Holger Kliemannel, Am Hügel 7, 59872 Meschede

edition@roterdrache.org; www.roterdrache.org

Lektorat: Maxi Leuzzi

Umschlag- und Buchgestaltung: Holger Kliemannel

Titelbild: Björn Gooßes, https://www.killustrations.com/

Hergestellt in der EU

ISBN 978-3-96815-067-3

Inhalt

Winter

Prolog

»Nennt mich meinethalben …«
Moby Dick – Herman Melville

Frühling

Warst Du schon jemals jemand anderes? Sicher verwundert Dich meine Frage. Es ist nicht so sehr die Frage an sich, denn schließlich mag es durchaus normal sein, dass beim Spaziergang um den See an einem so schönen Frühlingstag solche Gedanken aufkommen. Vielmehr wundert es Dich, wo meine Stimme herkommt. Denn ich bin nicht die Stimme, die Du gewöhnlich hörst. Du schaust zum Himmel. Die blendende Sonne wärmt Dich. Ein lauer Wind streicht um Deinen Kopf. Du fühlst Dich gut, ganz unvermittelt. Vielleicht habe ich die andere Stimme unterbrochen, Du weißt, Deine Stimme, die Dir sagt, dass es Dir nicht zusteht, um diese Zeit, bei diesem schönen Wetter um den See zu laufen, weil Du doch arbeiten oder lernen musst. Du schaust Dich um. Ein Pärchen auf Rollerblades fährt an Dir vorbei, der Mann von der Tretbootvermietung steht rauchend an seiner Hütte und eine Frau in einem Alter, das zu erreichen Du Dir nicht vorstellen kannst, schiebt langsam ihren Rollator vor sich her. Alles ist so friedlich hier. Alle haben ein normales Leben. Alle haben es geschafft, haben ihr Leben so bewältigt, dass sie heute, am ersten wirklich sonnigen Tag des Jahres, an diesem See sein dürfen. Das zumindest würde Dir die Stimme sagen, die zu hören du gewohnt bist. Aber nun bin ich hier, Deine neue Stimme. Wir gehen zusammen.

Ja, es ist Frühling, die Zeit der Wiedergeburt. Du siehst zum See. Die ersten Küken sind geschlüpft und watscheln tapsig hinter ihren Müttern her. Die Großen geben auf die Kleinen Acht, so wie es in der Natur ist, so wie es sein soll. Du schaust in ihre Richtung. Sie sind so unschuldig wie der Arm des Mannes, der sich um die Schultern seiner Angebeteten legt, dort am Ufer, auf der Picknickdecke. Wohl wird er ihr gleich den Ring zeigen, den er für sie gekauft hat, und im gleichen Moment würde sich Deine Stimme zu Wort melden. Sie würde zu bedenken geben, dass ein Heiratsantrag in einem öffentlichen Park einfach gar nicht geht. Seit der Kindheit haben sich viele Vorstellungen von diesem einen Moment in Deinem Kopf angesammelt, aber ein solcher Ort war nicht dabei. Natürlich nicht, denn es muss etwas Besonderes, etwas Einzigartiges sein. Außerdem: Wie lächerlich ist das in diesem fortgeschrittenen Alter? Die beiden sind doch schon Mitte vierzig. Deine Stimme würde sagen, dass man in diesem Alter keine Heiratsanträge macht, sondern mit der eigenen Tochter ihr Hochzeitskleid aussucht, sonst hat man im Leben versagt. Der Mann? Ein Versager. Die Frau? Eine Versagerin. Beide sind in diesem Moment glücklicher als Du. Was sagt Dir das über Deine Stimme?

Noch hast Du Angst. Deine Stimme kann doch nicht einfach verschwunden sein! Du holst Dein Smartphone heraus, weil Du nicht hören willst, wenn sie wiederkommt. So verpasst Du eine weitere Böe warmen Frühlingswindes, der über Deine Waden streichen könnte, wenn Du nicht doch die lange Hose angezogen hättest, weil Du Dich für deine kalkweißen Beine schämst. Auf Deinem Smartphone rauschen Bilder von Menschen an Dir vorbei, die alle ein neues Leben haben oder zumindest ein besseres als vorher. Einige Herzchen, Kommentare, doch weniger als bei denen, die nun endlich nicht mehr stumm bleiben wollen, über das Leid, das sie so lange gequält hat. Ein neues Leben, neue Chancen, ein wenig näher an der Perfektion des eigenen Selbst. Mehr Herzchen, noch mehr Kommentare, Mitgefühl Gleichgesinnter. Ein paar Herzchen kommen von Dir. Mit so viel Leid kannst Du nicht mithalten, würde Deine Stimme sagen. Was hast Du schon für Probleme? Stell Dich nicht so an. Doch Deine Stimme schweigt. Du kannst immer noch nicht glauben, dass sie fort ist.

Du scrollst weiter. Immer wieder erscheint da diese Frau, über die sie eine Dokumentation gedreht haben. Sie trägt ein schweres Schicksal, so schwer, dass Du eigentlich niemals mit ihr tauschen möchtest. Aber ihre Geschichte ist seit Wochen auf Platz 1 gelistet. Man liest über sie, spricht über sie, hört zu, was sie zu sagen hat. Natürlich gibt es nicht wenig Kritik, besonders von den Stimmen anderer Menschen, vor denen auch Du Dich fürchtest. Doch zieht sie auf dem Titelbild ihres Videos bedeutungsvoll die Augenbrauen zusammen, als versuche sie, eine tiefe Wahrheit vor der Außenwelt zu verschließen. Genau die will jeder wissen. Die Stimme in Deinem Kopf will Dir sagen, dass diese Frau besser ist als Du, weil sie etwas aus ihrem Leben gemacht hat, weil sie stärker, klüger und erfolgreicher ist als Du.

Ein Gedanke folgt auf den anderen. Im Frühling soll man rausgehen, heißt es, aber nicht allein, sondern mit Freunden. So viel hat Dir Deine Stimme beigebracht. Pläne wollen endlich verwirklicht werden und wenn Du Deinen Urlaub noch nicht geplant hast, gibt es nichts von Interesse zu erzählen. Oder erzählst Du etwa, Du machst Last Minute? Das klingt wenigstens spontan. Eine Zeit lang werden sie es Dir glauben. Dann spürst Du es. Frühling ist die Zeit der Konfrontation, wenn nicht jetzt, wann dann, Schluss mit dem Planen, Zeit für die Umsetzung. Die anderen Leute tun es doch auch!

Du gehst ein Stück am Ufer entlang, möchtest Dich setzen. Doch es geht nicht. Am Ufer steht nur eine einzige Bank und dort sitzt eine Frau, neben der Nilgänse friedlich ruhen. Wie im Einklang mit der ganzen Welt tippt sie etwas in ihr Handy. Wahrscheinlich schreibt sie ihrer besten Freundin, die sie seit zwanzig Jahren kennt und sich seitdem mit ihr einmal pro Woche trifft. Würde Dir Deine Stimme jetzt sagen, dass Du auch einmal so eine Freundin hattest und sie immer noch haben würdest, wenn Du ihre Nachricht beantwortet hättest? Was die Stimme nicht weiß: Die Frau auf der Bank dort hat ihrer besten Freundin seit Jahren nicht geschrieben und so nicht mitbekommen, was mit ihr passierte. Sie denkt nicht einmal mehr über sie nach. Denn sie hat selbst genug Probleme, sagt sie immer. Im Internet sucht sie einen Namen für die Probleme, denn Bezeichnungen machen Probleme hashtag- und damit gesellschaftsfähig, doch sie findet keinen. Wenn sie doch bloß einen finden würde.

Schließlich ist sie hinter dem Schilf am Ufer verschwunden. Du bist weitergegangen. Vielleicht erinnert Dich das Schilf daran, dass Du einmal ein Haus am Meer haben wolltest, denn für einen Moment, da der Wind durch die Halme streicht, musst Du an Seegras denken. Du hast Dich doch auch schon gefragt, wem die bewohnten Häuser an den schönsten Plätzen der Welt gehören. Die Antwort gab Dir Deine Stimme. Das waren Menschen mit Visionen, nicht wie Du. Du hast Träume, so wie Kinder, Erwachsene haben Visionen. Der Frühling ist die Zeit für Visionen. Da geht doch gerade einer von ihnen auf dem Weg, der zu einer Anhöhe führt. Er hat die Arme auf den Rücken verschränkt und geht neben einer Frau. Sie erzählt, er hört zu. Oder vielleicht doch nicht? Hinter seinen zusammengezogenen Augenbrauen hat er bestimmt schon Pläne gefasst, Pläne von Reichtum, Erfolg und Glück. Er wird sie verwirklichen, würde Dir Deine Stimme sagen, weil er nicht ist wie Du.

Gleich hast Du den See umrundet. Durch Deine Schuhsohlen fühlt sich das Gras weich an. Eigentlich möchtest Du barfuß laufen. Tun sie das nicht alle heute? Die Kreativen, die Visionäre, jene Menschen, die mit der Smart-Welt verschmelzen, anstatt sich vor ihr zu fürchten, die Geld machen, während sie im Park vor ihrem Tablet sitzen, viel Geld? Sie zwingen die Welt, nach ihren Regeln zu spielen, sind stets an Orten, von denen andere erst viel später merken, dass es der richtige war. Menschen, so intelligent, dass sie Intelligenzen erschaffen, auf die man sich wirklich verlassen kann. Sie regieren die Welt und letztlich regieren sie auch Dich. Aber wann hattest Du schon Zeit für so etwas, wann die Gelegenheit? Du hattest nie eine Chance. Genauso redet Deine Stimme.

Aber Du kannst beruhigt sein. Ich lasse Deine Stimme nicht mehr zu Wort kommen. Deswegen erfährst Du auch nicht, dass Du die Sonne, die gerade Dein Gesicht wärmt, nicht verdient hast. Denn Du hast sie verdient.

Weißt Du schon eine Antwort? Ich meine, eine Antwort auf meine Frage, ob Du schon einmal jemand anderes warst. Wir sind einmal um den See gegangen, haben vieles gesehen. Was weißt Du noch? Was weißt Du schon? Vielleicht möchtest Du einwenden, dass Du nur da sitzt und ein Buch liest. Da war kein See, waren keine Menschen, alles ist Einbildung, Vorstellungskraft. Lesen bildet, sagt Dir Deine Stimme und gibt zugleich zu bedenken, dass Du zu wenig Zeit dafür hast. Schließlich hast Du noch viel zu tun, um ein perfekter Teil einer nach Perfektion strebenden Welt zu werden. Alles andere wäre Unsinn und höchst unmoralisch, oder? Vielleicht waren wir nicht am See, das gebe ich zu. Aber sind wir wirklich dort, wo Du Dich jetzt gerade wähnst? Ist Deine Umgebung real oder Produkt Deiner Einbildung? Sind die Menschen real oder nur die Summe aus ihrer und Deiner Vorstellung von Perfektion? Vielleicht müssen wir genau diese Vorstellung zerstören, um näher an die Wahrheit zu kommen. Es ist Angst, die uns die Augen verschließt, die Angst, dass, wenn wir schon nicht perfekt sind, es dann doch zumindest die Welt sein sollte. So bleiben die Augen geschlossen und wir hängen uns an diese Vorstellung, weil wir Angst vor der Erkenntnis haben, wo wir uns eigentlich befinden.

Deine Stimme ist nun verstummt. Nun können wir endlich zu den anderen Menschen gehen, um zu sehen, zu hören, zu fühlen, wie sie wirklich sind, was sie denken und fürchten, was ihre Wünsche und Träume sind. Sind sie wie Du? Ich weiß es nicht. Schau einfach hin, während wir unterwegs sind. Gehen wir spazieren, im Wald der Psychosen.

Unschuldscracker

»Just wait another year, for me to become I,
for things to become right, while life will pass you by«
Wait – Pain of Salvation

Nun heißt es warten. Zumindest denke ich das, denke, es ist alles perfekt, bis ich die verdammten Cracker sehe. Sie stehen dort auf dem Nachttisch neben meinem Bett in einer roten Schüssel, die noch fast voll ist. Die Cracker haben die Form von kleinen, achtlos weggeworfenen Zahnrädchen. Sie sind in Würde gealtert wie jene, die ein Gastgeber am Morgen nach seiner Party in den großen blauen Müllsack wirft, weil sie übrig, nein, weil sie immer übrig sind. Sie stehen auf jedem Tisch, auf den hohen Stehtischen mit den gelben Servietten und den Teelichtern, auch auf den langen Biergartentischen, über die die blauen Lackfolien gezogen sind mit Blockkerzen in gleicher Farbe. Die Kerzen sind heruntergebrannt, in den Teelichtern die kümmerlichen Dochte mit dem letzten Wachs am Boden verklebt und die Cracker, sie stehen noch da, liegen in Bierlachen oder sind auf den Boden gefallen und zerbrochen. Sie sind übrig, weil es Schokolade gab, Erdnüsse, Salzstangen und natürlich das Büffet. Kein Mensch verachtete sie, ließ sie absichtlich liegen, aber sie sind trocken und nicht sehr salzig. Wenn sie älter sind, werden sie weich und das wenige Salz verflüchtigt sich vollständig. Ich starre die rote Schüssel an und erinnere mich an einen Traum, den ich immer wieder habe, in dem ich auf dem Boden liege und meine Beine nicht mehr bewegen kann.

Jeden Moment muss es klingeln. Gott, wie lange habe ich meine eigene Türklingel nicht mehr gehört? Ich löse mich aus meiner Starre.

Dumpfe Müdigkeit überfällt mich. Ich lasse mich auf mein Bett fallen, direkt neben die Cracker, atme ein und aus. Ich habe alles, wirklich alles Störende aus meinem Blickfeld geschafft, nur diese Cracker nicht. Unvermittelt reiße ich die Nachttischschublade auf. Als mich die kleine Medaille mit dem goldenen Spielzeugauto darauf anblinzelt, stoße ich die Schublade wieder zu. Ich weiß nicht warum, denn Sabrina schaute die Medaille immer gerne an. In all den Jahren, da sie mich regelmäßig besuchte, wollte sie das glänzende Ding immer mit ihren kleinen Fingern betatschen. Ich bekam sie damals für ein kleines Einhorn aus Plastik, das zu einer Serie von Phantasietierchen gehörte, die ich entworfen habe. Seltsamerweise hat sich Sabrina nie für das Einhorn interessiert. Aber die Medaille mochte sie. Ob das immer noch so ist?

Ich habe mich nie getraut, jemandem von Sabrina zu erzählen. Eine Zeitlang fuhr ich recht gut damit. Während meine Bekannten, Freunde möchte ich sie nicht nennen, mit mir kein rechtes Gespräch fanden, hatte ich selbst über alle Themen, mit denen Menschen zueinander finden, nichts zu erzählen. Sie erwarteten das auch nicht von mir. Sie fragten mich über meinen Job aus und sagten dann Sachen wie »Ui, so etwas Kreatives wollte ich auch immer machen«, »Wenn ich doch nur die Zeit dafür hätte« oder »Ich bastle viel in meiner Freizeit« – Basteln, wenn die wüssten. Es gibt Leute, die einem Schiffskapitän sagen, dass sie leidenschaftlich gerne in die Badewanne gehen. Warum, weiß ich nicht. Wenn ich es wüsste, wäre ich jetzt nicht hier. Mit Basteln hat das, was ich tue, wenig zu tun. Ich entwerfe Spielzeug für eine Firma, genauer für ihren Kassenschlager, die Kinderüberraschung. In jedem siebten Ei, so heißt es immer. In jedem siebten Ei. Da stecken irgendwelche Figuren drin, die dann später unter Umständen mal einen hohen Wert bekommen, weil es tatsächlich Leute gibt, die die sammeln. Sie werden von versnobten Designern hergestellt, die in noblen Vororten einer Großstadt wohnen und so viel Geld verdienen, dass die Leute ihre Namen französisch aussprechen. Lächerlich. Was ich mache? Ich mache die Sachen, die in den anderen sechs Eiern drin sind, die direkt weggeschmissen und nur gelegentlich, wohl aus Spieltrieb, Langeweile oder falsch verstandener Sentimentalität zusammengebaut werden. Ich weiß noch, wie vor ein paar Tagen Frau Kramer aus dem achten Stock an mir vorbeiging, an der einen Hand ihr Kind, in der anderen eine Mülltüte. Wenn ich sie grüße, schaut sie mich immer mit großen Augen an, bringt aber kein Wort heraus. Jetzt weiß ich warum. In der durchsichtigen Mülltüte konnte ich zwischen Kartoffelschalen, schimmeligem Gemüse und Essensresten einige Spielzeuge erkennen, die ich entworfen habe. Sie landen immer am selben Ort. Ich weiß das und es sollte mir egal sein. Ich bin eben dasselbe wie ein Crackerbäcker. Ich mache kleine Autos und Motorräder, Kreisel und Mini-Fußballer-Figuren, die einen Ball aus Pappe in ein Tor aus Pappe schießen können. Ich versuche mir immer etwas Neues einfallen zu lassen. Aber außer der Medaille habe ich nie eine Reaktion auf meine Arbeit bekommen. Diese elenden Phrasen über Basteln. Ich hasse sie. Vielleicht habe ich deswegen irgendwann dann doch angefangen, von Sabrina zu erzählen.

Ich liebe Spielzeug, kleine Sachen, bunte Sachen, weiche Sachen, glitzernde Sachen. Ich weiß gar nicht, warum so viele Leute erzählen, sie hätten mit der Zeit ihre Spielzeuge uninteressant gefunden. So im Alter von vierzehn muss das gewöhnlich passieren. Bei mir war es umgekehrt, da ging es erst richtig los. Mit vierzehn habe ich zu Weihnachten eine Monorail von Lego mit Zahnradantrieb bekommen. Tolles

Ding. Es war Teil so einer Weltraum-Serie, da gab es Kettenfahrzeuge, Raumstationen und Figuren mit kleinen weißen Helmchen. Was für ein genialer Einfall. Die Bahn bestand aus zwei Teilen, einer Lok und einem Anhänger. Ich habe sie aufgebaut und fahren lassen, immer wieder. Dann wollte ich die Strecke ändern, aber das ging nicht, weil die Schienen aus hartem Plastik waren. So fuhr sie immer nur im Kreis und ich dachte mir, vielleicht gibt es bald zusätzliche Schienen, mit denen man die Bahn durch das ganze Kinderzimmer, gar durch die ganze Wohnung fahren lassen konnte. Aber sie kamen nicht. Die Serie wurde eingestellt. Von da an träumte ich davon, selbst Spielzeuge zu entwerfen. Nach der Schule machte ich eine Ausbildung zum Spielzeughersteller, arbeitete anschließend in einer kleinen Firma, dann in einer größeren und schließlich wieder in einer kleineren, die von der größeren gegründet wurde, weil die kleineren ihren Mitarbeitern nicht so viel Geld bezahlen mussten. Dort bin ich bis heute. Es ist ein guter Job, der mir das Essen auf den Tisch bringt und meine Miete bezahlt. Ich liege niemandem auf der Tasche. Dennoch können Menschen mit mir nichts anfangen. Anders war es mit Sabrina. Als Kind war sie oft bei mir und hielt mich für eine Mischung aus einem lieben Onkel und dem Weihnachtsmann. Wenn sie bei mir war, war sie glücklich und ich auch. Das ist lange her. Nun werde ich sie endlich wiedersehen.

Ich sehe auf die Uhr. Zeit zum Supermarkt zu gehen, habe ich nicht mehr. Aber was sollte ich auch kaufen, das eine junge Frau zum Bleiben einlädt? Die Cracker stehen immer noch auf meinem Nachttisch. Bei Frau Kramer wären sie mit Sicherheit schon im Müll gelandet. Früher wusste ich es ganz genau. Sabrina mochte Kinderschokolade, saure Gummis und vor allem Marshmallows. Natürlich konnte ich ihr nicht jedes Mal so etwas kaufen, wenn ich auf sie aufgepasst habe. Ich hätte es gerne getan, aber ihre Eltern wollten das nicht. Ihre Eltern wollten ohnehin nicht viel, was sie wollte. Zwei Jahre lang hatte sie Ballettunterricht, weil ihre Mutter in ihrer Kindheit Primaballerina werden wollte. Handball hat sie auch gespielt, ihrem Vater zuliebe, aber sie hatte immer Angst davor, denn das ist ein harter Sport und sie war klein und zierlich. Dass sie nicht Geige spielen wollte und ihren Unterricht häufig schwänzte, hatte ich schließlich ihren Eltern beichten müssen und war auf einige Widerstände gestoßen, weil sie ihre Tochter lange als Wunderkind in der Philharmonie gesehen hatten. Sie wollten Sabrina dann nicht mehr zu mir bringen, aber da die Eltern umfangreiche und gesellschaftlich angesehene Hobbys hatten, mussten die Kleine eben irgendwo abgeliefert werden. Das »Irgendwo« war ich.

Vorgestern rief mich Sabrina an, ich dachte aus Marburg, denn ihre Eltern erzählen überall herum, dass sie dort Jura studiert. Aber die Vorwahl war eine hier in der Nähe. Als ich sie nachschlug, erfuhr ich, dass es die von Bedburg-Hau war. Seltsam, mir ist nicht bekannt, dass es dort eine Universität gibt. Sie sagte, sie müsse unbedingt mit mir sprechen. Jetzt habe ich nur die Cracker. Es muss an die zehn Jahre her sein, dass wir uns gesehen haben, und ich habe nur Cracker. Doch noch zum Supermarkt? Da läutet es an der Tür.

Ich betätige den Summer. Drei Minuten später – ich wohne im neunten Stock – steht Sabrina leibhaftig vor mir. Es ist seltsam. Sie trägt eine Jogginghose und ein Sweat-Shirt. Sie ist in den letzten Jahren wohl kaum gewachsen, reicht mir gerade einmal bis zur Brust, was sich bestätigt, als sie sich zur Begrüßung in meine Arme sinken lässt. Ihr Gesicht sieht noch so aus wie früher, doch hat sie Augenringe und einige traurige Falten um die Mundwinkel. Sie wirkt erschöpft, als ich sie hereinbitte und ihr meinen Sessel als Platz anbiete.

»Ich habe leider nur Cracker«, sage ich.

Sie hebt den Kopf und schaut sich um. Ihre Augen werden größer, als sie meine Vitrinen und Setzkästen sieht. Überall, wo Platz ist, steht Spielzeug. Ich weiß nicht, was ich tun soll, will mich setzen, doch ich habe nur den einen Sessel, auf dem Sabrina Platz genommen hat. So setze ich mich auf meinen kleinen Holzhocker, der mir als Beistelltisch dient. Sabrina sieht mir dabei zu, als frage sie sich, ob meine Handlungen etwas mit ihr zu tun haben. Ihre Finger knibbeln an kleinen Hautfetzen an ihren Nägeln. Das hat sie früher nicht gemacht.

»Das ist so schönes Spielzeug«, sagt sie. Ihre Stimme klingt hell und abwesend. Fast habe ich das Gefühl, dass sie unter Betäubung steht.

»Vielen Dank«, antworte ich, »viele Sachen kennst du schon. Erinnerst du dich? Du hast früher damit gespielt.«

Sie lächelt und nickt wie wild.

»Ja, ich spiele gerne«, sagt sie, schaut sich um und zieht sich mit einem Ruck ihr Sweat Shirt aus. Ihr Bauchnabel schimmert unter ihrem T-Shirt hervor. Ich sehe bunte Flecken. »Es ist warm hier«, sagt sie.

»Ich friere leicht, weißt du noch?«, frage ich. Sie nickt. Ich falte meine Hände.

»Gibt es einen bestimmten Grund für deinen Besuch? Ich meine, nicht dass ich mich nicht freue, aber wir haben uns so viele Jahre nicht gesehen. Kann ich dir irgendwie helfen?«

Sie lächelt mich an.

»Es war immer schön hier«, sagt sie, »hast du was zu essen?«

Ich nickte und gehe ins Schlafzimmer. Die Cracker stehen immer noch auf dem Nachttisch. Ich nehme die rote Schüssel. Als ich mich umdrehe, steht Sabrina im Türrahmen und lächelt.

»Hier hast du immer geschlafen«, sagt sie und setzt sich auf die Matratze. Dann klopft sie mit der flachen Hand neben sich. Ich nehme Platz. Als sie den Arm um mich legt, halte ich den Atem an. Die Cracker rascheln in der Schüssel. Meine Hand zittert. Sie nimmt ein paar und isst sie.

»Weißt du noch, was ich dich früher immer gefragt habe?«, sagt sie.

Ich erschaudere. Ja, ich weiß es noch ganz genau. Als Kind fragte sie mich immer, ob ich sie später einmal heiraten würde. Natürlich, ich stellte ihr in einer Tour Spielzeuge und Süßigkeiten hin. Warum sollte sie so etwas nicht fragen? Aber jetzt? Ich sehe einen Krümel in ihrem Mundwinkel. Er irritiert mich.

»Und du studierst jetzt in Marburg?«, frage ich. Sie schließt ihren Arm enger um mich. Ich spüre ihren Atem auf meiner Wange. Die Schüssel in meiner Hand vibriert. Einige Cracker fallen in meinen Schoß. Sie schaut sie an und lächelt wieder.

Plötzlich höre ich die Türklingel, ausgerechnet jetzt. Seit Jahren kam mich niemand besuchen. Sabrinas Blick verändert sich. Ich sehe Angst in ihren Augen.

»Das ist er!«, sagt sie und schlingt die Arme um mich. »Du musst mich vor ihm beschützen!«

Ich umarme sie, wie ich es früher getan habe. Sie streckt ihre Lippen zu mir, als wolle sie mich küssen. Ich weiche aus. Dann ertönt erneut die Klingel. Mein Herz bleibt stehen, als ich höre, dass jemand direkt vor der Tür steht.

»Du musst mir helfen«, sagt sie, »er ist böse! Am besten wir fliehen durch das Fenster!«

Ich löse mich aus ihrer Umarmung.

»Wir sind hier im neunten Stock«, sage ich und springe auf, »wir können von hier nicht fliehen. Ich sehe mal nach, wer da ist. Ich mache die Schlafzimmertür zu.«

Plötzlich lächelt sie wieder. Sie greift in die Schüssel, nimmt sich noch einige Cracker. Mit klopfendem Herzen schließe ich die Tür hinter mir.

An meiner Wohnungstür schaue ich zuerst durch den Spion. Ein Mann in Lederjacke mit blonden Haaren und einem Drei-Tage-Bart steht davor.

»Mach auf! Ich weiß, dass sie bei dir ist!«, brüllt er, »Sonst schlage ich die Tür ein!«

Ich lege die Türkette an und öffne vorsichtig. In diesem Moment trifft mich das Holz am Kopf. Die Schrauben des Kettenschlosses reißen aus dem Holzrahmen. Ich falle zu Boden. Im nächsten Moment sehe ich den Mann über mir.

»Wo ist sie?«, zischt er.

Er ist groß, kräftig, ein Speichelfaden tropft aus seinem Mundwinkel, als er die Wohnungstür zuschmeißt und achtlos über mich steigt.

»Sabrina! Ich weiß, dass du hier bist!«, schreit er. Ich stütze mich auf dem Boden ab, versuche aufzustehen. Ich kann meine Beine nicht bewegen. Er dreht sich um.

»Ich rate dir gut, mich nicht zu verarschen!«

Wie ein Raubtier seine Beute betrachtet er meine Vitrinen. Ich möchte die Augen schließen, das Scheppern nicht hören, wenn er gleich alles von den Wänden reißt. Doch nichts dergleichen geschieht. Er entdeckt die Schlafzimmertür. Der Holzrahmen kracht, als er sie mit einem Ruck öffnet. Hinter ihm kann ich Sabrina sehen, die eingesunken auf meinem Bett sitzt.

»Manfred«, höre ich sie flüstern, »beruhige dich, es ist nichts passiert. Tu ihm nichts!«

Seine Schultern gehen auf und nieder. Ich kann seinen Atem hören. Endlose Sekunden herrscht bedrohliche Stille.

»Der Typ ist mir doch scheißegal!«, sagt er, »Warum bist du weggelaufen?«

Er geht in mein Schlafzimmer. Ein erleichtertes Gefühl überkommt mich, dass meine Spielzeuge unversehrt in den Vitrinen stehen. Ich sehe Sabrina wieder hier sitzen, klein und zierlich, von ihren Eltern abgeschoben, ein Traum aus der Vergangenheit, als der Typ plötzlich sagt.

»Ich liebe dich, das weißt du.«

Der Ton seiner Stimme klingt seltsam. Ich hätte nicht gedacht, dass dieser Satz jemals so bedrohlich klingen könnte.

»Ich liebe dich auch«, antwortet Sabrina. Kurz schaue ich ins Schlafzimmer und sehe, wie er in die Schüssel mit den Crackern greift. Er stopft sich ein paar in den Mund. Dann wirft er die Schlafzimmertür hinter sich zu.

Einige Sekunden später höre ich Sabrina aufschreien. Schon will ich ihr zur Hilfe eilen. Egal, wie groß der Typ ist, gemeinsam werden wir ihn schon schaffen. Ich greife nach einem Besen, das Einzige, was ich als Waffe gebrauchen kann, und gehe zur Tür. Plötzlich höre ich Sabrina wieder.

»Oh ja, fick mich!«, schreit sie. Jetzt höre ich auch den Typen aufschreien. Ich weiche zurück, falle in meinen Sessel. Mein Bett quietscht, sie schreien sich gegenseitig an, bis sich ihre Rufe immer tiefer ineinander verhaken und schließlich in einem einzigen großen Schrei enden.

Plötzlich geht die Schlafzimmertür wieder auf. Da steht der Typ, nackt, seine Brust, Arme, Schenkel und Waden sind tätowiert.

Zwischen seinen Beinen baumelt ein Penis. Er hält die Schlüssel mit Crackern in der Hand. Langsam bewegt er sich auf mich zu. Dann stellt er die Schüssel auf den Tisch und grinst mich an.

»Nochmal Glück gehabt«, sagt er.

Bevor ich antworten kann, höre ich ein Hämmern an meiner Eingangstür.

»Aufmachen, Polizei!«, schallt es durch den Hausflur. Im nächsten Moment fliegt die Tür aus ihren Angeln. Ich kann Männer in Uniform sehen. Sie haben ihre Waffen gezückt.

»Manfred Krause, sie sind verhaftet!«, ruft einer von ihnen. »Ziehen sie sich etwas an und kommen sie mit. Und keine Mätzchen!«

Der Typ steht stocksteif da. Im nächsten Moment macht er eine ruckartige Bewegung und läuft los. Wie ein Footballspieler versucht der nackte Mann durch die Reihen der Uniformierten zu kommen. Er hat keine Chance. Drei Beamte drücken ihn zu Boden. Die Hände an seinen Rücken gepresst, fesseln sie seine Handgelenke mit Kabelbindern. Dann führen sie ihn ab.

»Was ist mit der Frau?«, fragt ein Beamter.

»Die nicht«, antwortet ein anderer, »die hat ausnahmsweise nichts gemacht.«

Einer nach dem anderen verlassen die Beamten meine Wohnung. Der letzte geht in mein Schlafzimmer und sammelt die Kleidung des Typen auf. Als er wieder ins Wohnzimmer kommt, hält er die rote Schale in der Hand. Er sieht mich an.

»Entschuldigen sie die Störung«, sagt er, greift in die Schale und nimmt sich ein paar Cracker. Dann stellt er sie auf den Tisch und verschwindet.

Ich schaue zu meiner Wohnungstür, von der Holzsplitter in alle Richtungen abstehen, dort wo einmal das Schloss gewesen war.

Sabrina steht wieder im Wohnzimmer, nestelt an ihrem Sweat Shirt und zieht sich die Jogginghose über ihre Hüften.

»Sagtest du nicht, er sei ein böser Mensch?«, frage ich.

Sie lässt sich auf den Hocker nieder, presst die Lippen zusammen und schüttelt den Kopf.

»Er liebt mich, weißt du?«, sagt sie.

»Also habt ihr euch mit dem, was ihr da gerade in meinem Schlafzimmer gemacht habt, wieder vertragen?«

Ich schaue weg, will sie nicht nicken oder den Kopf schütteln sehen, denn für mich ist das eine Feststellung. Auf dem Tisch sehe ich die rote Schale. Ein paar Cracker sind noch drin. Das erste Mal fühle ich mich ihr überlegen. Sie ist mir etwas schuldig. Schließlich musste ich das Mädchen, deren glänzende Augen einst meine Welt verschönerten, wenn ich ihr Spielzeug gezeigt habe, gerade »Fick mich« aus meinem eigenen Schlafzimmer brüllen hören.

»Also«, sage ich möglichst beiläufig, »wo waren wir stehen geblieben?«

»Bitte siehe mich nicht so an«, sagt sie und dreht den Kopf weg, »du solltest das nicht mitbekommen und es tut mir leid, wie überhaupt alles. Alles an meinem Leben tut mir leid.«

Ihre Brust zuckt, während sich ihr Gesicht verzieht. Ich versuche, den Tränen, die mit Sicherheit gleich kommen werden, zu widerstehen.

»Du fragtest«, sage ich mit deutlich ruhigerer Stimme, »ob ich mich daran erinnere, was du mich immer gefragt hast, wenn du hier warst.«

Sie nickt. Ich kann die erste Träne sehen.

»Nun, ich kann mich erinnern«, fahre ich fort, »du hast mich immer gefragt, ob ich dich später einmal heiraten würde.«

Keine Reaktion. Ihr Blick wird starr und scheint die rote Schale mit den Crackern zu fixieren.

»War es das, was du meintest?«, frage ich.

Unverhohlen starrt sie auf die rote Schüssel. Ich ärgere mich, dass ich nach alldem immer noch derjenige bin, der sich um sie bemühen muss. Ich will sie nicht ansehen, schaue zu den Vitrinen an der Wand. Plötzlich spüre ich Erleichterung, dass heute nichts davon zu Bruch gegangen ist. Dann schaue ich doch wieder zu Sabrina. Sie ist eine schöne Frau geworden. Wenig Make-Up, die Kleidung legere, im Grunde hat sich noch so viel von dem Mädchen, dass ich einst wirklich geliebt habe. Ihr Freund oder wie auch immer man das nennen will, ist verhaftet. Wieso kommt sie zu mir und behelligt mich mit der Vergangenheit, damit, dass sie mich einmal heiraten wollte? Vielleicht will sie einen Neuanfang, für sich, für uns möglicherweise, denn hier, in dieser Wohnung, war früher schon ihre einzige Zuflucht. Was auch immer sie erlebt hat, wir könnten es hinter uns lassen, woanders hingehen, ein neues Leben aufbauen und den Kreis schließen, nicht nur für ihr Leben, sondern auch für meines. Plötzlich wird mir klar, dass ich mein Leben lang nichts anderes getan habe, als zu warten. Ich habe gewartet, dass etwas passiert, habe gearbeitet und gewartet, gewartet und gearbeitet. Vielleicht ist es das, worauf ich immer gewartet habe. Wir könnten alles tun, es bedarf nur ein Wort von ihr, ein einziges Wort. Aber warum sagt sie dann nichts? Warum zum Teufel sagt sie nichts?

Wieder ein Klopfen an der Wohnungstür. Ich schrecke hoch, während sie unbeweglich bleibt. Zwischen Tür und Rahmen schiebt sich ein Kopf, Brille auf der Nase, ein grauer Haarkranz an den Schläfen.

»Entschuldigen sie, darf ich eintreten?«, sagt der Mann mit einer warmen Stimme, »ich möchte nicht unhöflich sein, aber ich glaube, ihre Tür ist kaputt. Mein Name ist Doktor Schneider. Ich hoffe, ich belästige sie nicht.«

Ich sage nichts.

»Ah, da sind sie ja, Sabrina«, sagt der Mann und tritt ein paar Schritte vor. Sie sackt in sich zusammen, als er vor ihr auf die Knie geht.

»Sabrina, erkennen sie mich?«, fragt er, »Ich bin es, Doktor Schneider. Ich habe nach ihnen gesucht. In der Klinik machen sich alle Sorgen um sie. Ich bin hier, um sie abzuholen.«

Er sieht sich um. Als er die Spielzeuge sieht, lächelt er. Dann greift er in die rote Schüssel und schaut mich an.

»Darf ich?«, fragt er.

Ich nickte. Er steckt sich ein paar Cracker in den Mund. Obwohl ich sofort verstanden habe, was er für ein Mensch ist, begreife ich jetzt erst, dass er Sabrina mitnehmen wird. Ruhig redet er auf sie ein, spricht von Pflegern, Angestellten und Ärzten, die sie in ihrem Zuhause vermissen und dass er versprochen habe, sie zu finden, bevor man die Polizei rufen würde, denn dann würde man sie wieder in die forensische Psychiatrie stecken. Langsam steht Sabrina auf. Er fragt sie, ob sie weglaufen wird. Sie schüttelt den Kopf.

»Obwohl ich nicht weiß, was hier vorgefallen ist«, wendet sich der Mann an mich, »bin ich ihnen vielleicht trotzdem eine Erklärung schuldig.«

»Nein, lassen sie nur«, antworte ich, »ich denke, ich verstehe.«

Der Mann nickt verlegen.

»Ihre Cracker sind gut«, sagt er mit einem Lächeln.

»Nehmen sie sich ruhig noch welche«, antworte ich.

Er greift in die Schüssel. Dann führt er Sabrina langsam nach draußen und schließt hinter sich die Tür, obwohl kein Schloss mehr dran ist.

Ich bleibe sitzen. Mein Kopf ist leer. Ich weiß nicht, was in der letzten halben Stunde passiert ist, aber ich weiß, dass alles besser ist als das, was mich nun wieder erwartet. Mir wird klar, dass das mein Leben ist, ein Leben auf dem Abstellgleis. Das, was sich hier abgespielt hat, war das Leben der Anderen. Zurück bleibt nichts. Ich bin Zuschauer, Zaungast, ein Mensch in der Menge, den man übersieht, solange er dort ist und den niemand beachtet, wenn er aus der Menge herausschert und einfach nach Hause geht.

Ich weiß nicht, wieso ich die rote Schüssel in die Hand nehme. Ein Cracker liegt noch drin. Ich möchte ihn essen, doch etwas, das ich nicht genau benennen kann, macht mir Angst, Angst vor der leeren Schüssel. Es ist zu wenig, denke ich. Doch ich kann den Anblick des einzelnen Crackers nicht ertragen. Ich stopfe ihn in mich hinein. Dann nehme ich diese unerträgliche rote Schüssel, von der ich nicht einmal weiß, woher ich sie habe. Ich will sie unten in die Mülltonnen werfen, am besten in irgendeine, weit weg vom Haus. Ich finde sie garstig und obszön. Das ist dann das Ende.

Plötzlich klopft es wieder an der Tür. Ich springe auf. In einem Anfall von Wut schmeiße ich die Schüssel gegen die Wand, damit sie in tausend Scherben zersplittert. Doch nicht einmal das funktioniert. Das Teufelsding prallt an der Wand ab und landet auf meinem Teppich, unversehrt. Wieder klopft es. Ich kann mich nicht bewegen. Ich habe das Gefühl, dass ich niemals mehr einen Schritt tun kann.

»Hallo? Ist jemand zuhause?«, höre ich eine leise Stimme sagen.

»Ja, kommen sie herein! Ich kann meine Türe ohnehin nicht mehr verschließen.«

Ich hätte die Feuerwehr erwartet, den Gerichtsvollzieher, einen Priester mit erhobenem Kreuz oder die Jury vom Supertalent, aber nicht den Menschen, der nun langsam, ein Kind an der Hand, in meine Wohnung tritt. Es ist Frau Kramer, meine Nachbarin aus dem achten Stock. Sie hat keine Mülltüte dabei.

»Entschuldigen sie die Störung. Ich habe Tumult gehört. Ist alles in Ordnung bei ihnen?«

»Nun, das würde ich nicht sagen. Aber es ist vorbei. Schwamm drüber.«

Das Kind, das ich jetzt als einen Jungen erkenne, betrachtet mit großen Augen meine Vitrinen. Als mein Blick von ihm zu seiner Mutter wandert, sehe ich, dass auch sie ihre Augen nicht abwenden kann.

»So habe ich mir das immer vorgestellt«, sagt sie.

»Was meinen sie?«, frage ich.

»Na, ihre Wohnung. Sie sind doch derjenige, der die ganzen hübschen Spielzeuge entwirft. Jonas! Hör auf zu zerren!«

Ich sehe, wie der Junge sich von der Hand seiner Mutter losreißen will.

»Lassen sie ihn ruhig schauen«, sage ich.

»Nun, wenn es ihnen nichts ausmacht.« Sie kniet sich hin. »Aber ganz vorsichtig«, sagt sie zu ihrem Jungen.

»Kommen sie doch herein«, sage ich, weil mir sonst nichts einfällt, »sie brauchen auch die Türe nicht hinter sich zuzumachen.«

Sie dreht sich um, sieht das kaputte Schloss und lächelt.

»Ich will sie aber nicht stören«, sagt sie.

»Sie stören nicht. Ich glaube, sie sind der erste Mensch heute, der nicht stört. Ich kann ihnen leider nichts anbieten.«

Schon wieder lächelt sie.

»Das ist nicht schlimm. Ich komme nur, weil ich sie etwas fragen will, schon seit Monaten eigentlich, aber ich habe mich nie getraut.«

»So? Was wollten sie mich denn fragen?«

Sie wühlt in ihrer Tasche, holt ein kleines Papier hervor und reicht es mir.

»Das ist doch von ihnen, oder?«, fragt sie, »die Serie mit den Phantasietierchen. Ich habe sie alle bis auf das kleine Einhorn. Sehen sie? Es ist dort abgebildet.«

Ich brauche nicht hinzusehen, weiß sofort, was sie meint. Es ist das Einhorn, für das ich meinen einzigen Preis bekommen habe.

Ich sehe sie verwundert an.

»Sammeln sie die etwa?«, frage ich.

Sie senkt den Kopf. Ihr Blick fixiert die rote Schale auf dem Boden.

»Ich weiß, es ist etwas kindisch«, antwortet sie, »aber ja, ich sammle sie. Nicht die in jedem siebten Ei, die sammelt jeder. Ich sammle die anderen Serien. Mein Ex-Mann hat sich immer darüber lustig gemacht und schließlich wollte er mich zwingen, sie alle wegzuwerfen. Aber das habe ich nicht. Ich habe mich nur von den Doppelten getrennt. Das war schwer genug. Genutzt hat es wenig. Er hat mich verlassen und da er keine Alimente zahlt, habe ich kein Geld mehr, um sie weiter zu sammeln. Aber das Einhorn, es fehlt mir, jeden Tag schaue ich meine Sammlung an und bin traurig, denn es ist nicht da.«

Ich sehe eine Träne in ihrem Gesicht. Sofort stehe ich auf und reiche ihr ein Taschentuch. Sie tupft sich die Augen, entschuldigt sich mehrmals und nimmt dann auf meinem Hocker Platz.

Ich gehe zu einer der Vitrinen. Sie sieht mir nach.

»Das ist fantastisch«, sagt sie, »Sie müssen sehr stolz auf ihre Arbeit sein.«

Nur einen Moment muss ich suchen, dann sehe ich es.

»Sie haben Glück«, sage ich, gehe zu ihr und strecke die Hand aus. Auf meiner Handfläche liegt das kleine Einhorn.

»Sie haben es«, sagt sie, als könne sie ihr Glück kaum fassen, »was wollen sie dafür, ich zahle ihnen alles, was sie wollen.«

»Lassen sie es gut sein, ich schenke es ihnen«, sage ich und setze mich auf meinen Sessel.

Sie betrachtet das Einhorn wie den größten Schatz, den sie je gesehen hat.

»Das kann ich nicht annehmen«, sagt sie.

»Doch das können sie«, antworte ich, »keine Widerrede, ich schenke es ihnen.«

»Vielen Dank«, haucht sie. Dann herrscht Schweigen. Erst jetzt fällt mir auf, dass ihr Junge sich in eine Ecke gesetzt hat und meine Setzkästen betrachtet. Er wirkt so friedlich, dass mir nun die Tränen kommen. Ich höre sie atmen, einmal, zweimal, dann sagt sie etwas zu ihrem Jungen, dreht sich wieder zu mir und lächelt.

»Und was machen Sie sonst so?«, fragt sie schließlich. Ihr Lächeln verzaubert mich. Für einen Moment scheint es mir, als könne ich mein ganzes Leben in ihren Augen sehen. Dann höre ich mich diesen Satz sagen, von dem ich weiß, dass er mich mein restliches Leben begleiten wird.

»Ich habe auf sie gewartet.«

Die Wurst des Grauens

»We all will depart and decay, and we all will return to a better place«
Cordell – The Cranberries

Die warme Stimme des Mannes von der Kontaktstelle klingt mir immer noch im Ohr, als ich den Raum betrete:

»Wenn sie mir sagen, was ihr Problem ist, gute Frau, kann ich sie besser zuordnen. Beziehungsprobleme ist sehr allgemein.«

Natürlich, Beziehungsprobleme haben alle. Ich verstehe sein Problem, aber wer versteht meins? Das schießt mir durch den Kopf, als ich den Stuhlkreis sehe. Der Raum hinter der weit geöffneten Tür befindet sich im Dachgeschoss eines Hauses, das der Kirche gehört. Ein Stuhl steht direkt unter dem Dachfenster. Wahrscheinlich sitzt dort die Gesprächsführerin, von der Sonne bestrahlt, als trage sie einen Heiligenschein. Sie ist die Leiterin, die Heilsbringerin, versteht Probleme. Sie muss auch meine verstehen. Warum sollte sie sonst diese Gruppe leiten? Ich schüttele mich und reibe mir die Augen. Es ist alles normal, so wie ich es mir wünsche. Ich bin hier wie jeder andere Mensch und jeder, der hier ist, will vielleicht auch den anderen helfen. Was soll ich sonst hier? Schließlich komme ich, um mir helfen zu lassen.

»Es gibt eine Gruppe für alle möglichen Probleme mit Partnern«, hatte die Stimme am Telefon gesagt, »versuchen sie es dort einmal.«

Dann hat er aufgelegt und sofort danach wahrscheinlich einen Schnaps getrunken oder sich einen runtergeholt. Denn das löst die meisten Probleme von selbst. Ich masturbiere auch oft. Ich will niemandem auf den Keks gehen und was bleibt mir sonst schon? Die meisten Menschen haben nicht mehr viel für mich übrig, nicht einmal ein mitfühlendes Nicken, das nach fünf Minuten in den Vorschlag mündet, ob man nicht Alkohol trinken oder Sex haben sollte, weil sich damit alle Probleme verflüchtigen. Dabei habe ich stets jedem Menschen zugehört, der mit mir reden wollte, manchmal stundenlang. Man sollte Freunde haben, hieß es, Menschen, mit denen man sich einmal die Woche trifft und die sauer sind, wenn man absagt. Ich hatte sie alle. Jetzt bereue ich es, so viel Zeit an ihnen verschwendet zu haben. Vielleicht geht es den Menschen hier genauso.

Als eine Frau mit blond gefärbten Haaren und faltigem Gesicht den Raum betritt, weiß ich sofort, dass sie die Leiterin ist. Sie geht reihum und begrüßt alle mit Namen, außer mich, denn ich bin neu. Ich stelle mich vor und ziehe mich dann zu einem Tisch zurück, auf dem Wasserkaraffen und Kannen mit Tee stehen. Daneben liegen Schnittchen auf einem Tablett, alle vegan selbstverständlich, das war mich wichtig. Nicht dass ich selbst Veganerin bin, aber ich will kein Risiko eingehen. Ein Hoffnungsschimmer blitzt in mir auf, als ich daran denke, dass man in solchen Kreisen selbst mir Gehör schenken könnte und nach dem verständnisvollen Nicken auch etwas zu meinen Problemen sagt, und sei es nur: »Mach dir keine Sorgen, es wird alles wieder gut!« Das würde mir reichen. Dann spüre ich wieder dieses Pochen im Kopf. Ich greife in meine Hosentasche, hole eine Tablette heraus und spüle sie mit ein wenig Wasser herunter. Sie war ohnehin längst fällig.

Doch als sich schließlich alle einen Platz in dem Stuhlkreis suchen, möchte ich am liebsten weglaufen. Meine Hände zittern. Ich nehme das Wasserglas mit und verschütte Flüssigkeit auf den hellen Laminatboden. Da muss ich jetzt durch. Wie in Trance gehe ich langsam zum letzten freien Stuhl. Das Glas stelle ich neben mich auf den Boden.

»Herzlich willkommen! Ich bin Angela«, sagt die Leiterin und lächelt, wie sie es alle tun. Als ich sitze, fängt sie an, von Gemeinschaft zu reden und dass hier alle gleich sind und dass jeder hier erzählen kann, was er will, wenn er sich danach fühlt. Dabei gendert sie in einer Tour, selbst bei Worten wie »Verbrecher«, »Vergewaltiger«, »Dieb« oder ähnlichen. Dann wendet sie sich an mich, fragt mich, mit welchem Pronomen ich angesprochen werden will. Mir wird sofort klar, dass mir jedes Pronomen angenehmer gewesen wäre, als zu fragen, was überhaupt ein Pronomen ist, denn ich hatte es vergessen. Verdammtes Gymnasium, auch alles Zeitverschwendung. Mit verkrampftem Lächeln sage ich, es sei mir egal.

Entgegen meinen Erwartungen ist es tatsächlich sehr angenehm, zunächst andere über ihre Probleme sprechen zu hören. Da ist Peter, ein untersetzter Mitvierziger, der ein Problem damit hat, dass seine Freundin ihn zu süß für harten Sex findet. Wenn er sich im Bett einmal zu dirty talk à la »Ich fick dich, du Schlampe!« durchringen kann, fängt seine Freundin stets an zu lachen, was ihm prompt sämtlicher Manneskräfte beraubt. Zudem hat er gehört, dass sie zu ihrer besten Freundin hin und wieder sagt, sie vermisse den Arschloch-Sex mit ihrem Arschloch-Ex-Freund, mag ihn, also Peter, aber zu sehr, um ihm das zu sagen. Seitdem leidet Peter unter temporärer Impotenz.

Je mehr Probleme auf den Tisch kommen, desto wohler fühle ich mich. Hier packen die Menschen alles aus, wie Pamela, deren Mann mit seiner Katze mehr kuschelt als mit ihr, Roman, dessen Singleleben ihn umso empfindlicher deprimiert, da unter seiner Wohnung ein Swinger-Club betrieben wird und nicht zuletzt Lola, deren Mann ein Autoverkäufer ist, der seine Verkäuferattitüde auch zuhause niemals ablegt, wodurch sie sich permanent von ihm betrogen fühlt. Als schließlich

Christina erzählt, dass ihre Freundin ihr im Streit ständig vorwirft, sie sei nicht lesbisch genug, und sie damit in eine tiefe Sinnkrise stürze, habe ich genug Mut gefasst, um meine Geschichte zu erzählen.

Ich hebe schüchtern den Arm. »Ja, Mandy«, sagt die Leiterin, »es würde uns sehr freuen, wenn du uns an deiner Geschichte teilhaben lässt.«

Also beginne ich zu erzählen.

»Hallo, mein Name ist Mandy. Ich weiß, was ihr jetzt denkt, aber tatsächlich mag ich meinen Namen, weil er nicht auf ‚a' oder ‚e' endet, wie die meisten weiblichen Vornamen. Vielleicht habe ich mich auch irgendwann mit ihm abgefunden, weil ich häufiger deswegen gehänselt wurde. Mandy Dandy mit dem Handy, ihr wisst schon. Mein Name ist für mich wie ein kleines Kind, das von allen gehänselt wird. Deswegen habe ich beschlossen, ihn zu mögen, denn solchen Kindern muss man helfen, findet ihr nicht?«

Alle nicken, manche lächeln sogar, obwohl ich nur Mist erzählt habe. Das macht mir Mut.

»Mein Problem, von dem ich euch erzählen möchte, habe ich schon einigen Menschen erzählt, meinen Freundinnen, meinen Partnern, aber ich habe nicht das Gefühl, dass es irgendjemanden wirklich interessiert, geschweige denn, dass es jemand ernst nimmt. Es begann alles damit, dass ich es satt hatte, von schwachen Männern umgeben zu sein. Mein Vater war Hausmann und, während meine Mutter uns mit ihrer Praxis durchbrachte, sie ist Frauenärztin, saß er zuhause, hat die Wohnung geputzt, gekocht, uns in die Schule und zum Sport gefahren. Ihr müsst wissen, ich habe einen Bruder. Der ist auch ein Schlappschwanz, aber dazu später. Jedenfalls ist mein Vater so einer, der sich mit allen Leuten immer gut verstehen will. Einen netten Menschen nennen ihn alle, die ihm begegnen, und je mehr Menschen er begegnete, desto mehr hat mich das angekotzt. Wenn ich Ärger in der Schule hatte, besonders mit Clarissa, dieser Schlampe, die mich immer wegen meines Namens aufzog, sagte er, ich solle sie mal zum Essen einladen. Könnt ihr euch das vorstellen? Die mieseste Bitch der Schule soll ich auch noch zum Essen einladen? Wie demütigend ist das denn?«

Ich sehe in die Runde. Immer noch nicken alle. Die Leiterin sieht mich mit verständnisvoller Miene an, aber ich bemerke, dass sie zusammenzuckt, wenn ich Worte wie Schlampe oder Bitch sage. Wahrscheinlich wird sie mir das gleich verbieten. Aber das ist mir egal.

»Meinen Bruder habe ich einmal dabei erwischt, wie er meine Unterwäsche geklaut hat, um sie anzuziehen. Ja, ich weiß, was ihr jetzt denkt, dass er wahrscheinlich im falschen Körper geboren war oder so. Aber das stimmt nicht. Er hatte eben noch nie eine Freundin gehabt, weil er nur in seinem Zimmer sitzt und sich Pornos reinpfeift. Zum Glück weiß ich nicht, was er so alles unter seinem Bett versteckt. Es ist mir auch egal. Nicht egal ist mir, dass er ständig spannte, wenn ich mal Freundinnen da hatte. Der wollte sogar einmal spontan duschen, als eine Freundin von mir im Badezimmer auf dem Klo saß und vergessen hatte abzuschließen. Kurzum: Für die Männer in meiner Familie kann man sich nur schämen.«

Die Frauen in der Runde verziehen das Gesicht, als ich von meinem Bruder erzähle. Ich glaube, sie habe ich schon gekriegt. Ehrlich gesagt habe ich die Geschichte mit dem Klo erfunden, aber sei's drum, ich will, dass man meine Probleme ernst nimmt. Also muss ich ein wenig übertreiben.

»Mit meinen Ex-Freunden sah es früher genauso aus. Ständig musste ich mich dafür rechtfertigen, dass ich keinen Analverkehr mag.

Auch Dreier, Gang Bang, Bondage, Partnertausch, dieser ganze Porno-Quatsch aus dem Internet, den angeblich jeder macht, wollten sie. Wenn ich dann nein gesagt habe, musste ich stundenlange Gespräche über mich ergehen lassen, bei denen immer herauskam, dass ich frigide oder sie keine richtigen Männer waren. Letzteres stimmte übrigens. Anders kann ich es mir nicht erklären, dass sie so darauf abgefahren sind!«

Immer noch verständnisvolles Nicken. Christina steht auf, geht zu ihrer Jacke und fischt ihr Handy heraus. Die Blicke der Leiterin bohren sich tief in ihr Gesicht. Mit schuldbewusstem Blick geht sie zurück auf ihren Platz. Peter zeigt auf, als wolle er etwas fragen. Aber die Leiterin schüttelt mit dem Kopf. Ich spüre wieder das Pochen, fühle die Tabletten in meiner Tasche und schiele zum Wasserglas neben mir. Wahrscheinlich rege ich mich zu sehr auf. Ich muss mal zum Punkt kommen.

»Erzähl weiter, Mandy«, sagt die Leiterin, »was ist dann passiert?«

»Nun, wie das so ist. Das Leben ist scheiße, zumindest das Privatleben und man wartet tagtäglich darauf, dass etwas passiert, das alles ändert. Und eines Tages ist es auch passiert. Besser gesagt ist Gregor passiert, denn das war sein Name. Ich weiß, es klingt komisch, aber ich habe ihn tatsächlich im Supermarkt kennengelernt, nicht im Internet oder auf einer Party oder so. Mir fiel er schon auf, als ich reinkam, weil er so in seinen Einkauf vertieft war. Die meisten Kunden haben telefoniert oder sonst etwas am Handy gemacht, aber er nicht. Er hat sich die Regale genau angesehen. An der Kasse stand ich dann direkt hinter ihm. Er hatte nur Katzenfutter auf dem Band, verschiedene Sorten für verschiedene Rassen, Alter, alles eben. Er sah so gut aus, dunkle Haare, glattrasiert, trug eine Anzughose, ein Hemd, darüber eine Lederjacke. Ich habe so etwas noch nie gesehen. Mich hat es fasziniert. Als er bezahlte, sah ich, dass er neben seinem Geld einen

Schlüssel für einen alten Ford Mustang aus seiner Tasche zog. Ich weiß das, denn die sammele ich, nur die Schlüssel, die Autos kann ich mir nicht leisten. Ich sah das und wusste: Dieser Typ ist mein Traummann. Also sprach ich ihn an. Ich habe früher oft im Tierheim ausgeholfen, daher weiß ich einiges über Katzen. Ich fragte ihn, was für eine Katze er habe. Er sagte, er wisse es nicht, sie sei ihm zugelaufen und da es so kalt sei, habe er sich mit Milch gefüttert. Die wollte das aber nicht anrühren. Kluges Tier, habe ich gesagt, denn Katzen vertragen keine Milch. Die meisten sind laktoseintolerant, aber das Klischee von der Milch hält sich trotzdem hartnäckig. In jedem Fall gab ich ihm einige Tipps und dann unter dem Vorwand, er könne sich ja melden, wenn er noch Fragen hätte, meine Nummer.«

Von den Frauen der Gruppe ernte ich die typischen Blicke von Bewunderung und Missbilligung. Ich hatte nie Probleme, Menschen kennenzulernen, sie offenbar schon. Viele finden, dass ich mutig bin, und das bin ich auch, sonst säße ich nicht hier. Die Männer in der Runde sehen zu Boden. Wahrscheinlich fragen sie sich gerade, warum ihnen so etwas noch nicht passiert ist, und schreiben es ihrer mangelnden männlichen Ausstrahlung zu.

»Hat es funktioniert?«, fragt Pamela plötzlich. Offenbar tat meine dramatische Pause ihre Wirkung.

»Hat es, zunächst zumindest. Gregor rief am nächsten Tag an und zwei Wochen später gab er mir seine Schlüssel. Am Anfang war mein Glück vollkommen. Er trug mich auf Händen, führte mich in schicke Restaurants und wir machten viele Spritztouren in seinem Mustang. Seine Katze nannten wir übrigens auch so: Mustang. Wir fanden, dass es uns verbindet, und wie hätten sie ja schlecht Supermarkt nennen können. Wenn wir nicht unterwegs waren, hatten wir den besten Sex, den ihr euch vorstellen könnt. Wir konnten eigentlich immer und so oft wir wollten. Er hat gevögelt wie ein Gott.«

Ich sehe zu den Männern. Es war schon immer ein kleiner Wunschtraum von mir, vor einer Gruppe verklemmter Menschen die Nymphomanin zu spielen. Peters und Romans Reaktion lässt nicht lange auf sich warten. Peter schlägt verschämt die Beine übereinander und Roman sieht sich im Raum um, als suche er einen Fluchtweg. So langsam habe ich das Gefühl, dass es heute wirklich funktionieren könnte. Vielleicht habe ich endlich einmal Glück und Menschen verstehen mein Problem. Meine Tabletten lasse ich in der Tasche.

»Wir brauchen darüber nicht zu viele Einzelheiten, Mandy, um dein Problem zu verstehen«, sagt die Leiterin, »fahr bitte fort. Was ist dann passiert?«

»Drei oder vier Monate war ich wirklich im siebten Himmel. Je länger das dauerte, desto mehr fürchtete ich, dass irgendwann ein grauer Schleier kommt, so ein kleiner Schatten, wisst ihr, was ich meine? Ein Moment, in dem es zum ersten Mal negative Schwingungen gibt. Ich kannte das bislang nach spätestens vier Wochen. Deswegen habe ich geglaubt, dass es dieses Mal mit Gregor wirklich und echt ist, dass er meine große Liebe ist. Doch dann, von einem Moment auf den anderen, änderte sich alles. Ich weiß noch, dass ich mich am Abend vorher gewundert habe, dass Gregor müde und nicht so agil und bereit war wie sonst. Aber ich habe mir nichts dabei gedacht, zumal er lange gearbeitet hatte und am nächsten Morgen früh raus musste. Er sagte, er wolle mich schlafen lassen und das tat er auch, so dass ich das erste Mal allein in seiner Wohnung aufwachte. Ich war noch nie in meinem Leben so glücklich. Dass er mich hier allein ließ, zeigte mir, dass er es ernst mit mir meinte. Ich konnte mein Glück kaum fassen. Ich ging auf den Balkon und rauchte eine Zigarette. Es war im März, der erste Frühling, die Luft duftete nach Bäumen, Bluten, nach Sonne, Leben und Spaß. Ich weiß, dass mir vor Glück tatsächlich eine Träne aus dem Auge geflossen ist, und, dass mein Handy klingelte. Mein Arzt war dran und erzählte mir etwas von komischen Werten bei meiner Blutuntersuchung, aber das vergaß ich schnell. Danach ging ich hinein, denn ich wusste, ein Kaffee würde mein Glück nun perfekt machen. Nun, leider muss ich sagen, dass ich meinen Kaffee immer mit Milch trinke. Ich setzte heißes Wasser auf und goss es später in eine dieser Kannen mit Sieb. Ich habe auch eine zuhause, der beste Kaffee, den man sich vorstellen kann. Zu meinem Glück, zum ersten perfekten Tag in meinem so unperfekten Leben fehlte nur noch die Milch. Hätte er H-Milch gehabt, wäre es mir auch egal gewesen, dann hätte sie vielleicht draußen gestanden oder wenn er einfach vergessen hätte, die Milch in den Kühlschrank zu stellen, wie es jeder normale Mann macht. Aber nein, er hatte die Milch im Kühlschrank und das war mein Untergang.«

Ich mache eine Pause. Ich habe genug Bücher gelesen und genug Filme gesehen, um zu wissen, wie man Spannung erzeugt. Jetzt brauche ich diese Spannung, damit sie mein Problem verstehen. Ich sehe jeden einzelnen an, die Leiterin Angela, den verklemmten Peter, die zurückgewiesene Pamela, den vereinsamenden Roman, die verprellte Lola und die viel zu heterosexuelle Christina. Alle schauen mich an und ich mache einen tiefen Seufzer.

»Was ist denn nun passiert?«, fragt Pamela, »was war mit seinem Kühlschrank?«

Ich atme noch einmal aus. Dann sage ich es.

»Leberwurst«, ich mache wieder eine Pause. Die Runde schaut mich verständnislos an.

»Leberwurst?«, frage Lola und sieht die anderen an. Allen hat es die Sprache verschlagen.

»Ja, Leberwurst«, sage ich, »und zwar nicht die rosafarbene, die ist schon eklig genug, sondern die graue, die wirklich widerliche.«

Wenn ich erzählt hätte, dass ich einen Außerirdischen im Kühlschrank gefunden habe, wären die Blicke der Versammelten sicher nicht weniger ungläubig gewesen. Roman kann sich ein Schmunzeln nicht verkneifen, versucht es aber umso mehr, als die Leiterin ihn mit einem strengen Blick ansieht. Ich spüre, dass niemand etwas sagen will, also fahre ich fort.

»Es war wirklich widerlich. Auf einem kleinen Teller im Kühlschrank lag dieses Ding, das aussah wie der aufgeplatzte Darm eines Todkranken. Denn Gregor schnitt sich nicht einfach nur ein Stück ab und schmierte es auf ein Brot. Vielmehr schlitzte er die Wurstpelle von einem Ende bis zum anderen auf und quetschte dann die graue Pampe heraus. Ich habe ihn später einmal dabei gesehen und mich fast übergeben. Der süßliche Geruch, der sich von der Wurst aus im Kühlschrank verteilte, tat sein Übriges, dass ich würgen musste. Von diesem Tag an konnte ich nur noch an die Leberwurst denken, wenn ich bei ihm war. Sah ich seine Hände, so musste ich mir vorstellen, wie er mit ihnen das graue Zeug aus der Pelle quetschte und ich ekelte mich vor dem Gedanken, dass etwas davon an seinen Finger geklebt hatte. War seine Frisur unordentlich, so sah ich kleine Brocken Leberwurst in seinen Haaren kleben, sein Körpergeruch, der mir bis dahin sehr gefallen hatte, verwandelte sich in einen Leberwurst-Smölk. Am schlimmsten war es, wenn ich seinen Penis gesehen habe, was nach der Leberwurst-Geschichte selten genug vorkam. Dann musste ich immer an das Bild denken, wie er die Wurst aufschlitzt, und mir traten Bilder vor die Augen, wie sein Penis aufplatzt und graue Pampe herausquillt. Versteht ihr, was ich meine?«

Ich habe sie wieder zum Nicken gebracht. Zufrieden stelle ich fest, dass Christina ein wenig blass um die Nase ist, während Lola offenbar sehnsüchtig an ein Leberwurstbrot denkt. »Ich mag auch Leberwurst«, sagt Peter plötzlich in die Stille hinein. Sofort spüre ich das Pochen im Kopf wieder. Am besten, ich erzähle weiter.

»Ich weiß nicht, wie es bei euch ist, aber nach drei Monaten voller intensivem Sex setzt bei mir so eine Art Gewöhnungsprozess ein. Als Single komme ich wochenlang ohne aus, Monate, wenn es sein muss. Aber in einer Beziehung werde ich geradezu süchtig danach. Besonders morgens zum wach werden, wird es für mich so nötig wie eine Dusche, dass ich vor dem Aufstehen ordentlich durchgevögelt werde. Auf den Fick zu Mittagspause könnte ich zu Not noch verzichten, aber abends, wenn man mehr Zeit hat, auch mal für ausgefallene Sachen oder eben drei, vier schnelle Nummern hintereinander, bis ich glaube, die Strecke des ICE Köln-Frankfurt würde durch meine Muschi führen, fehlt es mir besonders. Habt Ihr mal gesehen, was heutzutage im Fernsehen läuft? Das hält doch kein Mensch aus!«

Zufrieden stelle ich fest, dass Peter und Roman mit jedem meiner Worte mehr in ihrem Stuhl zusammengesackt sind. Ich rede gewöhnlich nicht so, eigentlich rede ich gar nicht über Sex, aber hier erscheint es mir angemessen.

»Wir verzichten auf zu viele Details«, sagt die Leiterin mit mitfühlendem Blick auf die anwesenden Männer.

»Gut, Verzeihung«, sage ich. Nun wird mir das Pochen doch zu viel. Bevor es sich wieder in einen stechenden Schmerz verwandelt, nehme ich lieber noch eine Tablette. Die Gruppe sieht mich verwundert an, doch ich tue so, als wäre es das Normalste von der Welt, und erzähle einfach weiter.

»Also, wie ihr euch vorstellen könnt, war das kein Zustand. Eigentlich hatte ich eine funktionierende Beziehung, aber den Mann, mit dem ich sie führte, wollte ich nicht mehr anfassen. Da führte natürlich eins zum anderen. Ein neuer Typ auf der Arbeit, vom Zufall herbeigeführte Überstunden und zumindest die abendliche Gymnastik fand nicht mehr auf dem heimischen Sofa, sondern auf dem Kopierer oder wahlweise auf dem Herrenklo statt. Sein Name war Ansgar, aber er hätte auch Günter oder Heinz heißen können, wäre mir alles egal gewesen, solange er nicht Leberwurst hieß. Wir vögelten, Verzeihung, wir waren einander äußerst zugetan, aber wir unterhielten uns auch viel, über alles, nur nicht über Essen, das Thema vermied ich. Dann aber wurde ich zu übermütig. Als Gregor eines Abends einen Junggesellenabschied hatte, der in Scheveningen stattfinden sollte und so über Nacht wegblieb, quartierte ich mich bei Ansgar ein. Ihr wollt ja nicht hören, was wir die Nacht hindurch getan haben, aber es war richtig gut. Am nächsten Morgen wollte ich eigentlich direkt verschwinden, aber da wurde er wach und überredete mich zum Frühstück. Ich wusste, dass es ein fataler Fehler sein würde, hatte das so im Gefühl, kennt ihr das?«

Ich fühle die gespannten Augen auf mir ruhen. Dann hält es Pamela nicht mehr aus:

»Hat Euch jemand erwischt? Vielleicht sogar Gregor?«, fragt sie.

»Wie sollte das denn gehen? Nein, viel schlimmer!«, antworte ich, »er hatte alles aufgetischt, Brötchen, Kaffee, Eier, Schinken, gebratenen Speck, Früchte, Joghurt, Obst, es war ein Frühstück wie in einem 5-Sterne-Hotel. Doch nachdem er sich ein Brötchen aufgeschnitten hatte, ging er zum Kühlschrank und holte sie heraus, die Leberwurst.

Er schnitt sie genauso auf, wie es Gregor immer tat, quetschte die graue Pampe auf sein Brötchen, nur noch mehr, als Gregor immer nahm. Ich stand auf, rannte zum Klo und übergab mich. Danach griff ich meine Sachen und ging. Er versuchte noch, mich aufzuhalten, aber es war zwecklos. Ich rannte raus, wusste nicht, was ich tun sollte, und ging zu Fuß nach Hause, das sind acht Kilometer. Danach hatte ich mich wieder etwas beruhigt.«

Das Nicken hat aufgehört. Ich glaube, so langsam wissen sie nicht mehr, was sie mit meiner Geschichte anfangen sollen. Dabei ist sie noch längst nicht vorbei. Ich hoffe, dass sie mich nicht irgendwann zwingen aufzuhören. Aber bislang ist alles still. Also erzähle ich weiter.

»Wie ihr euch denken könnt, konnte ich auf dieser Basis weder meine Beziehung noch eine Affäre aufrechterhalten. Ich ging Ansgar zwar von da an konsequent aus dem Weg, aber schließlich hatte ich Gregor betrogen. Ich konnte ohnehin nicht mehr mit ihm zusammen sein. Also machte ich Schluss, holte, als er nicht da war, meine restlichen Sachen aus seiner Wohnung und warf seinen Schlüssel in den Briefkasten. Die Beziehung war für mich vorbei, aber in den kommenden Wochen wurde meine Angst vor Leberwurst immer größer. In keinem Supermarkt konnte ich an der Fleischtheke vorbeigehen, musste ich aber auch nicht, denn Fleisch aß ich ohnehin nicht mehr. Tatsächlich fühlte ich mich nach ein paar Wochen wieder wohler und begann mich für diese ganzen Ernährungsweisen zu interessieren, besonders für die vegane. Ich las interessante Artikel darüber, kaufte mir Kochbücher und wurde tatsächlich eine ganz passable Köchin, obwohl mich das früher nie interessiert hat. So traf es sich, dass ich an einem Tag im Supermarkt eine Frau sah, die für so eine Box voller veganer Produkte Werbung machte, ihr wisst, Saucen, Gewürze und so etwas. Sie verteilte Proben und lächelte immer, wenn sie jemandem schmeckten, als hätte sie sie selbst gekocht. Eine Zeitlang beobachtete ich sie und mir fiel auf, dass ich sie ausnehmend hübsch und anziehend fand. Meine Neugier war geweckt. Also wartete ich bis kurz vor Ladenschluss, dann ging ich zu ihr und probierte alles, was noch übrig war. Ich schwärmte von dem tollen Geschmack und tatsächlich kamen wir so gut ins Gespräch, dass wir nach ihrem Feierabend noch etwas trinken und später zu ihr gingen. Ich hatte vorher noch nie etwas mit einer Frau, aber tatsächlich beschlich mich im Laufe dieses Abends immer wieder das Gefühl, dass es vielleicht wirklich an den Männern lag. Vielleicht war das mein Weg. Zum Glück musste ich mich nicht fragen, ob ich hetero oder lesbisch bin, ich konnte bi sein, pan oder was auch immer, ich konnte alles sein, was ich wollte. Zum ersten Mal habe ich diese Freiheit gespürt, wisst ihr? Diese Freiheit heutzutage, dass man wirklich alles sein kann, was man will, die Freiheit, dass man einfach leben kann, dass das Leben einem so viel bietet, dass man noch Zeit hat zu genießen, egal wie alt man ist, dass man nur rausgehen und es tun muss. Wir alle machen uns jeden Tag Sorgen und verstehen nicht, dass es morgen vorbei sein kann. Man kann rausgehen und es tun. Nichts hält uns auf!«

Ich spürte, wie mir Tränen über meine Wange laufen. Ich hätte mich nicht so hineinsteigern sollen, das ist nicht gut für mich. Aber was ist schon gut für mich? Ausdruckslose Gesichter starren mich an angesichts meiner Auslassungen das Leben betreffend und manche wirken geradezu beleidigt, als wenn ich ihre Probleme, ihre Gründe, aus denen sie das Leben ablehnen, nicht akzeptieren wollte. Natürlich tue ich das. Aber das ist nicht wichtig. Ich nehme noch eine Tablette. Ist doch egal, was die denken. Ich werde sie ohnehin nie wieder sehen.

»Und was ist dann passiert?«, fragt Christina leise.

»Nun, spät am Abend saßen wir bei ihr auf der Couch und haben uns geküsst. Als es dann gerade so richtig losgehen sollte, unterbrach sie und sagte, sie wolle für uns Champagner holen, damit es besonders prickelt, ging zum Kühlschrank und öffnete ihn. Ihr könnt Euch denken, was dann passiert ist.«

»Ist nicht dein Ernst, oder?«, schießt es aus Pamela heraus.

»Doch, genau das ist es, denn da lag sie. Die Leberwurst, auf dieselbe Weise aufgeschnitten wie bei Gregor und bei Ansgar. Ich war so schockiert, dass ich es nicht schaffte, mich zurückzuhalten. Ich schrie sie an, was dieses ekelhafte Ding in ihrem Kühlschrank mache und dass sie doch gar keine Wurst essen dürfe, weil sie doch Veganerin sei. Sie beteuerte, dass das nicht stimme, sie mache für die Produkte nur Werbung und natürlich müsste am Stand jeder denken, dass sie auch keine tierischen Produkte verwende, aber in ihrer Freizeit sei das etwas anderes. Ich wollte das alles nicht hören, sondern stürmte aus ihrer Wohnung, lief nach Hause und weinte. Ich weinte und fragte mich, was in meinem Leben falsch läuft, dass ich von einer Leberwurst so verfolgt werde. Ich wollte es nicht wahrhaben und will es immer noch nicht. Naja, und jetzt bin ich hier.«

Wieder schweigen alle. Die Leiterin schaut sich in der Gruppe um, jeden einzelnen sieht sie an, als würde sie ihre gewaschenen Hälse inspizieren wollen. Dann ergreift sie das Wort.

»Vielen Dank, Mandy, dass du das mit uns geteilt hast. Wir verstehen alle nur zu gut, dass das sehr belastend für dich sein muss. Aber ich kann dir aus eigener Erfahrung sagen, dass das nur eine Phase ist. Du hast es richtig gesagt. Das Leben bietet uns so viel und es ist ein Trugschluss, dass uns so etwas wie eine Leberwurst oder irgendetwas anderes unser ganzes Leben lang verfolgen wird. Glaub mir, das ist alles nicht so schlimm. Du wirst einen neuen Partner finden, einen ohne Leberwurst, vielleicht fragst du bei deinem nächsten Date einfach, ob er oder sie Leberwurst mag, nur zur Sicherheit. Du musst dich ein wenig von den Schocks erholen. Alles wird wieder gut.«

Wieder fühle ich Tränen auf meiner Wange, als ich die Worte der Leiterin höre. Sie wirken so unendlich erleichternd, zumindest für einen kurzen Moment oder immerhin so lange, bis sich die Gruppe auflöst und jeder seiner Wege geht.

Als ich nach draußen trete, sehe ich den Ford Mustang und freue mich. Denn da steht Gregor, dieser außergewöhnliche Mann, der mir das hier vorgeschlagen hat und damit mein Leben für zumindest eine Stunde wieder normal gemacht hat. Er wirkt auf mich wie ein Engel in seinem langen schwarzen Mantel, als er auf mich zugeht und mich in seine Arme schließt. Seit dem Anruf meines Arztes weiß ich, dass Gregor der beste Mensch auf der Welt ist. Denn er ist immer noch da.

»Hast du es ihnen erzählt?«, fragt er und seine tiefe Stimme vibriert magisch in meinem Körper.

»Ja«, antworte ich.

Er lächelt.

»Genau die Geschichte?«

»Genau die Geschichte«, antworte ich, »die hast du dir wirklich super ausgedacht.«

»Das ist schön. Und hat es funktioniert? Haben sie so reagiert, wie du wolltest?«

»Ja, haben sie.«

»Das ist schön, mein Schatz.«

Er sieht mich an. Dann küsst er mich und ich spüre, wie er erbebt, als er bemerkt, dass ich glücklich bin. In seinen Augen leuchtet die Hoffnung, dass es nun so bleiben wird, bis zum Ende.

»Warst du mit Mustang beim Tierarzt?«, frage ich.

»Das war ich. Es ist alles in Ordnung mit ihm. Komm, wir müssen wieder zurück ins Krankenhaus. Wer weiß, wie sehr dir dieser Ausflug zugesetzt hat.«

Er stützt mich, weil er merkt, dass das Pochen in meinem Kopf wieder heftiger wird. Das erinnert mich daran, dass ich sterben werde. Ich spüre die frische Abendluft des Frühlings um mich. Tatsächlich empfinde ich so etwas wie Freude, dass die Welt sich auf diese Weise in ein paar Wochen von mir verabschieden wird.

»Das ist mir egal«, sage ich, »Wenigsten hat mir endlich wieder einmal ein Mensch gesagt, dass alles wieder gut wird.«

Die Kellertreppe

»Life in dreams is so much kinder, just a moment's memory
to fade away, in distance lies your home«
Opening Out – Renaissance

Soweit meine Erinnerung zurückreicht, hatte ich immer Angst vor der Kellertreppe. Dabei ist es völlig unerheblich, dass ich seit vielen Jahren in diesem Haus wohne. Tatsächlich bin ich sogar hier aufgewachsen, habe meine Kindheit hier verbracht und später, als ich geheiratet habe, bin ich mit meinem Mann hier eingezogen. Obwohl ich jeden Winkel dieses Hauses kenne, hatte ich immer ein ungutes Gefühl, wenn ich in den Keller gehen musste.

Wahrscheinlich war ich deswegen selten hier unten. Die knarrende Holztür allein hat mir immer schon Angst gemacht. Wenn ich früher am Absatz der steilen Treppe in den Abgrund sah, fragte ich mich immer, wovor ich Angst habe. Wusste ich es? Natürlich und ich weiß es bis heute: Ich habe Angst davor, dass dort unten etwas auf mich lauert, etwas, das nach allem, was die Menschen da draußen sagen, nicht dort sein durfte. Denn in diesem Keller ruht alles, was aus dem Leben gestoßen wurde, als es angebracht erschien, weil es nicht mehr von Nutzen oder seine Anwesenheit sogar eine Last war. Vielleicht ist irgendetwas dort, wartet auf mich, findet keine Ruhe, weil es Unrecht war, es aus dem Leben zu stoßen.

Ich kann mich an das Knarzen jeder einzelnen Stufe erinnern, als ich die Treppe hinaufschaue. Dann wende ich mich ab. Mit dem seltsamen Gefühl, dass etwas hier unten auf mich wartet, starre ich auf den Boden. Mein Weg führt mich an gestapeltem Trödel vorbei, den ich im Augenwinkel bemerke, hier im Vorraum, von dem mehrere Türen abgehen, die zum Heizungskeller, die zum Lagerraum für die Gartengeräte und die restlichen. Ohne mich umzuschauen, gehe ich weiter, einen Schritt nach dem anderen. Ich spüre meine Füße nicht, als sei der Boden, den sie berühren, nicht Teil meiner Welt. Nur dunkel erinnere ich mich, wie ich aus meinem Bett gestiegen bin, mitten in der Nacht, als sei es eine Ewigkeit her, dass ich meinen Mann Jake im Bett schlafen sah und mich fragte, ob er mich nicht doch beobachtet. Ich muss etwas geträumt haben, an das ich mich nicht erinnere. Oder ist dies hier der Traum? Ich kann es nicht sagen, weiß nur, dass ich jetzt nicht einfach so wieder ins Bett gehen kann. Vielleicht mache ich mir gleich noch ein Sandwich. Einen Fuß vor den anderen setzend denke ich und während ich es denke, sehe ich meine Zehen, als seien sie durchsichtig. Ich gehe an den Holztüren vorbei bis zum hintersten Raum.

Nun schaue ich das erste Mal auf. Hinter unzähligen Spinnenweben, die von der Decke hängen, erkenne ich meine alten Bücherregale. Sofort erinnere ich mich, wie ich als junge Frau jeden Tag die Bücher darin betrachtet habe, sorgenfrei, ungehemmt, wissend um die Zeit, die ein ganzer freier Nachmittag damals noch bedeutete. Manchmal ging ich im Wald spazieren, besonders im Frühling. Ich genoss es, wie ich mich veränderte, während die Welt um mich herum immer wieder zu ihrem Ursprung zurückkehrte, Wege, Bäume, Vögel, der ewige Kreislauf, wenn das Leben sich frei entfalten kann und nicht in einem Keller verweilen muss. Manchmal wiederum las ich tagelang und sortierte meine Bücher zwischendurch nach »gelesen« und »ungelesen«. Manchmal, wen ich keine Lust zum Lesen hatte, sortierte ich sie nach den Farben der Einbände. Irgendwann, es musste an einem der ersten Frühlingstage gewesen sein, als die Sonne den weichen Teppichboden für meine nackten Füße wärmte, begann ich mir zu wünschen, ich würde selbst einmal ein Buch schreiben.

Ich mache einen Schritt nach vorne, sehe Kartons mit meinen alten Büchern und halte inne. Ich spüre meine Hände zittern. Durch die steinernen Wände des Gewölbes höre ich ein knarzendes Geräusch von der Kellertreppe. Doch mitten in der Nacht kommt niemand hierher. Mein Mann im Bett, seine Augen waren geschlossen, wirklich geschlossen. Er würde nicht hierher kommen. Ich muss mich getäuscht haben.

Während ich mich zu beruhigen versuche, sehe ich etwas, das unter einer alten Decke verborgen liegt. Ich ahne, was es ist, sehe mich bestätigt, als ich die Decke zurückziehe und die alte Schreibmaschine sehe, ein Erbstück von meinem Opa, nicht das einzige, aber bestimmt das wertvollste. Das ganze Geld, das er mir hinterlassen hat, interessierte mich weniger als diese wunderschöne Maschine, die ich wie einen großen Schatz in mein Zimmer trug und noch am selben Abend begann, mein erstes Manuskript zu schreiben. Es war gleich einem Zauber, den ich noch bis tief in die Nacht in mir trug. Selbst Jake hatte es bemerkt. Ich muss sehr verführerisch gewesen sein, denn entgegen seiner Gewohnheit begleitete er mich an diesem Abend in unser Bett und schon ein paar Wochen später erfuhren wir, dass ich schwanger war. Nun haben wir ein kleines Kind, das in meinem alten Lesezimmer wohnt. Für die kleine Luisa habe ich es gerne aufgegeben und daraus ein Kinderzimmer gemacht. In den wenigen Wochen, die sie bereits unser Leben bereichert, habe ich mich freier gefühlt als mein ganzes Leben zuvor.

Plötzlich höre ich wieder ein Geräusch von der Treppe. Dieses Mal bin ich mir sicher, dass es Schritte sind. Nach ein paar Sekunden herrscht wieder Stille. Noch immer weiß ich nicht genau, warum ich heute Nacht in den Keller gegangen bin, wo ich doch in den letzten Wochen immer am Bett meiner Kleinen war, um nachzusehen, ob es ihr gut geht. Jake sagt, mit dem Geld, das mein Opa mir vererbt hat, können wir uns ein schönes Leben machen, können wir uns kaufen, was wir wollen, Reisen, teure Autos fahren, Personal einstellen, aber das alles will ich nicht. Ich will mich nur um mein Kind kümmern und danach mein Buch zu Ende schreiben. Alles andere im Leben ist unwichtig.

Ich fühle mich frei, als ich den Kellerraum verlasse. Im Vorraum steht eine andere Tür offen. Neugierig in der Erwartung, noch weitere schöne Erinnerungsstücke zu sehen, spähe ich hinein. Dann erstarre ich. Im Zwielicht des Kellerraums erkenne ich Kinderspielsachen, die lieblos auf einen Haufen geworfen wurden. In Säcken aus durchsichtigem Plastik sind Mädchenkleider gestopft. Unter noch mehr Spinnweben erkenne ich Luisas altes Kinderbett, an dem ich immer stehe, wenn sie schläft.

Plötzlich sehe ich noch etwas anderes. Da stehen Kartons, die mit meinem Namen beschriftet sind. Mit zitternden Händen öffne ich einen. Ich sehe Kleidung, die ich neulich erst gekauft habe, dazwischen die Sammlung kleiner Dosen, die ich so liebe. In einem weiteren finde ich Bilderrahmen mit Fotos von mir und Jake, von meinen Eltern und meinen Brüdern. Es ist, als wären meine ganzen Sachen aus dem Haus oben verschwunden, als wäre ich nun ein ganz anderer Mensch. Was ist hier passiert? Warum hat Jake das alles in den Keller gebracht?

Wie erstarrt taumele ich einen Schritt zurück, da höre ich wieder ein Knarzen von der Treppe. Ich spüre, dass ich gefangen bin zwischen dem lieblosen Haufen von Kindersachen und der alten grausigen Treppe. Ich drehe mich um und laufe aus dem Raum.

Im Vorraum erstarre ich. Vor mir steht eine junge Frau. Sie hat die Augen weit aufgerissen. Eine Sekunde lang sehen wir uns an. Eine Angst, die ich nie zuvor verspürt habe, durchdringt mich. Die Frau hat einen Bademantel an, blonde Haare und blaue Augen, genau wie Luisa. Plötzlich schreit sie. Ich kenne dieses Schreien. Es ist das meiner Tochter nur tiefer, angstverzerrt und wie aus einer anderen, viel grausameren Welt als die meine. Als ich das höre, sehe ich plötzlich ein Bild aus meiner Erinnerung. Ich schaue die Treppe zum Keller hinab, fürchte mich. Plötzlich spüre ich Jake hinter mir, bekomme einen Stoß. In ihren letzten Sekunden dreht sich meine alte Welt, ein dumpfer Schlag und alles ist in Dunkelheit.

Jetzt höre ich wieder das Knarzen der Treppe. Jake kommt in den Keller hinabgelaufen. Die junge Frau fällt in seine Arme und weint. Das schluchzt sie etwas, das durch ihre Tränen klingt wie »Ich habe Mama gesehen«. Plötzlich spüre ich, wie mein ganzes Sein fortgerissen wird in eine Leere, in der ich wie durch ein kleines Loch noch die Frau und meinen Mann sehe.

»Beruhige dich, Luisa«, sagt Jake, »ich habe dir doch gesagt, du sollst nicht in den Keller gehen. Du weißt, Mama hatte hier ihren schrecklichen Unfall. Sie ist die Treppe herabgestürzt. Komm nach oben, beruhig dich und morgen machen wir eine Spritztour in meinem neuen Ferrari.«

Burn-out

»Es ist ein ungebundenes Wuchern der Form über die Idee, das man vielleicht ein Merkmal zu Ende gehender Geistesperioden nennen darf.«
Herbst des Mittelalters – Johan Huizinga

»Und was versprechen sie sich von einer Therapie?«, fragt der Mann vor dem Bücherregal, während seine Hände gefaltet in seinem Schoß ruhen. In diesem vollklimatisierten Zimmer sitzt er in einem Ledersessel, der zur Couch passt, auf der ich Platz nehmen sollte. Während er spricht, spiegeln sich Mitgefühle in seinem Gesicht, als wäre es von Michelangelo gemeißelt.

»Gar nichts«, sage ich, »ich bin schon öfter an ihrem Haus vorbeigegangen, wissen sie? Manchmal habe ich sogar überlegt, es zu kaufen, wegen der schönen Außenverzierungen. Ihr Vorgarten ist ein wenig heruntergekommen, das ist schade. Könnte man viel draus machen, gerade jetzt. Der Frühling ist doch die richtige Zeit für so etwas.«

Der Mann nickt verständnisvoll. Er sagt etwas von einem grünen Daumen, den er nicht habe, genauso wenig wie einen Gärtner, das aber tue jetzt nichts zur Sache. Zur Sache, das ist meine, das bin ich. Ich bin die Sache. Nur dazu soll ich erzählen. Vielleicht will ich auch nur ein wenig plaudern. Geld bekommt er doch. Ein Psychologe, der nicht über sich reden will, ist doch wie ein Lehrer, der nichts lernen, ein Chef, der niemandem folgen will. Gerne würde ich ihm jetzt ein paar echte Gedanken zwischen seine Bücher quetschen, echte Gedanken von echten Menschen, nicht von Sachen. Aber ich beherrsche mich. Das tue ich immer. Ich bin der Herrscher über mich selbst und ich bin ein Tyrann.

»Ich habe mich immer gefragt«, fahre ich fort, »wieso ein Arzt – sie sind doch Arzt, oder? – in einem solchen Gebäude praktiziert. Aber ich bin ehrlich, das darf ich doch sein? Ich habe Therapien immer für Unsinn gehalten.«

»Und warum sind sie dann hier?«, fragt der Mann.

»Meine Freunde sagen, ich hätte das schon längst tun sollen.«

Er nickt und streichelt mit einer Hand seinen Vollbart. Ich höre ein kratzendes Geräusch. Die andere Hand ruht auf seinem Schenkel. Die Farbe seiner Cordhose scheint mit dem Perserteppich unter unseren Füßen verwachsen, die seiner Strickjacke mit den Einbänden der Bücher. Vor meinen Augen schimmert Braun in tausend Schattierungen.

»Warum sagen ihre Freunde das?«, fragt er.

»Weil sie auch alle in Therapie sind. Sie sagen, es ist gut. Man entdeckt Probleme, von denen man vorher nichts wusste, sagen sie, unterbewusste Probleme, in der Kindheit, mit den Eltern und so.«

Das Gesicht des Mannes bewegt sich. Seine steinernen Augenbrauen schieben sich zusammen. Neben ihm steht eine Tasse Tee. Der Faden des Beutels hängt herab, als müsse er das heiße Wasser rechtfertigen.

»Es ist komisch, hier zu sitzen«, sage ich.

»Wir können ganz offen sprechen, erzählen sie.« Seine Hände verschränken sich ineinander. Ich nicke. Auch das habe ich schon oft getan.

»Offen gesagt«, beginne ich, »verstehe ich nicht ganz, was eine Therapie sein soll. Meine Freunde gehen einmal pro Woche hin und sind hinterher völlig begeistert. Aber sie wollen mir nie erzählen, was sie besprechen.«

»Warum wollen sie das wissen?«

»Naja, ich merke immer wieder, die Begeisterung hält nicht lange bei ihnen. Ein paar Tage später haben sie wieder dieselben Probleme und ein paar neue. Dann gehen sie wieder zur Therapie und sind begeistert. Es scheint mir wie ein, nun, was ist das Gegenteil von einem Teufelskreis? Ein Engelskreis vielleicht?«

Er lächelt zerknirscht, rückt seinen Stuhl zurecht. Wahrscheinlich hat er das auf der Akademie gelernt. Trotz der Klimaanlage, die leise summend den Raum in ein Kühlfach verwandelt, schwitzt er. Bestimmt ist das gesund. Er holt tief Luft, um seine nächste Frage zu stellen.

»Warum kommen sie zu mir?«

»Ich bin traurig.«

»Wie meinen sie das?«

»Traurig«, sage ich, »nichts weiter. Ich wache auf und bin traurig, gehe traurig zur Arbeit und komme traurig wieder nach Hause.«

»Was macht sie traurig?«

»Ich weiß es nicht. Wenn ich das wüsste, säße ich nicht hier.«

Er schaut auf einen Notizblock, der neben ihm liegt. Offenbar denkt er darüber nach, ihn zu benutzen. Ich kenne dieses Gefühl. Er versteht mich nicht. Vielleicht liegt es daran, dass sein Gesicht inzwischen all die Gefühle an sich vorbeirauschen lässt, mit denen seine Patienten ihn täglich bombardieren. Er tut so, als wolle er mir helfen, doch in Wahrheit schützt er sich selbst.

»Sind sie unzufrieden mit ihrem Leben?«, fragt er.

»Nein, warum sollte ich?«, antworte ich, »ich habe einen guten Job, bin schon verschiedentlich befördert worden. Außerdem habe ich Freunde.«

»Die Freunde, die auch in Therapie sind?«

»Ja, Michaels Frau hat damit angefangen und sagte, sie fühle sich seitdem wie neu geboren. Dann ging auch er hin, dann Frank und zuletzt Heinrich. Er ist gebürtiger Pole, wissen sie, die haben manchmal so Namen.«

»Verstehen sie sich gut mit ihnen?«

»Sie sind meine Freunde. Wir kennen uns seit der Schulzeit.«

»Was ist mit ihren Eltern?«

»Sie waren immer gut zu mir, keine Probleme.«

»Und trotzdem sind sie traurig.«

»Vielleicht deswegen.«

Seine Hände zucken. Er schaut auf den Tee, auf den Notizblock. Dann reibt er seine Handflächen über seine Hose, bis ich glaube, dass sie ihre Farbe annehmen. Ich erinnere mich, dass meine Kunstlehrerin in der Schule sagte, wenn man alle Farben mischt, ergibt das Braun, obwohl weiß die Farbe ist, die wir sehen, wenn alle Farben reflektiert werden. Das habe ich bis heute nicht verstanden.

»Schildern sie mir die Symptome«, sagt er.

»Was für Symptome?«, frage ich.

»Na, wie äußert sich ihre Traurigkeit?«

»Was soll ich dazu sagen?«

»Kommen sie morgens schlecht aus dem Bett? Fühlen sie sich kraftlos und ausgelaugt?«

»Nein, das nicht.«

»Also keine Symptome.«

»Doch, ich bin traurig.«

Er rückt in seinem Sessel hin und her. Plötzlich wird das Summen der Klimaanlage lauter, als wenn sie sein Gemüt kühlen müsse. Vielleicht beunruhigt es ihn, dass ich immer noch so regungslos dasitze. Er kneift die Augen zusammen.

»Hören sie vielleicht Stimmen?«, fragt er.

»Nein«, antworte ich.

»Finden sie sich manchmal an Orten wieder und wissen nicht, wie sie dahingekommen sind? Oder hat ein Fremder einmal zu ihnen gesagt, dass sie sich kennen?«

»Nein, auch das nicht.«

»Nun gut«, sagt er. Dann steht er auf. Er geht zu seinem Bücherregal und kratzt sich am Kinn.

»Was machen sie da?«, frage ich.

Er schaut zu seinen Büchern.

»Ich denke nach«, antwortet er.

»Worüber denken sie nach?«

Er dreht sich zu mir.

»Über sie natürlich. Sie sagen, sie sind traurig, zeigen aber keine Symptome von Depression, Schizophrenie oder bipolarer Störung. Hatten sie vielleicht kürzlich einen Schlaganfall oder einen Unfall?«

Ich schüttele den Kopf.

»Sehen sie«, sagt er, »Sie haben ein gutes Leben, Freunde, Familie, einen Job, sind geistig und körperlich gesund.«

Er dreht sich um, streckt den Finger aus und fährt über einige Buchrücken.

»Aber was ist das Problem?«, frage ich, »ich dachte, sie können mir sagen, warum ich traurig bin.«

»Das Problem ist«, sagt er, während seine Augen über einige Buchtitel schweifen, »dass es keinen Grund für sie gibt, traurig zu sein. Sie müssen das nur einsehen, dann fühlen sie sich besser.«

»Wenn das ginge, säße ich nicht hier«, sage ich, »also, können sie mir helfen? Meine Freunde sagen, Therapeuten können immer helfen.«

Ein eiskalter Luftzug erfasst mich. Plötzlich sehe ich einen roten Fleck auf dem Teppich. Er macht mich nervös.

»Wie soll ich ihnen helfen?«, fragt er.

»Vielleicht können sie mir bescheinigen, dass ich traurig bin, als Arzt bescheinigen, das würde mir helfen. Man braucht doch heute immer eine Bescheinigung.«

Er dreht sich wieder zu mir, schüttelt den Kopf.

»Ich kann ihnen nicht bescheinigen, dass sie traurig sind. Depressionen, Schizophrenie, ein posttraumatisches Belastungssyndrom, das kann ich schreiben. Aber traurig? Das geht nicht.«

»Wieso nicht? Schreiben sie es doch ganz einfach!«

»Weil das niemand versteht! Sie brauchen für Traurigkeit einen Grund. Warum überhaupt wollen sie so eine Bescheinigung?«

»Mein Chef sagt, wenn ich nicht fröhlicher werde, feuert er mich.«

Er geht zu seinem Schreibtisch, tippt auf seinem Computer herum. Ein Drucker summt. Dann nimmt er ein Stück Papier und reicht es mir.

»Hier, nehmen sie das. Gehen sie nach Hause, achten sie auf ihre Ernährung und treiben sie mehr Sport. Das rate ich ihnen.«

Ich stehe auf und nehme das Papier. Als ich ihn bezahlen will, schüttelt er den Kopf. Ohne ein weiteres Wort verlasse ich die Praxis. Einige Stufen steige ich hinab, dann stehe ich in seinem Vorgarten. Erst jetzt sehe ich unter dem Gestrüpp einen Tümpel, der vor Urzeiten mal ein Teich werden sollte. Eine Engelsfigur breitet ihre von Grünspan befleckten Arme aus. Ich drehe mich um. An der Außenfassade des Hauses bröckelt der Putz ab. Der Therapeut sieht durch einen Schlitz im Vorhang und lächelt. Ich sehe auf den Zettel. Mein Name steht darauf und das Datum. Auf dem Feld »Diagnose« lese ich nur zwei Worte:

Burn-out.

Menschen im Gras

»You stand there with your fixed expression, casting doubt on all I have to say, why don't you touch me?«
The musical box – Genesis

»Ich glaube, ich könnte hier für immer sitzen bleiben«, sagt Isabell. Ein Reh tritt aus dem Wald und sucht nach Futter. Hinter ihm kommt ein Kitz, folgt der Mutter, die sich nach ihm umsieht.

»Mir ist kalt«, sagt René.

»Wollen wir uns in die Sonne setzen?«, fragt Isabell.

»Nein, ist schon gut.«

So hat er sich diesen Moment nicht vorgestellt. Nicht einmal eine Jacke hat er mitgenommen, war sofort aufgesprungen, als ihr Anruf kam, obwohl die Sonne noch nicht aufgegangen war. Ein Wort von ihr war genug. »Ich habe es getan«, sagte sie und schon hat er alles vergessen. Aber nichts funktioniert, obwohl er sich sicher war. Sie sitzen auf dieser Wiese, es ist der perfekte Moment, ihren Arm um ihn zu legen. Doch sie tut es nicht. Sie versteht es nicht. Nichts versteht sie und das hat sie offenbar noch nie.

»Willst du darüber reden?«, fragt er.

»Nein, eigentlich nicht. Es ist so wie es ist. Schau mal, die beiden Rehe. Ist das nicht schön? Ich hatte schon völlig vergessen, wie sehr ich die Natur liebe.«

Er schaut hin, ihr zum Gefallen. Die Wiese unter ihm fühlt sich feucht an. Wenn sie nicht reden will, was macht er dann hier? Sie hat ihn angerufen, als erstes, nachdem sie Gerold verlassen hat. Es war das letzte der langen Kette untrüglicher Zeichen, die sie ihm gesendet hat, seitdem sie sich kennen. Alles zog sich wie ein roter Faden bis zu diesem Punkt, an dem sie ihren Arm um ihn legen sollte, es aber nicht tut.

»Ich liebe es, wenn der Wind durch die Blätter rauscht.«, sagt sie.

»Das liebe ich auch«, antwortet er.

Er hört nichts. Was soll ihm der Wind auch sagen? Damals, als er ihr zuliebe auf das verfluchte Konzert gegangen war, obwohl ihn die Band nicht interessierte, war er sich noch sicher gewesen. Das zufällige Treffen in der Bibliothek, bei dem er genau das Buch fallen ließ, das sie suchte. Seine Einladung zum Kaffee, das viele Lachen, während sie beieinander saßen, und sie sagte: »Du bist lustig. Ich mag Menschen mit Humor«. Dann gab es den Abend im Kino, eine Tüte Popcorn für zwei, sie wollte keine eigene, Berührungen der Hände eingeschlossen, aber er ist ein Gentleman, das hätte sie doch merken müssen. Sein bester Freund und er waren sich sicher: Das waren genug Zeichen. Auf dem Konzert musste es passieren.

»Riechst du das?«, fragt sie, »die Luft ist im Frühling so frisch. Es ist, als könnte man mit jedem Atemzug mehr Freiheit spüren.«

»Das ist wirklich schön«, antwortet er.

Jetzt redet sie von Freiheit, genau wie an dem Abend des Konzerts. In die erste Reihe wollte sie, nicht neben ihm hinten stehen und alles sehen, zwar nicht nah dran, dafür neben ihm. Sie versteht nichts. In der Pause sprach sie von Leben, von Freiheit, dann ging sie auf die Toilette und kam nicht wieder. Später entschuldigte sie sich dafür, was ihm sagte, dass er ihr wichtig war. Aber Gerold, das sei der Typ, den sie auf dem Weg zum Klo kennengelernt hatte, brachte sie dann nach Hause und ein paar quälende Tage später brauchte es ein zufälliges Treffen, damit sie ihm sagte, dass sie und Gerold jetzt ein Paar seien. Das war der einzige Moment gewesen, da er sich nicht unter Kontrolle hatte, hatte gefragt, was denn mit ihnen sei, und sie hatte geantwortet, es hätte klappen können. Aber es sollte wohl nicht sein. Es hätte klappen können.

Sie sieht sich um, streckt die Hand aus und pflückt eine Blume. Sie hat eine lila Blüte.

»Schau mal, das ist eine Flockenblume«, sagt sie und schaut über die Wiese. »Die sind echt selten, aber es gibt hier eine Menge davon.«

Er sagt nichts, weiß nicht, was er noch sagen soll. So lange stand er zu ihr, traf sich mit ihr zum Kaffee, ließ sich von ihr grausam einen »guten Freund« nennen, dabei wusste sie vielleicht gar nicht, wie sie sich unterschwellig immer mehr zu ihm hingezogen fühlte, ja fühlen musste. Wie soll man es sonst erklären, dass sie ihm nachts Nachrichten schrieb oder aus dem Urlaub mit Gerold, dass sie stets Make-Up trug, wenn sie sich trafen, und enge Klamotten, dass sie ihn anlächelte, wenn sich ihre Blicke zufällig trafen, dass sie jede seiner Nachrichten mit einem Herzchen versah? Viel hatten er und sein bester Freund darüber geredet, jedes kleinste Detail analysiert und waren zu dem Schluss gekommen, dass es nur noch eine Frage der Zeit sei.

»Ist dir mal aufgefallen, dass die Wolken im Frühling oft aussehen, wie kleine, süße Tiere?«, fragt sie.

»Oh ja, die sind echt niedlich«, antwortet er.

Er rückt ein Stück näher an sie heran, nicht zu viel, genau so nah, dass der Abstand zwischen ihnen weniger als dreißig Zentimeter beträgt. Das ist die magische Zahl, hat er gelesen. Näher als dreißig Zentimeter bedeutet mehr als Freundschaft, dann muss sie verstehen, dass sie nur den Arm um ihn legen muss. Es hätte klappen können, hat sie gesagt. Doch Glück muss man erzwingen, bis das »hätte« unter der eisernen Faust der Kontrolle in sich zusammenbricht. Es hätte klappen können, aber der Zufall oder etwas, das dumme Menschen als Schicksal bezeichnen würden, hat es verhindert. Nie wieder! Die Zeichen, die vielen Zeichen, klar wie die eigene Muttersprache, sie muss nur noch handeln. Kann er es tun? Natürlich nicht, er hat viel zu lang an ihrer Seite gestanden, gewartet, jedes ihrer Zeichen gedeutet. Sie muss kommen, denn sie hat die Wahl. Jetzt muss sie sich für ihn entscheiden, einfach, nur ein einziges Mal seine Zeichen richtig deuten. Es ist perfekt, kein Zufall, kein Schicksal, nur die Natur und sie, und er sendet so viele Zeichen, so wie sie es getan hat, immerzu.

Er schaut auf ihre Hand. Sie bewegt sich nicht, noch nicht. Er überlegt, was das Untrüglichste aller Zeichen ist, das selbst sie verstehen würde, auch wenn sie jetzt abgelenkt ist von der dummen Natur und ihrer dummen Trennung.

»Ich glaube, ich werde mich nie wieder verlieben können«, sagt sie.

Das wollen wir noch sehen, denkt er.

Auf der Reeperbahn morgens um halb zehn

»ChatGPT ist beängstigend gut. Wir sind nicht weit entfernt von einer gefährlich starken KI.«
Elon Musk

Hamburg. Landungsbrücken. Ich sitze allein auf einer Bank und schaue auf den Hafen. Auf meinem Schoß liegt ein Laptop, dort wo zuhause meine Katze liegt. Leider ist sie jetzt nicht hier. Mit meiner Katze an den Landungsbrücken zu sitzen, erscheint mir die beste Art, die Zeit hier zu verbringen, doch habe ich einen Auftrag. Deswegen bin ich hier.

Wenn mich jemand fragt, sage ich, dass ich Journalist bin. Jeder kann das von sich behaupten. Dabei schreibe ich nur für mich und für zwei, drei Menschen, die meinen Blog lesen. Ich mache keine Videos, weil ich mit Bildschnittprogrammen nicht umgehen kann. Ich mache keine Fotos, weil ich keine Ahnung von Filtern habe. Ich kann nur schreiben, aber das, so scheint es, kann eigentlich jeder. Zudem wird diese Tätigkeit zunehmend überflüssig, denn neuerdings gibt es Programme, die Texte schreiben können. Das zumindest ist derzeit in aller Munde. Also schreibe ich darüber, über Programme, die schreiben. Künstliche Intelligenzen nennt man sie. Das schafft Vertrauen, denn Intelligenz an und für sich wird dem Menschen eigentlich abgesprochen. Künstlich ist besser, berechenbar, normierbar und nur in Filmen kommen diese Intelligenzen in den Genuss, ein Eigenleben zu entwickeln. Aber eigentlich sollen sie helfen.

Hilfe von Intelligenzen hat das Internet dringend nötig. Welchen Grund soll ich mir vorstellen dafür, dass ich wochenlang nur

Kühlschrankwerbung angezeigt bekomme, nachdem ich einen Kühlschrank gekauft habe? Vielleicht sollte dem Internet einmal jemand sagen, dass es, wenn ich einen Kühlschrank kaufe, nicht bedeutet, dass ich mich brennend für Kühlschränke interessiere, sondern einen brauchte und nun nicht mehr, weil ich einen habe. Oder ich buche einen Flug nach Mailand. Dann kriege ich wochenlang Werbung und Spams wie toll Mailand ist, dabei habe ich da nur einen Termin. Manche nennen das »den Algorithmus«. Klicke ich ein Video von Tierheimtieren, bekomme ich tagelang Videos angezeigt, in denen mit schauerlichen Bildern Tierquälerei angeprangert wird. Schaue ich ein True-Crime-Video so bekomme ich nur noch True Crime angezeigt und wenn ich das nicht mehr schaue, folgen noch mehr, weil ich wohl bei der Stange gehalten werden soll. Schaue ich eine Sendung im Fernsehen, läuft manchmal der gleiche Werbespot fünfmal hintereinander. Es gibt noch Sendungen, in denen die Werbung angekündigt wird, aber meistens kommt sie mitten in einem Satz, der gerade gesprochen wird. Ein Freund von mir arbeitet in der Werbung. Er sagt, früher hattest du dreißig Sekunden Zeit für eine Werbebotschaft, dann waren es irgendwann zehn, heute sind es zwei Sekunden. Die Menschen werden mit Werbung zugeschüttet. Man sucht eine Information im Internet und muss fünf Werbespots wegklicken, zehn Hinweise auf Cookies und dreimal den Ad-Blocker ausschalten. Das Ergebnis ist, dass behauptet wird, Menschen, vor allem Jugendliche, haben eine geringe Aufmerksamkeitsspanne. Das stimmt nicht. Sie werden mit Informationen überfrachtet, die sie weder gesucht haben noch für sie von Belang sind. Es wird einfach berechnet, dass es sie zu interessieren hat. Genau das macht verrückt, depressiv, matschig im Gehirn. Doch nicht die Menschen, sondern das Internet wird immer dümmer. Ja, es braucht dringend eine Intelligenz, ob künstlich oder nicht.

Meine künstliche Intelligenz soll mir nun helfen, Hamburg zu erkunden. Ich bin neugierig, sehe zum Hafen. Ein Heer von Kränen streckt seine Fühler gen Himmel. Dahinter sehe ich die Köhlbrandbrücke, ein fürchterliches Monstrum von Bauwerk, das Autos über die Elbe führen soll. Sie macht mir Angst. Die Brücke ist groß, zu groß für meinen Verstand. Das sehe ich an den kleinen Autos. Die Brücke ist nicht böse, aber meine Gedanken sind es. Ich weiß nicht, wovor ich Angst habe, vor der Höhe an sich oder vor den Autos, die wie auf einem Drahtseil darüber fahren. Mein Magen fühlt sich flau an, also schaue ich auf meinen Laptop. Die KI ist geöffnet.

»Hallo KI«

»Hallo! Wie kann ich Ihnen helfen?«

»Ich frage mich, ob ich nach Hamburg reisen soll.«

»Hamburg ist eine wunderschöne Stadt und definitiv eine Reise wert! Es gibt viele Sehenswürdigkeiten, wie zum Beispiel den Hamburger Hafen, die Speicherstadt, die Elbphilharmonie und das Miniatur Wunderland. Außerdem bietet die Stadt eine vielfältige Kultur- und Kunstszene, viele Einkaufsmöglichkeiten und eine lebendige Gastronomie. Wenn du gerne Städte erkundest und neugierig auf das Leben in Hamburg bist, solltest du definitiv eine Reise dorthin in Betracht ziehen!«

Ich lese ihre Antwort. Ein simples »ja« oder »nein« hätte genügt. Stattdessen erzählt sie mir, dass es mir überlassen bleibt. Das wusste ich schon. Keine KI kann mich zwingen, nach Hamburg zu fahren. Doch las ich, dass diese Technologie Menschen bei ihren Entscheidungen unterstützen soll. Da ist der erste Versuch wohl gescheitert.

Ich schaue wieder zum Hafen, versuche die fürchterliche Brücke nicht zu beachten. Wo ich hinsehe, ist Wasser. Ich mag Wasser und ich mag Häfen. Da bin ich nicht der Einzige. Auf dem Oberdeck der »Louisiana« werden dutzendweise Touristen in der Sonne gebraten. Jetzt am Vormittag bieten Bäume und Sonnenschirme nur wenig Schutz. Vereinzelt sehe ich Frachter, aber die Kräne stehen still. Ein Frachter wird von einer Hafenfähre überholt und die wiederum von einem Motorboot der Hafenpolizei. Ein Wettrennen auf dem Wasser. Daneben hupen Autos auf der Straße. Vor dem alten Elbtunnel werden Seemannslieder mit Diskobeat gespielt. Am Riesenrad gehen zwei Männer in orangenen Westen vorbei. Die La Paloma legt ab. Auch hier ist das Sonnendeck voll besetzt. Ich frage wieder meine KI.

»Warum soll ich nach Hamburg reisen?«

»Es gibt viele Gründe, warum es sich lohnt, nach Hamburg zu reisen. Hier sind einige der Hauptgründe:

1. Kulturelles Angebot: Hamburg bietet eine vielfältige kulturelle Szene mit einer großen Auswahl an Theatern, Konzerthallen, Museen und Galerien. Besuchen Sie die Elbphilharmonie, die Hamburger Kunsthalle oder das Miniatur Wunderland.

2. Historische Sehenswürdigkeiten: Entdecken Sie die Geschichte der Stadt, indem Sie das beeindruckende Rathaus, die Speicherstadt oder das Chilehaus besichtigen. Besuchen Sie auch den berühmten Fischmarkt oder machen Sie eine Hafenrundfahrt.

3. Architektur: Hamburg ist für seine einzigartige Architektur bekannt. Von modernen Gebäuden bis hin zu historischen Backsteinbauten gibt es in der Stadt eine große Bandbreite an architektonischen Stilen zu entdecken.

4. Nachtleben: Hamburg hat eine pulsierende Partyszene mit vielen Clubs, Bars und Restaurants. Besuchen Sie die Reeperbahn, das

bekannte Vergnügungsviertel der Stadt, und erleben Sie das lebhafte Nachtleben.

5. Shopping: Die Hamburger Innenstadt ist ein beliebtes Einkaufsziel mit einer großen Auswahl an Geschäften und Boutiquen. Besuchen Sie die Mönckebergstraße oder das Alstertal Einkaufszentrum für ein Shopping-Erlebnis der Extraklasse.

6. Natur: Hamburg bietet auch eine Vielzahl von Grünflächen und Parks, in denen Sie entspannen und die Natur genießen können. Besuchen Sie den Planten und Blomen Park oder machen Sie einen Spaziergang an der Elbe entlang.

7. Kulinarische Vielfalt: Probieren Sie die norddeutsche Küche mit Spezialitäten wie Fischbrötchen, Labskaus oder Rote Grütze. Hamburg hat auch eine große Auswahl an internationalen Restaurants und Street-Food-Märkten.

Das sind nur einige Gründe, warum es sich lohnt, nach Hamburg zu reisen. Die Stadt hat für jeden etwas zu bieten und ist definitiv einen Besuch wert.«

So viele Gründe! Man hört überall, dass künstliche Intelligenzen das Internet durchsuchen und Wissen bündeln. Diese hier hat offenbar nur Touristenführer durchsucht. Ich hätte mir eine Warnung vor der Brücke gewünscht. Aber die KI kennt mich nicht, noch nicht, so heißt es. Dafür muss ich sie mit Informationen füttern. Fragte ich einen Freund, so würde er mir bestimmt zeigen, wie ich durch Hamburg komme, ohne über diese Brücke fahren zu müssen. Stattdessen: Kulturelles, Kulinarisches, Kommerzielles. Ich suche die Elphi, finde sie links von mir, mache ein Foto.

Ich will nicht mehr zur Brücke sehen, also betrachte ich meine Umgebung. Die Bänke hier sind sehr groß, trotzdem sitzt dort immer nur eine Person. Manche liegen auch da, unter Decken, schlafen den Tag aus und warten auf die Nacht. Oder sie sind einfach froh, dass sie überhaupt schlafen können. Meine Bank ist die einzige mit zwei Menschen. Ich sitze an der einen Seite, ein Mann mit Smartphone auf der anderen. Er telefoniert die ganze Zeit. Ich glaube, er arbeitet, hier auf der Bank, an den Landungsbrücken. Mobiles Büro, New Work, Gleitzeiten und persönliche Freiheiten. Er redet mit Menschen in einer Manier, die mich an Vertreter von Krankenkassen oder anderen Versicherungen erinnert. Die Kunden denken wahrscheinlich, er sitzt im Anzug in seinem Büro, dabei trägt er Shorts und Flip-Flops und ist hier. Wahrscheinlich ist es das, was man Karriere nennt. Es ist egal, wo er sitzt, während er Leute bescheißt.

Also wende ich mich wieder der KI zu. Abwägen ist nicht ihre Stärke, aber vielleicht habe ich die Frage nur falsch gestellt. Ich tippe erneut:

»Warum sollte ich nicht nach Hamburg fahren?«

»Es gibt viele Gründe, warum du nach Hamburg fahren solltest, aber ich kann dir auch ein paar Gründe nennen, warum du vielleicht nicht dorthin fahren möchtest:

1. Wetter: Hamburg ist bekannt für sein unbeständiges Wetter, mit vielen Regentagen im Jahr. Wenn du empfindlich gegenüber schlechtem Wetter bist, könnte das ein Grund sein, nicht nach Hamburg zu fahren.

2. Kosten: Hamburg ist eine der teuersten Städte in Deutschland. Die Unterkunft, das Essen und die Aktivitäten können etwas teurer sein als in anderen Städten. Wenn du ein begrenztes Budget hast, könnte Hamburg möglicherweise nicht die beste Wahl sein.

3. Verkehr: Hamburg ist eine Großstadt mit viel Verkehr. Wenn du kein Fan von Staus und überfüllten Straßen bist, könntest du dich in Hamburg unwohl fühlen.

4. Lärm: Hamburg ist eine lebendige Stadt mit vielen Veranstaltungen und Aktivitäten. Das bedeutet aber auch, dass es oft laut sein kann. Wenn du Ruhe und Entspannung suchst, könnte Hamburg nicht der richtige Ort für dich sein.

Diese Punkte sind jedoch subjektiv und persönliche Vorlieben können variieren. Hamburg hat auch viele wundervolle Dinge zu bieten, wie seine historische Altstadt, die Hafenpromenade und das lebendige Nachtleben. Es kann eine großartige Erfahrung sein, die Stadt selbst zu entdecken und zu sehen, ob sie zu dir passt.«

Also soll ich hinfahren. Das sagt mir die KI. Ihre Gründe sind fadenscheinig. Schlechtes Wetter? Heute sind es dreißig Grad und wir haben nicht einmal Juni. Hat der Computer nicht einmal den Wetterbericht durchsucht? Mein Hotel kostet 133 Euro pro Nacht. Das Zimmer ist klein und, anders als die Flure, nicht klimatisiert. Es gibt eine Kapselmaschine für Espresso und einen Wasserkocher für zwei Teebeutel. Den Abfall und die Handtücher soll man selbst entsorgen, offenbar können sie so den Preis halten. Da hätte die KI einen Punkt. Neben mir stehen zwei Wasserflaschen, die ich bei Aldi gekauft habe. Sie kosten dasselbe wie bei mir zuhause. Um den Verkehr zu vermeiden, fahre ich Bus und Bahn. Ruhe und Entspannung finde ich hier, an den Landungsbrücken und ebenso ja in den Parks, wo ich die Natur genießen soll. Welche Frage muss ich der KI stellen, damit ich diese Antworten bekomme?

Hinter mir liegt die Reeperbahn. Wenn die KI schon von Nachtleben spricht, dann findet es wohl hier statt, vielleicht nicht so rege, denn es ist noch nicht einmal Mittag. Also frage ich wieder:

»Soll ich St. Pauli besuchen?«

»Ob du St. Pauli besuchen solltest, hängt von deinen persönlichen Vorlieben und Interessen ab. St. Pauli ist bekannt für sein lebendiges

Nachtleben, seine Bars, Clubs und das berühmte Rotlichtviertel Reeperbahn. Wenn du gerne feiern möchtest und eine lebhafte Atmosphäre suchst, könnte St. Pauli eine gute Wahl sein. Es gibt auch viele Restaurants, Theater und Konzertveranstaltungsorte in der Gegend.

Es ist auch wichtig zu beachten, dass St. Pauli ein beliebtes Touristenziel ist und daher oft überfüllt sein kann. Wenn du lieber ruhigere Orte besuchst, könnte es sein, dass du dich in anderen Stadtteilen Hamburgs wohler fühlst.

Letztendlich liegt die Entscheidung bei dir und deinen persönlichen Vorlieben. Es kann hilfreich sein, sich vorab über St. Pauli zu informieren und zu überlegen, ob die Atmosphäre und Aktivitäten in der Gegend deinen Erwartungen entsprechen.

Allerdings ist St. Pauli auch für seine exzentrische und manchmal raue Atmosphäre bekannt. Wenn du dich in einer Umgebung mit viel Trubel und möglicherweise auch etwas Lärm unwohl fühlst, könnte es sein, dass St. Pauli nicht das Richtige für dich ist.«

Ich weiß, Computer haben keine Hintergedanken. Aber ich habe das Gefühl, dass die KI mich vor St. Pauli warnt. Die Stripclubs, die Laufhäuser und die Herbertstraße hat sie nicht erwähnt. Vielleicht ist sie verklemmt oder von einem verklemmten Programmierer geschrieben. Die Reeperbahn liegt direkt hinter mir. Also frage ich noch einmal.

»Ist St. Pauli schön?«

»Die Schönheit von St. Pauli liegt im Auge des Betrachters. St. Pauli hat sicherlich seinen eigenen Charme und eine einzigartige Atmosphäre. Es ist bekannt für seine bunten Straßen, die historischen Gebäude und die vielfältige Kultur. Die Gegend hat eine reiche Geschichte und ist ein Symbol für das alternative und rebellische Hamburg.

Einige Menschen finden die lebendige und pulsierende Atmosphäre von St. Pauli schön und aufregend. Es gibt viele interessante Orte zu entdecken, wie zum Beispiel die Landungsbrücken, den Fischmarkt und die Reeperbahn. Die Gegend ist auch für ihre Street Art bekannt, die den Straßen ein künstlerisches Flair verleiht.

Allerdings gibt es auch Menschen, die St. Pauli als zu laut, hektisch oder überfüllt empfinden. Es ist wichtig zu bedenken, dass St. Pauli ein beliebtes Touristenziel ist und daher oft sehr belebt sein kann.

Letztendlich hängt es von deinen persönlichen Vorlieben ab, ob du St. Pauli als schön empfindest. Es kann hilfreich sein, sich vorab über die Gegend zu informieren und zu überlegen, ob der Stil und die Atmosphäre von St. Pauli deinem Geschmack entsprechen.«

Ich lese verwundert den Text. Als es um Hamburg ging, hatte ich das Gefühl, die KI will mir sagen, dass ich hinfahren soll, um mich selbst zu überzeugen. Bei St. Pauli sagt sie mir, ich solle mich vorab informieren. Aber das tue ich ja gerade, bei ihr. Offenbar will sie mir etwas verheimlichen. Bin ich unfair zu einer KI? Ein System, das angeblich durch Gesichtserkennung präzise Attentate vollziehen kann und zuweilen sogar bei militärischen Einsätzen die eigenen Leute beschießt, weil sie sie als störend empfindet, will nicht, dass ich mir die Reeperbahn ansehe. Es sagt, ich solle mir Kulturelles ansehen, Kulinarisches und Kommerzielles, scheint mich anzuflehen: Sei ein Tourist mit Reiseführer, Rucksack, Sandalen und Socken, sich umschauend, hoch schauend, und später damit angebend, dass ich da und dort gewesen bin. Erzähle das, was sich schickt, denk an die Kinder, aber hüte Dich vor der Reeperbahn. Das macht mich neugierig, also gehe ich hin.

Es sind nur wenige hundert Meter, dann stehe ich am Rand der großen Straße. Morgens sieht man hinter die Kulissen des Nachtlebens, vor dem mich die KI warnen wollte. Ich sehe Lieferanten, große Lastwagen und kleine Transporter, die auf den Gehsteigen parken. Menschen sehe ich auch. Sie laufen scheinbar ziellos an den Läden vorbei, ein Stripklub, vielleicht zwei, einige Kneipen und viele Dönerbuden. Dönerbuden gibt es hier mehr als Kneipen, so scheint es. McDonalds, Burger King, dann wieder einmal eine Kneipe. Ich gehe ein paar Schritte. Wieder sehe ich Menschen, andere dieses Mal, sie liegen auf der Straße, schlafen. Ich erkenne es sofort. Einige haben Decken, andere nicht. Die mit Decken sind jene, die auf der Straße schlafen, die ohne sind die Übriggebliebenen der letzten Nacht. Was wäre die Reeperbahn ohne Alkohol?

Ich gehe ein paar Schritte. Zwischen den Häusern, besonders in den Seitenstraßen, gibt es Zugänge zu Hinterhöfen. Ich frage mich, was dort passiert. Obwohl die Reeperbahn um diese Zeit ihre Kulissen abbaut, gibt es noch Winkel, in die keiner vordringen kann. Was wohl dort passiert? Ich werde die KI fragen. Der Mann, der neben mir auf der Bank gesessen hat, verschwindet in der Herbertstraße. Ich halte mich lieber an die Cafés.

Auf der Hauptstraße geht eine Familie mit drei Kindern, die einen Bollerwagen hinter sich herzieht. Sie sind keine Obdachlosen. Offenbar wollen sie zum Flughafen, denn sie haben viele Koffer dabei. An den vier Beatles aus Metall vorbei gehen drei Polizisten in eine Seitenstraße, in der es von Schildern wimmelt. Große Freiheit 36, sie reden mit einigen Leuten. Danach Ritze, überall Ritze und Udo Lindenberg. Ein Mann kommt mir entgegen, der drei Zigaretten im Mund hat. Dann höre ich Stimmen. Sie werden lauter, als ich an einem Rewe vorbeigehe. Einer ruft: »Ich bin auch im Facebook drin!«

In der nächsten Seitenstraße setze ich mich in ein Café. Es gibt nur Selbstbedienung, dafür sind die Preise human und man bekommt gratis Leitungswasser zu seinem Kaffee. Ich packe meinen Laptop aus und frage die KI:

»Was passiert in den Hinterhöfen der Reeperbahn?«

»Die Hinterhöfe der Reeperbahn in Hamburg sind bekannt für ihre zahlreichen Bars, Clubs, Restaurants und Bordelle. In den Hinterhöfen finden sich auch viele kleine Bühnen, auf denen Live-Musik und Comedy-Shows stattfinden. Die Reeperbahn ist berühmt für ihr Nachtleben und zieht sowohl Einheimische als auch Touristen an. In den Hinterhöfen gibt es auch einige Sexshops und Erotikmuseen. Es ist wichtig zu beachten, dass die Reeperbahn auch für Prostitution bekannt ist, und es gibt einige Straßen, in denen Prostituierte ihre Dienste anbieten.«

Den letzten Satz verstehe ich nicht. Warum ist es wichtig, Prostitution zu beachten? Wird man überall sonst in der Welt von leicht bekleideten Frauen angesprochen, die zufällig ein Zimmer gemietet haben, um mit Unbekannten einfach so Sex zu haben? Nur hier, auf der Reeperbahn, muss man zahlen. So langsam frage ich mich, was für Menschen diese KI programmiert haben.

Neben mir steht ein Mann und telefoniert. Er erzählt von einigen Prostituierten, die er kennt, von Freiern, die oft Informatiker seien, von inszenierten Hochzeiten und Frauen aus Osteuropa, die junger und billiger sind als die Einheimischen. Je später der Abend, desto günstiger der Sex, so sagt er. Ein paar Tische weiter sitzen zwei Frauen und lachen über ihn. Ein Mann, der mich an den verstorbenen Vater meines Freundes erinnert, führt zwei ältere Frauen an einer Kneipe vorbei in einen Hinterhof. Wo wollen sie hin? Zum Sexshop? Zum Erotikmuseum?

Ein letztes Mal frage ich die KI, ob ich St. Pauli besuchen soll. Sie sagt, das hängt von meinen Interessen hab. Das sagt sie ohnehin immer. Dann sagt sie, ich solle in der City starten, solle mir einen Plan machen, welche Sehenswürdigkeiten ich besuchen möchte, damit meine Tour effizient ist. Genau das brauche ich: Effizienz im Urlaub, möglichst viel, möglichst kurz. Kein Spaß, keine Muße, kein Innehalten, den Moment genießen. Ich soll hin und weg.

Ich klappe meinen Laptop zu und hole mir noch einen Kaffee. Der geschlossene Bildschirm beruhigt mich. Computer haben die Welt verändert, so heißt es. Das ist nicht, was ich fühle. Die Welt verändert sich immer, während der Mensch sich im Kreis dreht. Er wünscht sich Sicherheit, Kontrolle, Eindeutigkeit. Nichts davon kann die Welt leisten, denn sie ist frei, unberechenbar und pluralistisch. In ihr ist Eindeutigkeit eine Illusion. So haben Computer eine andere Welt geschaffen, in der der Mensch sein Kontrollbedürfnis ausleben kann. Aber in der Welt der Computer muss der Mensch sich anpassen, muss kontrollierbar und eindeutig sein. Hier ist Freiheit, Unberechenbarkeit und Pluralität die Illusion. Und die Frage der Zukunft wird sein: Kann ein Mensch wirklich in beiden Welten dauerhaft leben, ohne seinen Verstand zu verlieren?

Die KI hat nicht einmal gemerkt, dass ich schon in Hamburg bin. In ihrer Welt stellt man die Frage, ob man nach Hamburg fahren soll, nicht, wenn man sich schon dort befindet. Das ist mein Gefühl von Freiheit. Ich öffne meinen Laptop und schreibe der KI:

»OK, dann fahre ich halt«

»Das klingt nach einer Entscheidung. Hab eine gute Fahrt!«

Sommer

Liest Du noch? Ich weiß, unser Spaziergang am See ist lange her. Inzwischen ist es Sommer. Ist es schon zu warm oder noch zu kalt? Auch das Wetter macht im Sommerloch immer dieselben Schlagzeilen.

Heute Morgen gab es Nieselregen, nun ist die Luft sehr feucht. Trotzdem hast Du ein Fenster geöffnet, schließlich ist Dein freier Tag. Vor Deinem Haus hält ein Auto mit lauter Musik. Du erinnerst Dich, dass Du vor einiger Zeit einen Artikel gelesen hast, in dem es um zehn Punkte ging, woran man langweilige Menschen erkennt. Einer davon war, dass sie »Lesen« als Hobby angeben. Das brachte Deine Stimme auf Hochtouren. Gut, dass sie jetzt wieder schweigt. Die Musik wird leiser. Das Auto fährt weg.

Du siehst zu Deinem Bücherregal, von wo Du in dunkleren Jahreszeiten so viel inspirierende Gedanken beziehst oder Dich einfach nur über die Anordnung freust. Deine Stimme sagt Dir häufig, dass es Geldverschwendung sei, Bücher zu kaufen, wenn du noch so viele zu lesen hast. Denn sie folgt viel zu oft jenen, die simplen Spaß zu psychologisieren versuchen. Sie nennen es nicht selten Kompensation und Deine Stimme will Dir unter allen Umständen begreiflich machen, dass jedes neu gekaufte Buch nur ein Symptom Deiner eigenen Unzulänglichkeit ist, die Du vor Dir selbst zu verbergen suchst. Du hast es versucht, einen Plan gemacht, nur ein neues Buch kaufen, wenn Du eins ausgelesen hast. Ein weiterer Plan, der nicht funktionierte. Du kauftest Lebenshilfebücher und wolltest sie lesen. Besser fühltest Du Dich nicht, weil ein »Fuck it« nun einmal doch kein Weg ist. Nach ein paar Wochen sagte Dir Deine Stimme, Du kannst nichts ändern, nichts kann Dich ändern. Dieses Nichts macht Dir am meisten Angst.

Und dann stellt Deine Stimme die vernichtende Frage: Warst Du schon jemals Du selbst?

Das ist eine Fangfrage. Denn selbst wenn Du die irrigen Pfade vermeiden kannst, auf denen die Frage nach Dir selbst stets in einen Vergleich mit anderen Menschen mündet, der Gedankenfluss, der um Dich kreist, reißt Dich in Abgründe von Dunkelheit, in denen am Ende die Frage auf dich wartet: Was macht Dich eigentlich aus? Die einen sagen, es sind Deine Stärken und Schwächen, aber während Deine Stärken Dir selbstverständlich erscheinen, vergrößern die Schwächen nur den Abstand von Dir und Deinem voll optimierten Selbst. Dann willst Du etwas ändern, doch was ändert man, wenn man den Ist-Zustand gar nicht kennt? Glückliches Leben, gesunde Ernährung, anspruchsvolle Hobbys, etwas tun, was man noch nicht getan hat. Das ist sehr viel. Die kleine Gruppe von Dingen, die Du schon getan hast, sieht sich einem Heer von Dingen gegenüber, die Du noch nicht getan hast. Die anderen sagen, es sind Deine Wünsche und Sehnsüchte, die dich ausmachen. Wünsche und Sehnsüchte, also alles, was Du noch nicht erreicht hast. So führt Deine Stimme Dich mit dieser Frage automatisch in jene dunklen Kammern Deines Gemüts, in denen nur noch eine Frage bleibt: Mache ich alles falsch im Leben? Fuck it!

Fangen wir also noch einmal an: Du sitzt zu Hause, es ist Sommer und wünscht Dir die Berge oder das Meer direkt vor Deine Tür. Aber wenn sie dort wären, würdest Du rausgehen? Natürlich würdest Du das nicht, wenn Du Deine Stimme fragst. Sie verspottet Dich ob Deiner Träumereien und hält Dich an, die von allen so geliebte Realität zu sehen. Wir wissen es doch längst: Träumen ist etwas für Kinder und Kinder sind dumm. Draußen sind ohnehin nur die Baustellen, die sie in der Ferienzeit hochziehen, weil angeblich alle im Urlaub sind. Trotzdem gibt es immer dieselben Staus. Die schönen Orte zum Spazieren, die Freibäder, die Biergärten sind überfüllt und die Selbstverwirklichung scheitert oft schon an dem Umstand, dass die dafür maßgeblichen Menschen gerade ebenfalls in Urlaub sind. Das beunruhigt Deine Stimme und sie will, dass Du auch unruhig wirst, damit sie nicht allein ist. Aber nun bin ich da und ich sage Dir: Das ist normal. Sommer bedeutet Stillstand.

Sartre schrieb: Die Hölle, das sind die anderen. Die anderen sagen: Die Hölle, das bist du selbst. Ich sage Dir: Die Hölle, das ist die Angst davor, Du selbst zu sein. Aber jetzt, da es Sommer ist, da der Stillstand sich um Dich herum verbreitet, bist Du näher an Dir selbst als je zuvor. Viele berühmte Menschen verschmähen den Stillstand, halten ihn gar für eine Sünde, Stillstand bedeutet Rückschritt heißt es nicht selten, aber es ist die Angst, die aus ihnen spricht. Hätten einige berühmte Menschen im richtigen Moment den Stillstand gewählt, so wären aus ihnen sicher nicht die tragischen Figuren geworden, als die wir uns heute an sie erinnern. Denn Stillstand ist in hohem Maße produktiv. Passiert etwas, das uns zwingt, unser Leben für eine gewisse Zeit anzuhalten, so ergeben sich Möglichkeiten, viele Möglichkeiten, die manchen Menschen sogar Angst machen. Dann wollen sie zurück in den Zustand des Wollens und Strebens, der Möglichkeiten und Ziele, in das Leben im Potentialis. Das ist es, was die meisten Menschen und auch Deine Stimme Realität nennen. Was sie nicht merken: Das Leben im Potentialis, das Leben mit dem Bild von uns, was wir möglicherweise noch sein könnten, ist der wahre, unproduktive Stillstand. Denn heute ist Dein freier Tag, der Tag, an dem Du Dich erholen kannst von dem ewigen Können, Müssen und Wollen. Doch Deine Stimme kennt keine freien Tage.

So hast Du gewartet, Wochen und Monate gewartet, bis er endlich da ist: Dein wohl verdienter Jahresurlaub. Meer oder Berge, weit entfernte Länder oder doch die unmittelbare Nachbarschaft, was auch immer es sein wird, zwischen Dir und Deinem Ziel steht eine Zeit der Anstrengung. Auch das ist der Sommer. Urlaub will vorbereitet, Sachen gepackt, das Zuhause geputzt und natürlich die Aktivitäten geplant werden. Du erinnerst Dich lebhaft, wie Deine Nachbarn sich Tage vor ihrer Abreise nur noch gestritten haben. Es war eine Fortsetzung der Streitigkeiten um das richtige Urlaubsziel einige Wochen früher. Der eine Elternteil wollte Entspannung, der andere Kultur, denn was würden die anderen Eltern denken, wenn man den Kindern im Urlaub keine Kultur beibringt? Dabei kann man mit Kindern nirgends hinfahren. Überhaupt will doch jeder nur, dass die anderen zufrieden sind. Das sagen ihnen ihre Stimmen. Die Ursache der schlimmsten Streitigkeiten liegt genau in diesem Wunsch. Die Anstrengung, anderen zu genügen, verschlingt den Glauben, dass man wirklich etwas bewirken kann. So schlossen Deine Nachbarn am Abreisetag ihre Haustür in der bangen Hoffnung, dass sie nichts Kompromittierendes haben liegen lassen, das Du siehst, wenn Du ihre Blumen gießt. Der letzte Streit, soviel sei gesagt, drehte sich tatsächlich um Dich.

Aber nun bist Du endlich dran. Schnappt Dir Deine Liebsten oder fahr allein, Hauptsache Du lässt Deine Stimme zurück. Nimm mich mit, Dein Buch und damit die Stimme, die Dir sagt: Versuche einfach, Dir selbst zu genügen. Das ist Anstrengung genug. Du kannst selbst entscheiden, ob Du im Wald der Psychosen ein Baum oder ein Spaziergänger bist. Wenn Du Angst vorm Fliegen, vor dem Fremden oder einfach nur vor dem Rausgehen hast, entscheide selbst, ob Du Dich der Angst stellen willst oder nicht. Denn es ist die größte Anstrengung, sich seinen Ängsten zu stellen, egal wovor man Angst hat. Menschen mit Höhenangst bekommen gesagt, dass die Aussicht so schön ist. Menschen mit Flugangst bekommen gesagt, dass Autofahren viel gefährlicher ist. Menschen mit Platzangst hören, dass sie immer Treppen steigen müssen. Jeder packt in seinen Koffer so viel, wie er braucht. Doch wohin er auch fährt, wie klein auch immer sein Gepäck ist, alle seine Ängste wird er nie zurücklassen können. Schau noch einmal in Deinen Koffer, schließe die Tür hinter Dir zu und mach Dich auf den Weg. Dann ist die größte Anstrengung vorbei.

Nun sind wir unterwegs. Dein Zuhause ist nur eine Erinnerung und vor uns liegt eine Reise. Spürst Du die Aufregung, ob alles auch klappt? Spürst Du die Unruhe, vielleicht doch etwas vergessen zu haben? Das sind Symptome der Anstrengung, aber die haben wir jetzt hinter uns. Nun folgt das, was den Sommer außerdem ausmacht. Denn auf Stillstand und Anstrengung folgt die

Transformation. Seneca schrieb, dass man, wenn man das Haus verlässt, nie als derselbe Mensch zurückkehrt, als der man es verlassen hat. Ob Flughafen, Bahnhof oder Autobahn, sobald Du spürst, dass Du Dich auf den Weg gemacht hast, kannst Du auch die Veränderung spüren.

Wo willst Du im Urlaub hin? Ist es vielleicht ein Ziel, das Du seit Jahren erreichen, ein Ort, den Du seit Deiner Kindheit besuchen wolltest? Wenn Deine Stimme jetzt noch da wäre, würde sie Dich in ihrer üblichen Art zur Perfektion anhalten, dass das Ziel, der Ort, der Moment, das Erlebnis unbedingt perfekt sein muss. Überwältigend soll es sich anfühlen, Du im Zentrum Deiner Träume, von allen geachtet, einen erhabenen Moment gebührlich vollziehend, Triumph des Pathos. Mache ein Foto und zeige es allen. Sonst war alles sinnlos! Ich dagegen schlage Dir vor: Wenn Du dort angekommen bist, iss ein Stück Schokolade. Die schmeckt und macht glücklich. Das Schöne daran ist: Wenn Du jedem erzählst, dass Du beim Erreichen Deines großen Ziels einfach nur ein Stück Schokolade essen willst, wird niemand mehr als das von Dir erwarten. Du wirst ganz Du selbst sein.

Während Du die Welt an Dir vorbeiziehen siehst, die Veränderung spürst, kommt Dir ebenso die Idee, dass etwas Neues auf dich wartet. So etwas bringt Deine Stimme zum Schweigen, denn stets warnt sie vor Neuem, unterzieht es einer peinlichen Prüfung, beschäftigt sich mit Konsequenzen. Sie kann sich nicht vorstellen, dass es so etwas gibt: Ein Ziel erreichen, von dem man nicht wusste, dass man es hatte. Es ist frei und unbefleckt von jeglicher Vorstellung, wie es sein sollte. Es zieht Dich an mit jener Energie, die ganz Du selbst ist und die man gerne Bauchgefühl nennt. Das ist die wahre Magie des Sommers. Du kehrst zurück und siehst alles neu, alles anders und das Ziel hat Dir niemals Angst gemacht, weil Du es vorher nicht kanntest. Du siehst ein neues Heim, ein neues Land, einen neuen Kontinent, obwohl alles schon vorher da war. Dann siehst Du es. Die Stimme sagte, Du kannst nichts ändern und nichts kann dich ändern. Jetzt weißt Du wie wundervoll, facettenreich und vielschichtig dieses Nichts ist.

Die letzte Chance

»When you're young and beautiful, your dreams are all ideals, later on it's not the same, Lord, everything is real«
Back to Tupelo – Mark Knopfler

Noch einmal lese ich, was ich geschrieben habe. Es sind kurze Zeilen, so traurig, dass ich wieder zu weinen anfange. Während ich hier in meiner Garderobe mitten in der Wüste sitze, was passiert draußen in der Welt? Ein Kind wird geboren und die Mutter ist traurig, weil sie nicht weiß, womit sie es füttern soll. Meine Mutter war nicht so. Ich war ihr einziges verbliebenes Kind, nachdem mein Bruder bei unserer Geburt gestorben war. Sie hat es nie verwunden, liebte mich für zwei, sagte immer, dass ich ein Engelskind sei, das Beste, was ihr im Leben passiert war. Ich vermisse sie. Fast zwölf Jahre habe ich sie nicht gesehen und ich werde sie auch nicht wieder sehen, nicht in dieser Welt.

Aber was ist diese Welt? War ich jemals wirklich hier? Ich wuchs unter ihnen auf, jenen Müttern, die zusehen müssen, wie ihre Kinder das Überleben auf der Straße lernen, doch war ich niemals einer von ihnen. Oder doch? Ich lese noch einmal meinen Text. Richtigen Hunger habe ich nie gekannt, aber ein guter Freund sagte mir einmal, dass er wie ein Feuer im Magen brennt, ein Feuer, das Liebe in Wut, Wut in Verzweiflung und Verzweiflung in Hass verwandelt. Der Hunger würde irgendwann auch zu mir kommen, sagte er, doch stattdessen ging ich in ein Studio, nahm Lieder für meine Mutter auf und kam so von ihrer Welt in diese, in meine, die doch nie so richtig meine Welt werden wollte. Ich war gerade einmal zwanzig, da riefen alle meinen Namen, kauften Dinge mit meinem Gesicht darauf, hörten meine

Stimme. Die einen hielten mich für einen Gott, die anderen für den Teufel. Ich schrieb Lieder und sie wollten sie hören. Doch diesen Text hier wollen sie nicht hören, weil er zu nah an der Welt ist, die sie nicht sehen wollen. Besonders Parker wird ihn hassen. Mein Vater nennt diesen Mann, dem ich all das hier zu verdanken habe, den »lügenden Holländer«, sagt, er ist ein Egoist, der mich nur ausnutzt.

Niemand wird jemals verstehen, was ich will. Sie denken, ich will auf der Bühne stehen und singen, will vor der Kamera stehen und Filme machen, aber eigentlich wollte ich immer nur bei mir selbst sein. Ich stehe gerne auf der Bühne, weil ich dort ich selbst sein kann. Ich weiß, was ich zu tun habe und die Menschen vor mir hören mir zu. Vor der Kamera weiß ich auch, was ich sagen soll, und wenn die Menschen mich im Kino sehen, bin ich längst woanders. Auch das gefällt mir. Wenn sie allerdings mit mir sprechen wollen, weiß ich oft nicht, was ich sagen soll. Am liebsten würde ich nur singen.

Mein Text ist fertig. Mehr habe ich nicht zu sagen. Wenn die Menschen jedes Wort, das ich jemals gesagt oder gesungen habe, auch vergessen, diese Worte sollen sie in ihrem Herzen bewahren. Ein Kind braucht eine helfende Hand oder es wächst auf und wird ein wütender Mann. Genau das ist es, was die Welt schlecht macht. Ich schreibe den Titel des Liedes oben auf das Blatt. Er lautet: In the ghetto.

Als ich das Blatt zur Seite lege, spüre ich wieder Schmerzen im Unterleib. Mag ich auch das allein Sein auf der Bühne lieben, so hasse ich die Einsamkeit dieser Garderoben umso mehr. Sie sind die einsamsten Orte auf der Welt. Wieder denke ich an meine Mutter. Sie hätte mich bestimmt ins Bett geschickt und nicht auf eine Bühne. Doch Parker ist nicht meine Mutter. Jede Sekunde wird er kommen und mich mitnehmen. Ich halte es nicht mehr aus. Er sagt, das, was wir hier tun, ist das größte, was ein Musiker jemals gemacht hat. Aber ich kann es nicht mehr, will es auch nicht mehr. Ich glaube, wenn ich das hier tue, werde ich daran zu Grunde gehen. Ich will nach Hause.

Langsam stehe ich auf. Meinen Text lege ich vor den Spiegel der Garderobe. Er soll mein Vermächtnis sein. Ich werde untertauchen, in mein Haus zurückkehren, dort bleiben und mich auskurieren. Dann werde ich verfügen, dass jemand für mich diesen Song singen soll, einer von den neuen, die Beatles vielleicht, die Rolling Stones, Bob Dylan oder die vielen anderen, die alle sagen, dass ich sie inspiriert habe. Sie sollen die Flamme weitertragen.

Als ich an der Tür stehe, fällt alles von mir ab. Ich werde die Bühne vermissen und die Kameras. Aber ich kann von der Erinnerung zehren. Ich gehe nach Hause zu meiner Frau und meinem kleinen Kind, das diese Hände braucht, vielmehr als meine Gitarre sie jemals noch brauchen wird. Ich werde zur Hintertür hinausschleichen und einfach nur noch der Mann sein, der ich sein will. Als ich sehe, wie meine Hand die Klinke berührt, spüre ich, dass ich nie etwas Wichtigeres getan habe. Ich drücke sie herunter, ziehe an der Tür.

Einen Moment später spüre ich, dass mein Leben zu Ende ist. In der Tür steht der Mann mit dem Hut, Parker, und sieht mich mit strengem Blick an. Der Gang und die Hintertür sind für mich auf ewig verschlossen. Und ich kann fühlen, dass dies mein endgültiger Absturz ist, als er sagt:

»Elvis, komm! Las Vegas wartet auf dich!«

Das Leben geht weiter

»I'll remain unperturbed by the joy and the madness,
that I encounter everywhere I turn«
Generator – Bad Religion

Auf der Baustelle direkt vor unserem Haus wurde eine Bombe gefunden. Es dauerte keine halbe Stunde, bis diese Neuigkeit in den Newsfeeds auf den Handydisplays und auch auf der großen Nachrichtenwand am Berliner Platz erschien. Zuhause war ich gerade mit Kartoffeln schälen beschäftigt, als ich es las. Durch das Fenster sah ich Menschen in gelben Westen, die mit Zetteln winkend von Haus zu Haus gingen. Noch ehe sie bei mir klingelten, nahm ich meine Katze Tiger, die mich mit großen Kulleraugen ansah, und setze sie in ihre Box. Etwas Proviant suchte ich noch zusammen, eine Flasche Wasser, einen Apfel, eine Banane, drei aufgebackene Brötchen von gestern (zum Schmieren blieb keine Zeit), zwei in Plastik verpackte Schokocroissants und natürlich Katzenfutter. Ich stopfte alles in eine Plastiktüte, um etwas zu haben, wo ich den Müll hineinlegen konnte. Dann suchte ich Wechselkleidung heraus, schließlich konnte niemand wissen, was bei der Entschärfung passierte und wie lange sie dauern sollte. Alles verstaute ich in einem kleinen Rucksack. Als ich fertig war, atmete Tiger ruhig in ihrer Box. Noch immer hatten die Menschen vom Ordnungsamt nicht geklingelt.

Ich setzte mich auf den Sessel in meinem Flur und dachte darüber nach, ob ich noch etwas vergessen hatte. Die Fotos an meiner Wand erzählten von einer alten Welt, Urlaube mit meiner Ex-Frau, die inzwischen wieder ihren Namen gewechselt hatte, ich mit einigen

Schauspielern, dafür hatte ich viel Geld auf Conventions bezahlt. Warum musste die Bombe ausgerechnet an meinem Bolognese-Tag gefunden werden? Den gab es bei mir nur einmal pro Woche, denn seitdem ich nicht mehr arbeitete, konnte ich mir nicht mehr leisten. Das Hackfleisch war schon herausgestellt und taute nichts ahnend vor sich hin. Tiger kratzte an ihrem Käfig.

»Nein, Tiger«, sagte ich, »wir müssen alles zurücklassen. Wer weiß, ob wir jemals wieder hierhin zurückkehren. Da draußen ist eine Bombe, weißt Du?«

Dann kamen die Sirenen. Es war das Zeichen, dass nun alle die Häuser verlassen mussten. Meine gemalten Bilder hingen hinter der Tür zum Wohnzimmer, die immer offen stand. Ich habe viel gemalt während meiner Therapie. Nichts davon war von Belang. Ich hatte sie aufgehängt, weil Platz da war. Doch auf eines war ich stolz. Es war die Szenerie eines Pärchens, das mit dem Rücken zum Betrachter auf einer Bank saß und auf die Seine hinaussah. Nicht, dass man die Seine oder überhaupt Paris darauf erkennen konnte, denn ich hatte keinen Eiffelturm gemalt. Aber es war mir egal gewesen. Ich wollte es so und jedem, den es interessierte, konnte ich sagen, dass diese Szenerie in Paris sein sollte. Ich erinnerte mich, ich kam von meiner Sitzung nach Hause und der Therapeut sagte mir, ich solle ein Bild über meine Sehnsüchte malen. Plötzlich hatte ich es im Kopf. Es war das beste Bild, das ich je gemalt hatte. An diesem Abend war ich so gut gelaunt, dass ich mir vorstellte, dass es in einer Ausstellung hängen könnte. Ich nahm es von der Wand und stellte es zu meinen Sachen.

Die Sirenen waren verstummt. Ich ging zum Fenster und sah die Leute vom Ordnungsamt bei den Nachbarn klingeln. Warten wollte ich nicht mehr. So nahm ich Tiger, die Plastiktüte, das Bild, den

Rucksack und ging zur Wohnungstür. Alles andere würde ich zurücklassen. Ich sah ein letztes Mal wehmütig auf mein leeres Schuhregal, den Spiegel, meine Schlüssel. Ich steckte sie ein und zog die Tür hinter mir zu.

Auf der Straße winkte ich einer jungen Frau in gelber Weste zu.

»Ich bin schon draußen«, rief ich. »Sie brauchen nicht mehr bei mir zu klingeln.«

Sie nickte und gab mir im Vorbeigehen einen Zettel mit einer Wegbeschreibung zur Notunterkunft. Es war die Turnhalle der Grundschule ein paar Straßen weiter. Also ging ich dorthin. Auf meinem Weg betrachtete ich die vielen Einfamilienhäuser mit ihren gepflegten Vorgärten. Bienen summten in üppigem Lavendel, der im Sommer stets anständig blühte. Sie ahnten nicht, was hier vor sich ging. Ich beneidete sie. Sonst war es still. Die Jalousien des kleinen Kiosks waren heruntergelassen, die Tankstelle zeigte keine Benzinpreise mehr an und auch in der Bäckerei war es dunkel. Ich grübelte: Was wäre, wenn dies nun alles verschwinden würde, nur Trümmer zurückblieben und das Leben nie wieder so würde, wie es heute Morgen war? Meine Schritte wurden langsamer. Der Rucksack drückte auf meine Schultern und die Tragegriffe der Plastiktüte schnitten in meine Finger. Das Atmen fiel mir schwerer, je näher ich der Turnhalle kam. Ich sollte mehr Sport machen. Endlich auf der Schwelle angekommen, schien es mir, als sei ich drei Tage durch die Wüste gelaufen.

In der Turnhalle hatte man Biergartenbänke aufgebaut. Einige Menschen saßen bereits dort, andere standen an Tapeziertischen, auf denen Wasser, Tee und Kekse für sie bereitstanden. Man hörte nur wenige gedämpfte Stimmen, die hauptsächlich von den Freiwilligen kamen. Sie zeigten den Leuten ihre Plätze. Durch das Fenster konnte ich Polizeiautos erkennen, die einem Zubringer zu unserem Viertel sperrten. Wir waren von der Außenwelt abgeschnitten.

Immer mehr Gruppen von Menschen drängten sich in die Turnhalle. Ich war einer der wenigen, die allein gekommen waren. Nur an einem langen Tisch saß eine junge Frau. Sie war sehr schön, hatte blonde Haare zu einem Zopf gebunden, trug einen Hausanzug und Sandalen. Nachdenklich hatte sie ihre Ellenbogen auf die Knie gestützt und sah auf den Schäferhund, der vor ihr lag und döste. Ich kannte sie, wusste aber nicht, ob sie mich kannte. Sie wohnte ein paar Häuser weiter und ich sah sie fast jeden Tag mit ihrem Hund spazieren, immer zwischen zwölf und ein Uhr, weswegen ich um diese Zeit oft zum Fenster ging. Immer wenn ich sie sah, genoss ich den Anblick, bis sie aus meinem Blickfeld verschwunden war. Nun saß sie dort. Vielleicht sollte ich zu ihr gehen. Schließlich waren wir alle nur hier, weil vor über siebzig Jahren eine der tausenden von Bomben der Alliierten sich erbarmt hatte, nicht zu explodieren. Wir könnten reden, so lange bis es vorbei war, wie auch immer die Welt dann aussehen würde. Vielleicht hatte sie auch Angst. Sie hatte nichts bei sich außer ihrem Hund und ihrer Handtasche. Bestimmt könnte sie ein wenig Trost gebrauchen.

»Man kommt sich vor wie damals im Krieg«, hörte ich eine Stimme hinter mir sagen. Ich drehte mich um. Ein Mann in Jeans und Lederjacke stand da und fuhr sich durch seine silbergrauen Haare. Eine große Sonnenbrille verdeckt die Hälfte seines Gesichts.

»Gut, dass es nicht meine Baustelle ist«, sagte er und grinste, als hätte er mir gerade seinen neuen Ferrari gezeigt.

»Wieso ihre Baustelle?«, fragte ich.

»Ich bin Bauunternehmer. Sie haben mich aus meinem eigenen Büro rausgeschmissen. So ein Quatsch! Passiert doch eh nichts. Ich weiß doch, wie das läuft. Haben sie schon einmal gehört, dass eins von den Dingern explodiert ist?«

»Nein, zum Glück nicht«, antwortete ich, »und ich hoffe, dass sie auch dieses Mal nicht explodiert.«

Er rückte näher an mich heran. Ich spürte seine Hand auf meiner Schulter. Ein süßlicher Parfumgeruch ging von seiner Kleidung aus.

»Das ist alles nur wegen der Versicherung«, sagte er, »nur weil die nicht zahlen wollen, muss ich zahlen, verstehen Sie? Arbeiter wollen bezahlt werden, auch wenn sie nicht arbeiten. Und so viele gute gibt es nicht, einfache vielleicht, aber Vorarbeiter und erst recht technische Zeichner. Die finden sie nirgends.«

»Ich bin technischer Zeichner«, antwortete ich.

»Ach, dann haben sie bestimmt viel zu tun.«

»In letzter Zeit nicht.«

»Dann rufen sie mich an. Ich kann immer Leute gebrauchen. Melden sie sich. Wir bleiben in Kontakt.«

Damit verschwand er. Ein richtiger Auftrag, dachte ich, das wäre schon eine schöne Sache. Ich könnte wieder einmal essen gehen oder noch besser, die blonde Frau mit dem Hund zum Essen einladen, anstatt nur einmal pro Woche Kartoffeln mit Sauce Bolognese zu essen. Ich wollte dem Mann hinterhergehen, doch sah ich ihn nicht mehr. Die Turnhalle füllte sich immer weiter. Menschen standen und saßen, redeten oder starrten auf ihre Handys. Natürlich, eine Bombe war noch nie explodiert bei der Entschärfung. Aber es konnte immer passieren, auch jetzt. Es konnte sein, dass ich meine Wohnung zum letzten Mal gesehen hatte, mein Zuhause, das ich bislang als eine Ansammlung von Resten aus meinem alten Leben betrachtet hatte. Plötzlich sah ich die Menschen verschwommen. Ich dachte an all die Sachen, die ich neu kaufen müsste, wenn es passierte. Außerdem würde ich meine Kartoffeln nicht essen können, heute nicht, und wer wusste schon, wann ich es wieder konnte?

Mir wurde schwindelig. Ich ging ein paar Schritte und setzte mich an das andere Ende des Tisches, an dem die blonde Frau saß, immer noch allein. Betont langsam stellte ich meine Sachen neben mich, das Bild, den Rucksack, die Plastiktüte und die Box mit Tiger. Was treibt den Menschen dazu, sich in seiner Einsamkeit zu suhlen, anstatt einmal auf andere zuzugehen? Die Angst vor Zurückweisung vielleicht. Oder sie wissen nicht, was sie sagen sollen. Es ist komisch. Jeder will gehört werden, aber wenn es einer tut, so weiß niemand, was er sagen soll. Sie reden dann über ihre Kinder, meistens, sie erzählen von ihren Kindern, weil sie sich selbst für zu uninteressant halten. Ich habe keine Kinder. Deswegen habe ich auch nichts zu erzählen. Die Frau streichelte ihren Hund. Vielleicht sah sie mich. Vielleicht würde sie mich ansprechen, wenn sie mich sah. Ich würde ihr zuhören, das konnte ich gut, hat sogar meine Ex-Frau gesagt. Nichts würde ich lächerlich finden, was diese Frau zu erzählen hatte, selbst wenn es nur um ihren Hund ginge.

Plötzlich stand eine ältere Dame neben mir. Über den Rand ihrer kreisrunden Brille musterte sie mich, strich ihre dunklen Haare zur Seite und ließ ihren Blick über meine Sachen schweifen.

»Das ist ein schönes Bild«, sagte sie. Rote Lippen strahlten in ihrem braunen, faltigen Gesicht, als sie lächelte. »Haben sie das gemalt?«

»Tatsächlich«, erwiderte ich.

»Das ist Paris, oder?«

»Ja, woher wissen sie das?«

»Sie meinen, weil sie keinen Eiffelturm gemalt haben?«, fragte sie und lachte, »Paris erkenne ich überall. Es ist nicht nur eine Stadt, es ist ein Gefühl. Die ganze Welt weiß das, nur wir Europäer nicht. Wir erkennen Paris immer nur am Eiffelturm. Dabei ist es der beste Ort, weil man dort immer besondere Menschen trifft. Genau wie jetzt, hier in der Unterkunft, während wir alle darauf warten, dass die Bombe explodiert oder eben nicht. Paris ist überall dort, wo man will. Verstehen sie? Genau das sehe ich in Ihrem Bild.«

Sie setzte sich neben mich. Plötzlich spürte ich ihre Hand auf meiner. Ich traute mich nicht, den Kopf zu heben.

»Junger Mann«, sagte sie, »sie sehen aus, als warteten sie hier auf noch etwas anderes. Oder auf jemanden? Ich habe ein Gespür dafür.«

Sie nahm meine Hand, hob sie hoch und verschränkte ihre Finger in meinen.

»Sehen sie mich an.«

Ihr Gesicht war nah. Sie spitzte ihre Lippen, dann lächelte sie wieder.

»Ein junger Mann, ganz Recht«, sagte sie, »die Melancholie eines halb gelebten Lebens in den Augen, darunter von Trübsal gezeichnete Wangen, ein lange ungeküsster Mund. Sie haben die Seele eines Künstlers. Halten sie diesen Moment, denn er ist besonders. Denken sie nicht, fühlen sie. Ich will ihr Bild ausstellen. Mein Mann und ich betreiben ein kleines Café, wo wir Bilder von unbekannten Künstlern ausstellen. Genieren sie sich nicht, sehen sie mich an, sehen sie mir in die Augen. Ich weiß, dass sie unser Café nicht kennen, aber ihr Bild wird es für eine Zeit vollkommen machen. Schließen sie die Augen.«

Ich gehorchte. Mit geschlossenen Augen spürte ich, wie sie meine Hand langsam losließ. Ich wusste nicht, ob ich die Augen wieder öffnen durfte. Als ich es endlich tat, war sie verschwunden. Ich sah mich um, doch da waren nur dieselben verschwommenen Menschen von eben.

Die Frau am Ende des Tisches war nicht verschwommen. Ich zwinkerte, blinzelte, rieb mir die Augen und für einen Moment war ich wieder in meiner Wohnung, als wäre es ein schöner Traum. Wie oft habe ich die Wände verflucht, nach meinem Einzug kurz nach der Scheidung, während meiner Therapie, wie oft meinen Therapeuten verflucht, der mir sagte, ich solle rausgehen, Menschen treffen, mich ablenken. Er verstand nichts. In einer Depression etwas zu tun, ist keine Frage des Wollens. Im Gegenteil, selten habe ich meinen Willen stärker gespürt. Es ist die fest zementierte Überzeugung, dass nichts etwas bedeutet, was ich tue, weniger als nichts. Es ist, als habe man sich in einem Labyrinth verirrt, wo jeder Korridor unendlich lang zu sein scheint und wenn man sich mit letzter Kraft bis zur nächsten Ecke geschleppt hat, dann ist da nur ein weiterer, unendlich langer Gang. Es sind nur Phasen, ja, aber wenn es nicht so ist, so ist da ständig die Angst, dass alles wieder zurückkommt. Und es kommt zurück, unvermittelt, zum Beispiel wenn im Straßenverkehr gehupt wird und man der festen Überzeugung ist, man selbst sei gemeint. Ein verächtlicher Blick, ein heruntergezogener Mundwinkel, jede noch so geringe Form von Emotion kann es zurückbringen, denn man ist nicht mehr Herr seiner selbst. Depression ist das Gefühl, wie eine Saite auf ein Instrument gespannt zu sein, auf dem ein anderer immer dasselbe Lied spielt davon, dass nichts, was mit einem selbst zu tun hat, irgendwie von Bedeutung ist, dass alles, was man tut, berührt oder auch nur sieht, sofort in einen grauen Ton der Vergessenheit getaucht wird und das mit allem Recht. Die Frau fütterte ihren Hund mit Leckerchen. Plötzlich drehte sie ihren Kopf und schaut zu mir.

»Haben sie da eine Katze?«, rief sie mir zu. Ich erstarrte. Sie wies ihren Hund an, Platz zu machen.

»Machen sie sich keine Sorgen, Matt liebt Katzen«, rief sie.

Durch die Stäbe der Box konnte ich sehen, dass Tiger schlief. Ich nahm alles, die Box, den Rucksack, die Plastiktüte, das Bild, und ging zu ihr. Es ist alles, was ich noch besitze, dachte ich. Während die Erinnerung an meine Wohnung immer mehr verschwamm, konnte ich alle Menschen hier nun klar sehen. Sie lächelten, waren fröhlich, obwohl in unserer Nähe jeden Moment eine Bombe explodieren konnte. Langsam, Schritt für Schritt, ging ich auf die Frau zu. Auch sie lächelte. Ich wusste noch, dass ich mich bei den wenigen Dates, die ich seit meiner Scheidung hatte, stets unwohl gefühlt habe. Alles schleppte ich mit, die Angst, die Unsicherheit, die Jahre mit meiner Frau und meine Wohnung, die ich niemandem zeigen wollte. Nun war das alles nicht mehr da. Ich hatte nur einen Rucksack, eine Plastiktüte, die Box und das Bild. Das ist alles, was ich habe, dachte ich, alles, was ich bin. Ich fühlte mich leicht. Endlich setzte ich mich neben sie.

»Es fühlt sich komisch an, oder?«, fragte sie, »hier zu sitzen und darauf zu warten, dass die Bombe entschärft wird.«

»Sehr komisch«, antwortete ich, »möchten sie ein Schokocroissant?«

»Sehr gerne.«

Sie lächelte. Ich holte die Croissants aus meiner Tüte und entfernte die Plastikverpackung. Dann reichte ich ihr eins. Sie bedankte sich.

»Ich wollte gerade mit Matt Gassi gehen, als die Leute vom Ordnungsamt kamen«, sagte sie, »Ich hatte die Tütchen vergessen und wollte noch einmal hoch, aber sie haben mich nicht mehr in meine Wohnung gelassen.«

Dann biss sie in das Croissant.

»Ich habe gerade Kartoffeln geschält, heute gibt es Bolognese bei mir.«

»Bolognese mit Kartoffeln?«

»Ja, so esse ich sie am liebsten.«

»Das ist so deutsch«, sagte sie und lachte. Dann sah sie zu Tiger herunter.

»Und das ist ihr Kater?«, fragte sie.

»Sie ist ein Mädchen«, antwortete ich, »Ihr Name ist Tiger.«

Sie lächelte und streichelte ihrem Hund über den Kopf.

»Irgendwie finde ich das süß«, sagte sie. »Sie sind so normal und doch irgendwie originell. Das mag ich.«

»Vielen Dank«, antwortete ich, weil mir nichts Besseren einfiel, »und sie mögen Hunde?«

»Ihn schon«, antwortete sie, »obwohl es der Hund von meinem Ex-Mann ist. Er nannte ihn King, aber das fand ich so dämlich, da habe ich ihn nach dem Sänger meiner Lieblingsband benannt. Eine Scheidung, wissen sie, manche Menschen versuchen alles festzuhalten von damals. Ich nicht. Ich will nur ein neues Leben haben.«

»Das geht mir auch so«, sagte ich.

Plötzlich kamen zwei Frauen in gelben Westen in die Turnhalle.

»Ok, alles herhören«, rief die eine. »Die Bombe ist erfolgreich entschärft. Sie können wieder in ihre Häuser zurück.«

Die Menge geriet sofort in Bewegung. Wieder verschwammen die Menschen vor meinen Augen, die sich von ihren Bänken erhoben, ihre Sachen packten und aus der Turnhalle ins Freie drängten.

Die blonde Frau sah mich an.

»Na dann, alles Gute«, sagte sie, nahm ihren Hund und ging ebenfalls zur Tür. Ich blieb noch einen Moment sitzen und wartete, bis die Halle sich leerte. Dann steckte ich die Plastikverpackung der

Schokocroissants in meine Tüte, nahm sie, den Rucksack, die Box mit Tiger, mein Bild und verließ die Turnhalle.

Zuhause stellte ich alles ab und ließ Tiger aus ihrer Box. Sie lief sofort zu ihrem Futter. In der Küche lagen meine Kartoffeln und das Hackfleisch. Die Küchenuhr zeigte halb eins. Ich ging zum Fenster. Tatsächlich sah ich die blonde Frau mit ihrem Schäferhund ihren üblichen Weg gehen. Ich beobachtete sie, bis sie an der nächsten Straßenecke verschwand. Dann ging ich in die Küche und schälte meine Kartoffeln. Nur noch verschwommen erinnerte ich mich an die Gesichter der Menschen in der Turnhalle, als wäre es ein Traum gewesen. Ich seufzte. Tiger kam in die Küche und ich hörte mich einen letzten Satz sagen.

»Nun ja, das Leben geht weiter.«

Dann war es still.

Gleich kommt der Regen

»So with art without heart, we will never know the songs!«
Deconstruction – Devin Townsend Project

Die Frau setzte ihr charmantestes Lächeln auf und schob den Jungen nach vorne.

»Entschuldigen sie, könnten wir vielleicht vor? Der Junge hat noch nie ein Kunstwerk gesehen.«

Der Mann, den sie angesprochen hatte, tat so, als hätte er sie nicht gehört. Mit verschränkten Armen starrte er hinüber zu den Gipfeln der Hügel. Die Frau ging einen Schritt, schob das Kind vor sich her und tippte dem Mann auf die Schulter.

»Können sie uns vorlassen? Es beginnt gleich zu regnen und der Junge erkältet sich so leicht, wissen sie?«

»Es sind dreißig Grad. Niemand wird sich erkälten«, sagte der Mann. Er blieb stehen, wo er stand. Seine Augen waren zu Schlitzen zusammengekniffen.

Die Frau sah auf die Uhr. Dann stellte sie sich auf die Zehenspitzen. Über die Köpfe der Menschen hinweg sah sie auf einem Sockel den roten Rahmen, durch den man ins Tal blicken konnte. Dunkle Wolken zogen sich hinter den Hügeln zusammen, während an der Spitze der Schlange sich eine schlaksige Frau Notizen machte.

»Aber der Junge will unbedingt den Rahmen sehen.«

»Das ist kein Rahmen«, sagte der Mann, »es ist ein Kunstwerk.«

»‘Der perfekte Blick‘, ich weiß«, antwortete die Frau. »da gibt es diesen einen Punkt, von dem aus man durch den Rahmen schauen soll. Dann ist die Aussicht am perfektesten. Wir würden auch nur einen kurzen Blick darauf werfen, dann sind wir wieder weg, bevor der Regen anfängt.«

Der Mann knotete seine Arme auseinander und stopfte seine Hände in die Jackentaschen.

»Wer mag schon nass werden?«, sagte er, »aber ich weiß, dass ich vor ihnen in der Schlange stehe, und nicht sie vor mir. Ich weiß auch, dass es Zeit braucht, um ein solches Kunstwerk zu würdigen. Sie werden sich also gedulden müssen.«

Der Junge zerrte am Ärmel seiner Mutter, wollte etwas sagen, doch sie zischte ihn an.

»Das ist faszinierend«, sagte sie, »was hat sie der Künstler nur dabei gedacht? Jedes Kind sollte so ein Kunstwerk zu sehen bekommen.«

Der Mann lächelte verächtlich. Die Mutter stellte sich neben ihn und sah in an.

»Ich finde es unverantwortlich, dass sie Kindern die Gelegenheit verwehren wollen!«, sagte sie. Sie riss ihren Ärmel von der Hand des Jungen los. »Sie haben bestimmt keine Kinder. Sie sollten wenigstens jetzt einen Beitrag für unsere Zukunft leisten!«

Inzwischen war das Gespräch nicht unbemerkt geblieben. Menschen vor ihnen reckten die Hälse, schüttelten die Köpfe. Andere schauten zu den dunklen Wolken am Himmel. Der Mann drehte seinen Kopf.

»Regen ist nur natürlich«, sagte er, »und dieses Kunstwerk zeigt uns die Natur, wie sie lebendiger nicht sein kann. Es zeigt uns, dass die Natur die wahre Künstlerin ist. Der Künstler ist lediglich ein Beobachter. Er erschafft nichts, er bildet nur ab. Um das zu verstehen, muss man sich mit dem Kunstwerk auseinandersetzen und ich werde mir mit Sicherheit nicht von ihnen meine Zeit stehlen lassen.«

»Mama«, sagte der Junge plötzlich und zog wieder an ihrem Ärmel, »wir brauchen nicht in der Schlange zu stehen. Durch das Bild sieht man nur die Landschaft. Man kann sie von überall sehen!«

Die Mutter gab ihm einen Klapps auf den Rücken.

»Sei ruhig, davon verstehst du nichts«, zischte sie.

»Sehen sie«, sagte der Mann, »die Jugend von heute, keine Ahnung mehr von Kunst. Jede Minute ist Zeitverschwendung. Am besten, sie gehen einfach wieder.«

Einige Menschen in der Schlange wühlten in ihren Taschen und zogen kleine Regenschirme heraus. Andere setzten Kapuzen auf. Die Mutter spürte den ersten Tropfen auf ihrer Stirn. Sie packte den Mann am Ärmel.

»Was fällt ihnen eigentlich ein!«, rief sie, »Wissen sie, was es heutzutage bedeutet, Kindern Kultur nahezubringen? In seiner Klasse haben schon alle diesen Rahmen gesehen. Wie stehe ich denn jetzt da?«

Der Mann riss seinen Ärmel los und baute sich vor der Mutter auf. Nun waren die Blicke aller Menschen auf sie gerichtet. Gemurmel schwoll zu Gesprächsfetzen an. Einige lachten. Mit lauter Stimme sagte der Mann:

»Kindern sollte es überhaupt nicht erlaubt sein, hier oben zu stehen und wahre Kenner der Kunst zu stören. Gehen sie! Sie sind hier nicht erwünscht!«

Dann drehte er sich um. Rauschen fallender Tropfen schallte von den Bäumen her. Wütend sah die Mutter zu den Menschen in der Schlange, sah verschränkte Arme, Grinsen, zu Boden gerichtete Blicke. Dann packte sie den Jungen am Ärmel und ging davon. Auf dem Rückweg bat der Junge sie, stehen zu bleiben, weil er ein Tier in den Pflanzen gesehen hatte, ein Vogel über sie hinwegflog oder die Bäume eine wunderbare Formation bildeten. Die Mutter hörte nicht. Der Regen ließ nach. Sie beschloss, in der Schule zu erzählen, dass sie da gewesen waren.

Das Schweigen der Pommes

»If everything ends, is it worth to turn back home again?«
All things will pass – Opeth

Ich sehe auf meine Schuhe. Ihre Schnürsenkel sind immer noch auf dieselbe Art und Weise gebunden, wie es war, als ich das letzte Mal nach draußen gegangen bin. Ich weiß nicht mehr, wie es sich anfühlt, sie zu tragen. Bloß nichts vergessen, denke ich. Meine Jeans presst sich eng um meine Beine, entweder weil ich in den letzten Monaten aus dem Leim gegangen bin oder weil ich sie immer wieder gewaschen habe. Vielleicht brauchte ich die Illusion einer Routine, weil ich seit Monaten nicht vor die Tür gegangen bin und stattdessen im Internet nach dem Grund dafür recherchiert habe. Socken trug ich, als es kalt war, ein T-Shirt, oft tagelang dasselbe, warme Jogginghosen oder Shorts. Der Sommer kam dieses Jahr früh. Aber die Schuhe, sie sind meine größte Herausforderung.

Wovor habe ich eigentlich Angst? Es ist schwer zu beschreiben. »Hypersentimentaliät« ist keine Diagnose, nicht einmal ein Wort und erst recht kein Grund, den man angeben kann, wenn es um eine Vielzahl gesellschaftlicher Versäumnisse geht. Ich habe Angst vor dem, was draußen ist, vielmehr vor meiner Reaktion darauf, vor überschwappenden Gefühlen des Mitleids, wenn ich sehe, wie ein Schwarm Fliegen aus einem Mülleimer fliegt oder ein Regenwurm langsam über den Gehweg kriecht. Nach meiner letzten Autofahrt habe ich eine volle PET-Flasche Mineralwasser in meinem Auto liegenlassen. In den ersten Hitzetagen dachte ich an sie, konnte nicht schlafen, dachte, wie sie durch meine Ignoranz einem grausamen Schicksal ausgesetzt wurde, tagelang zu liegen in der brütenden Hitze des Autos, hilflos, weil sie eben doch nur eine Plastikflasche ist, die sich nicht selbst helfen kann.

Endlich stehe ich auf, setze einen Schritt vor den anderen, gehe zu meinen Schuhen. Ich denke an meine Tochter. Sie starb an dem Tag, da ich von meiner Firma mit einem ausnehmend guten Deal in Frührente geschickt wurde, so dass ich nie wieder arbeiten muss und trotzdem keine Geldsorgen habe. Der Nachhauseweg war der glücklichste Moment meines Lebens. Ich malte mir aus, was Irina und ich nun alles tun könnten, Tag eins unseres neuen Lebens. Wir würden so viele verpasste Momente nachholen können, dachte ich. Als ich nach Hause kam, wartete die Polizei auf mich. Verkehrsunfall, Krankenhaus, all das sind nur Worte. Seitdem ist alles Dunkelheit und Kälte.

Ein kleiner Schemel steht direkt neben der Garderobe. Früher empfand ich ihn als eines der nützlichsten Möbelstücke, die wir im Haus haben. Man kann sich hinsetzen, um die Schuhe anzuziehen. Irina konnte das im Stehen, teilte daher nicht meine Begeisterung für diese Genialität, meinte stattdessen, die 250 Euro hätten Kinder, Tiere und andere Hilfsbedürftige viel besser gebrauchen können. Wie wundervoll sie war! Jetzt ist sie fort. Da ich seit Monaten nicht mehr vor die Tür gegangen bin, hat der Schemel seine Existenzberechtigung verloren. Ich halte inne, um mir die Tränen aus dem Gesicht zu wischen, hatte doch der Schemel jahrelang im Angesicht von Irinas Geringschätzung tapfer und treu seinen Dienst verrichtet. Dann fällt mein Blick auf die Garderobe, die sich leicht nach vorne neigt, so dass ich den Ansatz ihrer Dübel sehen kann. Obwohl niemand ihr Aufmerksamkeit schenkte, tat sie immer ihre Pflicht. Ich brauche noch ein Taschentuch.

Doch dann besinne ich mich. Ich habe hunderte von YouTube-Videos in den letzten Monaten geschaut, alle mit Tipps und Tricks, wie man mit Soziophobie – so nennen sie es – umgehen und sie überwinden kann. So unterschiedlich diese Tipps auch waren, sie alle hatten eines gemeinsam: Sie sagen, dass man stark sein muss, dass es ein Erfolg ist, sich zu überwinden und vor die Tür zugehen, auch wenn es für andere Menschen völlig normal ist. Einige motivierten überschwänglich, dass sie selbst stolz auf jeden einzelnen Follower sein würden, der seine Angst überwindet. Ich nehme das zweite Taschentuch und wische mein Gesicht trocken. Dann überkommt mich ein gutes Gefühl. Heute, denke ich, werde ich es schaffen. Ich beiße meine Zähe zusammen, als ich den ersten Schuh anziehe. Eine kurze Panik überfällt mich, doch dann ist es ein gutes Gefühl. Ich spüre Freiheit, sogar Euphorie, dass ich bald zu jenen gehöre, die es schaffen. Dennoch stecke ich mir zwei Pakete Taschentücher ein. Ich will nur sichergehen.

Durch meine Wohnungstür kann ich hören, dass es im Hausflur still ist. Natürlich will ich niemandem begegnen, schon gar nicht Frau Döricht, die ich in den letzten Monaten immer dafür bezahlt habe, dass sie meinen Müll herunterbringt. Dann tue ich es. Ich öffne meine Wohnungstür. Der Geruch des Hausflurs ist mir seltsam vertraut, ebenso wie die Treppen, die ich nun langsam gebeugt, dann stetig aufrechter hinuntersteige. Ich fühle, wie mein Puls sich beschleunigt. Das Bild von der Haustür unten hat sich monatelang in mein Gedächtnis eingebrannt. Jetzt werde ich sie sehen. Unten angekommen nehme ich meinen Mut zusammen, ziehe an der Klinke und trete ins Freie.

Bis zu den Zehenspitzen angespannt sehe ich mich um. Ich will auf alles gefasst sein. Dann wende ich mich nach rechts, nur eine Runde um den Block, denke ich. Das wird für heute genügen. Ich habe die erste Straßenecke fast erreicht, als ich einen überquellenden Mülleimer sehe. Jemand hat eine leere Pommes-Frites-Schale dort noch hineingeschoben. Sie macht ein Geräusch, als sie eine Böe zum Flattern bringt. Ich versuche nicht zu denken, dass diese Schale einmal einem Menschen Freude gemacht haben wollte, weil sie seinen Hunger und seinen Appetit auf Pommes zu stillen als ihre Pflicht ansah und nun vergessen ihrem Schicksal entgegensieht. Nicht denken, bloß nicht denken! Ich gehe weiter.

Die Mülltonne habe ich geschafft, als ich in die Allee einbiege. Ich höre Gezwitscher, sehe Vögel in den Bäumen. Dieses Mal ist es schwer, meine Tränen zu unterdrücken, ob der Schönheit und der Unschuld, mit der die Vögel das tun. Ich greife nach einer Packung Taschentücher. Dann erstarre ich. Ich sehe einen Hund vor dem Friseursalon liegen und auf seinen Besitzer warten. Meine Wangen werden feucht. Ich will umkehren, will meinen Versuch für heute beenden, doch dann besinne ich mich. Langsam gehe ich an dem Tier vorbei. Er sieht mich mit großen Augen an, scheint »Hilf mir« zu sagen, doch ich weiß, dass es falsch ist, dem nachzugeben. Meine Knie beginnen zu zittern, als ich an ihm vorbeigehe, zur nächsten Ecke, wo mich beinahe eine junge Frau umrennt und mich verwundert ansieht, wahrscheinlich wegen der Tränen in meinem Gesicht.

Doch die nächste Straße ist mein Freund. Hier gibt es nichts, was mich aufregen könnte. Ich spüre wieder diese Freiheit und bin guten Mutes, als ich in die letzte Straße einbiege, wo mich die größte Herausforderung erwartet: ein Kinderspielplatz. Ich höre das Rufen, das Schreien, sehe dann schaukelnde, kletternde kleine Gestalten und Mütter, die am Rand sitzen, Väter, die nach ihren Sprösslingen schauen. Mein Gesicht wird nass, ich beginne zu laufen, ohne ein Taschentuch, laufe einfach und kneife jede Sekunde die Augen zusammen, damit ich es nicht sehen muss. An der Ecke falle ich hin, rappele mich auf, kann nichts mehr sehen ob der vielen Tränen. Aufgelöst und völlig erschöpft betrete ich wieder das Haus, in dem ich wohne, stürme das Treppenhaus hinauf und sinke endlich hinter meiner Wohnungstür auf den Boden.

Ich habe es geschafft, ich bin vor die Tür gegangen. Sofort will ich die Welt umarmen, will es allen erzählen, die ich kenne, doch niemand ist mehr da. So poste ich in die Kommentare jedes einzelnen Videos, das ich mir angesehen habe, dass ich es geschafft habe. Dann lege ich mich erschöpft auf meine Couch und warte, auf Glückwünsche, auf Kommentare, auf Likes. Doch sie kommen nicht.

Drei Wochen ist das jetzt her und Frau Döricht fragt mich inzwischen nicht mehr, warum ich meinen Müll nicht selbst runterbringen kann. Ich denke an die Pommesschale. Wo sie jetzt wohl ist?

Einhornschokolade

»Aus wissenschaftlicher Sicht ist es nicht bewiesen, dass jedes Mal, wenn eine Mutter ein Versprechen gegenüber ihrem Kind bricht, ein Einhorn im Märchenland stirbt. Aber wir haben auch nie das Gegenteil bewiesen.«
Greta Freitag, Forscherin

Das Thermometer im Auto zeigte bereits siebenundzwanzig Grad, als ich am Supermarkt ankam. Ich stieg aus, fischte das letzte Eurostück aus meiner Geldbörse und ging achtlos an dem Obdachlosen vorbei, der mir lächelnd einen Pappbecher entgegenstreckte. Ich konnte nur an Elisa denken. Keine halbe Stunde war es her, dass ich sie allein zurücklassen musste, an der Grundschule für ihren ersten Schultag. Mit ihrem alten Paw-Patrol-Rucksack stand sie verloren zwischen den bunten neuen Tornistern der anderen Kinder. Vor den Sommerferien hatte sie sich noch gefreut, weil sie zu den Großen im Kindergarten gehörte, die nun endlich zur Schule gehen durften. Doch dann kam die Nachricht: Ihre beste Freundin Corinna würde nicht mit ihr auf die Schule gehen. Seitdem Elisa das wusste, wollte sie nicht mehr hin. Gestern Abend versprach ich ihr ein schönes Geschenk, wenn sie gehen würde. Sie nickte nur.

Corinna wurde von ihren Eltern auf eine Schule in Essen geschickt, weil sie gelesen hatten, dass die besser sei als die bei uns in Duisburg. Die habe eine besondere Förderung, hatte ihre Mutter geschwärmt, für leistungsstarke Kinder, zu denen Corinna selbstredend gehörte. Schließlich habe sie schon mit vier Jahren angefangen, richtige Bücher zu lesen und sich im Familienurlaub in der Provence auf Französisch einen Apfelsaft bestellt. Leider seien sämtliche Grundschulen in NRW so rückständig, dass sie nur Englischunterricht anböten, habe auch ein Bekannter von ihr gesagt, ein Professor von der Universität. Aber was sollte man machen? Natürlich müsse Corinna jeden Tag vor der Arbeit nach Essen gebracht werden, der Aufwand sei es aber wert, sagte ihre Mutter. Schließlich hätten sie als Eltern eines hochbegabten Kindes die Verantwortung zur Förderung, außerdem böte die Schule Frühunterricht an, dann sei das kein Problem. Corinna, die lieber mit Elisa auf eine Schule gegangen wäre, versprachen sie zur Belohnung Klavierunterricht.

Erleichtert spürte ich den kühlen Luftzug der Klimaanlage, als sich die automatische Tür des Supermarktes öffnete. Sofort ging ich zum Regal mit den Süßigkeiten. Einschmeichelnde Musik brachte mir die Erinnerung an eine andere Welt zurück, als ich Marketing studierte und gerade eine Arbeit darüber schrieb, wie man Kunden mit Düften, Geräuschen und der richtigen Anordnung der Waren zum Kauf animierte. Dann kam Elisa, unverhofft, unvermittelt, und gab meiner Welt, die fortan aus rosa Kleidchen, Plastikdiademen, Hundewelpen und besonders aus Einhörnern bestehen sollte, einen Sinn. Mein Blick blieb an einer großen Tafel Schokolade haften. Bunte Einhörner sprangen auf der Verpackung umher. Unter dem Produktnamen versprach der Hersteller in Person eines lachenden Kindes eine prickelnde Überraschung, wenn man hineinbiss. Hundertfünfzig Gramm für 4,95 €, das war viel Geld, seitdem mich Elisas Vater mit dem Hinweis, dass er aktuell kein Kind gebrauchen könne, in die Wüste geschickt hatte. Ich sah in meinen Geldbeutel. Ein paar vereinsamte Kupfermünzen sammelten sich um einen Fünf-Euro-Schein. Ich würde mir wieder Geld leihen müssen. Aber das war es wert. Schließlich hatte ich Elisa ein schönes Geschenk versprochen.

An der Kasse traf ich meine Nachbarin Frau von Klopstock. Der Inhalt ihres randvollen Einkaufswagens brachte abgepackte Lebensmittel zum Vorschein, die Aufdrucke wie »glutenfrei«, »laktosefrei« oder »vegan« zierten. Von ihr wusste ich, dass sie die Stunden im Wartezimmer der Kinderwunschklinik mit dem Lesen von Erziehungsbüchern verbracht hatte. Natürlich sah sie mich hinter sich stehen, mit meiner Tafel Schokolade in der Hand und natürlich ließ sie mich nicht vor. Stattdessen warf sie mir einen geringschätzigen Blick zu.

»Ist das für ihre Tochter?«, fragte sie.

»Ja«, antwortete ich, »Sie hat heute ihren ersten Schultag.«

»So etwas würde ich meinem Kind nie geben! Das ist doch Gift! Wissen sie, was da alles drin ist? Geschmacksverstärker, Chemikalien und vor allen Dingen Zucker!«

»Ich habe es versprochen«, erwiderte ich.

Sie schüttelte den Kopf, während sie einige Lernspielzeuge, die anlässlich des Schulanfangs die Wühltische für Saisonware bevölkerten, auf das Band legte. Danach würdigte sie mich keines Blickes mehr.

Zurück auf dem Parkplatz konnte ich wieder die Hitze des Tages spüren. Ich öffnete meinen Kofferraum, nahm eine Kühltasche heraus und legte die Schokolade vorsichtig hinein. Ich wusste, dass die Einhörner Elisa kaum über den Verlust ihrer besten Freundin hinwegtrösten würden. Dennoch wollte ich, dass die Packung wie neu aussah, wenn ich sie ihr gab.

Während Gloria Estefan immer wieder »Regresa a mi« durch meine Lautsprecher sang, gingen mir die Worte der alten Matuschek nicht aus dem Kopf, dieser drahtigen Frau mit dem grauen Bubihaarschnitt, die meinen Geburtsvorbereitungskurs leitete. Den Kurs hatte ich als absolutes Gegenstück einer Singleparty in Erinnerung, weil ich mir als Alleinstehende »unglücklich« auf die Stirn stempeln lassen musste, um wieder reinzukommen. »Die Zukunft ihrer Kinder ist heute«, hatte die Alte immer wieder gesagt, während sie mit mir Atem- und Vertrauensübungen durchexerzierte, wozu die anderen Frauen ihre Partner dabeihatten.

Mein Blick fiel auf die Kühltasche neben mir. Plötzlich stieg mein Fuß auf die Bremse. Ich hielt direkt vor einem Buchladen. Als ich hineinging, sah ich einen großen Tisch mit Artikeln zum Schulanfang. Besonders ein Kasten mit Lernaufgaben und einem Mandala-Malbuch für die Pausen fiel mir auf.

»Interessieren sie sich für Lernspiele?«, fragte der Verkäufer.

Ich nickte.

»Wie alt ist denn der Kleine?«, fragte er.

»Meine Tochter hat heute ihren ersten Schultag«, antwortete ich.

»Oh, dann sind sie aber spät dran. Diese Box ist eigentlich für Kinder ab drei Jahren.«

»Aber auf der Packung steht ab sechs Jahre.«

Der Verkäufer lächelte abfällig.

»Natürlich, das müssen die so schreiben. Aber seien wir ehrlich: Die Grundschulen heute bieten nicht die geringste Förderung für Kinder. Da müssen die Eltern schon selbst ran. Früh übt sich, ist die Goldene Regel. Haben sie ihrer Tochter denn nie das Schreiben beigebracht?«

»Nun, nein. Ich habe ihr jeden Abend eine Geschichte von Winni Pooh vorgelesen.«

Der Verkäufer schüttelte den Kopf.

»Wissen sie«, sagte ich, »der Kasten kostet zwölf Euro. Das kann ich mir ohnehin nicht leisten. Ich gehe am besten wieder.«

Damit verschwand ich aus dem Geschäft. Die Sonne schien auf die Kühltasche, als ich zurück zum Auto kam. Ich konnte fühlen, wie meine letzten Fünf Euro dahinschmolzen, als ich die Tasche nach kurzem Zögern in den Fußraum stellte. Ein Zeichen vom Himmel mochte es sein, dass ich mich doch mehr für die Forderung einiger Kindergartenmütter hätte einsetzen sollen, Möhren-Pommes und aus Apfelscheiben gestanzte Gummibärchen in der Kita zu etablieren. Ich hoffte nur, dass Elisa nachsichtig mit ihrer unzulänglichen Mutter sein würde, wenn sie in der Schule keine Freunde fand, weil sie kein einziges Stück von Mozart auf der Geige spielen konnte. Doch wie konnte sie? Sie hatte doch an ihrem ersten Schultag schon geweint.

Ich fuhr los, ohne mich zu vergewissern, ob die Einhornschokolade noch in Ordnung war. Zur sehr fürchtete ich mich davor, dass die fröhlichen Gesichter auf der weichen Schokolade zu gemeinen Fratzen verschmolzen waren. Als ich an einer roten Ampel halten musste, sah ich das Büro einer Zeitarbeitsfirma. Auf dem Plakat im Schaufenster warb sie damit, dass man viel Geld mit Tag- und Nachtschichten verdienen könne. Geistesgegenwärtig scherte ich in eine freie Parklücke ein, stieg aus dem Auto und ging hinein.

»Guten Tag«, sagte ich zu der bebrillten Dame am Empfang, »ich interessiere mich für einen Job.«

Sofort schweiften ihre Augen über den Computerbildschirm vor ihr.

»In der Gebäudereinigung hätten wir etwas: vierzig Stunden pro Woche in wechselnden Tag- und Nachtschichten.«

»Das ist vielleicht ein bisschen viel. Haben Sie nichts in Teilzeit? Ich habe eine kleine Tochter, wissen sie?«

Sie schaute mich über die Ränder ihre Brille an.

»Nun, wenn das so ist, dann würde ich ihnen dringend die vierzig Stunden empfehlen. Sie wissen doch, wie anspruchsvoll Kinder heutzutage sind; Schulmaterialien, ansprechende Kleidung, Handys, Freizeitgestaltung, Sportvereine, Musikunterricht und Nachhilfe, wenn sie in der Schule versagen. Dafür brauchen sie eine Menge Geld. Sie wollen doch nicht, dass ihr Kind ein dummer, asozialer Außenseiter wird. Das hier müssen sie ausfüllen.«

Die Frau reichte mir einen Stift und einen Bogen Papier. Ich geriet in Panik.

»Ich überlege es mir«, sagte ich und eilte aus dem Gebäude. Im Auto rannen mir Tränen über mein Gesicht. Ich wollte nicht fahren, nicht in diese Schule, wo Eltern ihre Kinder mit riesigen Schultüten erwarteten, während Elisa nur eine einzige Tafel Einhornschokolade zu ihrem großen Tag bekam. Niemals in meinem Leben hatte ich mich so geschämt.

Dann fuhr ich doch los. Schließlich hatte ich es Elisa versprochen. Schon hundert Meter vor der Schule hatte sich ein Stau gebildet. Mir blieben nur noch wenige Minuten. So parkte ich das Auto, nahm die Kühltasche und ging zu Fuß, nur um festzustellen, dass eine Horde SUVs wartender Eltern die Straße versperrte. Einige standen in vorderster Reihe, präsentierten stolz neue, glänzende Fahrräder. Dahinter standen die mit den großen Schultüten. Alle starrten wie gebannt auf den Eingang der Grundschule. Ich stellte mich in die letzte Reihe und versuchte zu erkennen, ob Kinder aus dem Gebäude kamen.

Dann klingelte eine Schulglocke. Die Menge geriet in Aufregung, als die ersten Kinder vom Schulhof kamen. Die Eltern der ersten Reihe stürmten nach vorne und zogen gezielt ihre Schützlinge aus der brabbelnden Menge heraus. Was sie mit ihnen machten, konnte ich nicht sehen. Ich hatte nur Augen für Elisa. Endlich kam sie. Ich wollte auf sie zugehen, doch schon hatte sie mich gesehen und lief los. An der Hand hielt sie ein anderes Mädchen.

»Hallo Mama«, rief sie, als sie nahe genug war, »das ist meine neue Freundin Astrid. Können wir sie mitnehmen? Ihre Mutter muss arbeiten und sie soll mit dem Bus nach Hause fahren.«

»Natürlich«, sagte ich erleichtert und schloss meine Kleine in die Arme. Das andere Mädchen stellte sich höflich vor und streckte mir die Hand entgegen, wobei ihr Winni-Pooh-Rucksack fast zu Boden gefallen wäre.

»Ich habe noch etwas für dich«; sagte ich und griff nach der Einhornschokolade in der Kühltasche. Sie war fest und hatte nicht einen einzigen Knick.

»Wow, Einhornschokolade!«, sagte Elisa, riss die Packung auf und brach für sich und Astrid ein Stück ab. Die Augen der Mädchen wurden größer als sie das Prickeln auf ihren Zungen spürten.

»Danke, Mama!«, sagte Elisa.

Ich schloss sie fest in meine Arme und flüsterte: »Versprochen ist versprochen!«

Die Dame mit dem Kätzchen

»Bis heute ist über die Liebe nur ein einziger wahrer Satz gesprochen worden, nämlich: 'Dies Geheimnis ist groß'.«
Von der Liebe – Anton Tschechow

I

Man erzählte sich, dass jemand neues auf der Promenade gesichtet worden war, eine Dame mit einem Kätzchen. Als Thomas Michael Andreev sie zum ersten Mal sah, traute er seinen Augen nicht. Denn sie trug das Kätzchen nicht auf dem Arm, sondern führte es an einer pinken, mit Strasssteinen verzierten Leine spazieren. An ihrem gelben Sommerkleid, das bis zu ihren Sneakers reichte, erkannte er sofort, dass sie keine Einheimische war. Ein Zopf aus dunklem Haar fiel an ihrem Kopf herab und sie trug einen Strohhut.

Von nun an sah er sie jeden Tag um die Mittagszeit an der Promenade spazieren, immer mit demselben Hut und dem Kätzchen an der Leine. Die Leute, die unter den Sonnenschirmen der Cafés saßen und so taten, als wollten sie auf das Meer hinausblicken, erzählten sich stets allerlei wunderliches Zeug, weil das Inselleben ihnen nach ein paar Tagen Kuraufenthalt langweilig geworden war und sie sich nach der Stadt zurücksehnten. Das Meersalz in der Luft und der Sand, der von Westsahara über den Atlantik bis hierher geweht wurde, trugen zusätzlich ihren Teil zu ihrer Neugier auf jeden noch so belanglosen Klatsch bei. So wurde aus den gewöhnlichsten Begebenheiten, die kaum der Erwähnung wert schienen, in der heißen Mittagssonne plötzlich mitteilenswerte Anekdoten oder gar skandalöse Nachrichten.

Bei der Dame mit dem Kätzchen verhielt es sich anders. Sie war nicht gewöhnlich. Thomas Andreev spürte das. Er war nun schon vier Wochen hier, um der Langeweile der Universität und den Unannehmlichkeiten seiner Scheidung zu entfliehen. Niemals hätte er es für möglich gehalten, dass er und seine Frau sich wegen einer Arbeitsstelle entzweien könnten, hatten sie sich doch vor einigen Jahren durch ihren Job am selben Institut kennengelernt und beschlossen, dass sie die Unwägbarkeiten des akademischen Lebens gemeinsam durchstehen wollen. Doch als es um die Nachfolge der Lehrstuhlleitung ging, war es plötzlich vorbei. Seitdem hasste er aufmüpfige Frauen in Hosenanzügen, Frauenquoten und Genderforschung, hatte sein Forschungsprojekt beiseitegelegt und sich überlegt, Fischer auf den Kanarischen Inseln zu werden. Doch diese Frau, diese Dame mit dem Kätzchen, brachte neues Leben in seine Überlegungen.

Von nun an verbrachte er jeden Mittag an der Promenade. Als er einmal in einem Café saß, kam die Dame und setzte sich an einen Nebentisch. Sie bestellte sich einen Espresso, was Thomas nicht wenig verwunderte, denn die meisten jungen Frauen tranken Pfefferminztee mit ganzen Blättern. Ihr Kätzchen sprang brav auf einen der Stühle, rollte sich zusammen und starrte ihn an. Sie schien ihn bereits als einen möglichen Konkurrenten ausgemacht zu haben. Thomas fühlte sich ertappt. Denn das, was von den Beinen der Dame zwischen den grünen Sneakers und dem luftigen Stoff ihres Kleides leuchtete, gefiel ihm. Als sie ihren Sonnenhut abnahm, konnte er zum ersten Mal ihr Gesicht sehen. Es strahlte die Ruhe und Besonnenheit einer Studentin im vierten oder fünften Semester aus. Er stellte sich vor, wie sie in sein Seminar käme, sich hinsetzte und nicht wie die meisten bis zur letzten Sekunde auf ihr Handy schaute, sondern Stift und Papier zurechtlegte und in einem Buch las. Als ihr Espresso kam, wühlte sie in ihrer Tasche. Ein Buch kam zum Vorschein. Es hatte ein Lesezeichen mit einer Quaste, das sie ordentlich zur Seite legte, bevor ihre braunen Augen über die Buchstaben flogen. Es musste ein Band der Werkausgabe von Anton Tschechow sein, in niederländischer Sprache, wenn er es richtig erkannte. Zuweilen lächelte sie, während sie las. Er bemerkte mit Freude, dass ihre rechte Wange ein Grübchen hatte, während die linke glatt blieb. Das machte sie nur noch interessanter. So wuchs der Wunsch in ihm, sie kennenzulernen, mit ihr Zeit in dieser mystischen, von Meer und erloschenen Vulkanen gesäumten Umgebung zu verbringen und sich so etwas von der Unschuld einer jungen Liebe zurückzuholen, die er nach seiner Ehe schon verloren geglaubt hatte.

Das Kätzchen hatte inzwischen die Augen geschlossen und döste vor sich hin. Dies erschien ihm Anlass genug, den Körper der Dame genauer zu inspizieren. Sofort kam ihm die Stimme seiner Frau in den Sinn, die ihm sagen würde, dass er auf das erbärmliche Niveau eines alternden Lüstlings herabgesunken war, weil er eine Studentin verführen wollte. In ihren Augen, das wusste er, waren Beziehungen zwischen Dozenten und Studentinnen nichts anderes als ein weiterer Kopf der Hydra weiblicher Unterdrückung und Missbrauch durch den Mann. Doch diesen Gedanken wusste er gekonnt beiseitezuschieben. Dies war nicht die Universität, dachte er. Es gab hier keine störenden Asymmetrien ihrer Beziehung. Sie würden schlicht zwei Menschen sein, die sich weit entfernt des europäischen Festlandes auf einer Insel kennen und begehren gelernt hätten.

Als die Dame ihren Espresso getrunken hatte, schien es ihm Zeit zu handeln. Das Kätzchen hatte die Augen wieder geöffnet. Er blinzelte ihm zu, denn er hatte gehört, dass dies für Katzen ein Zeichen freundlicher Gesinnung war. Nach einigen Sekunden des Starrens blinzelte das Kätzchen zurück. Plötzlich schlug die Dame ihr Buch zu und sah sich um. Sie holte ihr Portemonnaie aus der Tasche, nahm einen Zehn-Euro-Schein und winkte dem Kellner. Schließlich bemerkte sie das Blickespiel zwischen Thomas und ihrem Kätzchen. Sie sah ihn an.

»Ist es nicht außergewöhnlich«, sagte Thomas geistesgegenwärtig, »dass wir hier, so weit im Atlantik und gegenüber der Sahara, immer noch mit Euro bezahlen können?«

Die Dame lächelte.

»In der Tat«, antwortete sie und sah zu ihrem Kätzchen. Thomas stand auf.

«Das ist wirklich ein ausgewöhnlich schönes Tier, das sie hier haben«, sagte er, »Ist sie ein Perser?«

»Er«, antwortete die Dame, »und ja, er ist ein Perserkater.«

»Es ist ungewöhnlich, dass Katzen so anstandslos an der Leine gehen. Ich hoffe, es ist nicht unverschämt von mir, aber ich habe sie schon häufiger hier gesehen. Da ist mir das aufgefallen.«

»Es war viel Arbeit, ihm das beizubringen«, sagte sie, »aber er ist seinen Auslauf gewohnt und hier auf der Insel will ich ihn nicht frei herumlaufen lassen.«

Während sie sprach, konnte Thomas einen Akzent in ihrer Sprache erkennen. Tatsächlich schien sie Niederländerin zu sein.

»Mein Name ist Thomas Andreev«, sagte er, »Ich selbst habe zwei Katzen zuhause. Meine Schwester passt auf sie auf, solange ich hier bin.«

Das war gelogen. Mit Haustieren hatte er nie viel zu tun gehabt. Er zeigte auf einen der alten Stühle an ihrem Tisch und ließ sich nieder, als sie nickte.

»Sind Sie Russe?«, fragte sie.

»Nein, das wäre sicher interessant. Ich bin Deutscher und dazu einer von den Deutschesten. Ich füge mich perfekt in die Langeweile dieser idyllischen Landschaft und ihrer alternden Besucher ein. Mein Großvater war Russe und er stritt sich oft mit meinem deutschen Großvater, wer im Krieg mehr gelitten hat.«

»Mein Großvater hat mir auch immer vom Krieg erzählt«, sagte sie, »Er war noch sehr klein, aber sein Vater war im Widerstand, hat er erzählt. Er meinte, alle Deutschen müssten sich bei den Holländern für Hitler entschuldigen. Entschuldigen sie sich auch für Hitler?«

Er schüttelte den Kopf und lächelte. In der Mittagssonne war der Schatten des Sonnenschirms sehr klein. Er rückte mit seinem Stuhl näher, bis er das Meer sehen konnte. Dann erzählten sie, als wenn sie sich schon lange kennen würden und gingen wenig später Seite an Seite aus dem Café. An der Promenade liefen sie entlang wie zwei Menschen, die sich entfernt der Heimat frei und grenzenlos fühlen. Das Meer hatte einen azurblauen Schimmer. Sie sprachen davon, dass es um diese Stunde genauso aussah, wie auf den vielen Fotos der Angebote für Pauschalreisen. Er erzählte ihr, dass er Literaturwissenschaften studiert habe und nach langem Zittern nun eine feste Stelle als Akademischer Rat besetze. Außerdem besitze er nichts, wohne in einer kleinen, überteuerten Wohnung im Akademikerviertel und habe nun die Absicht, sich mehr dem Kulturleben zu widmen. Von ihr erfuhr er, dass sie aus Zeeland stamme, nun aber in Nijmegen Medizin studiere, genau wie ihr Freund. Doch seien die Maas und der Rhein eben nicht dasselbe wie das Meer und da Zeeland eine kleine Provinz sei, habe sie sich dazu entschieden, ihre Sehnsucht nach dem weiten Wasser auf dieser Insel zu stillen. Ob das funktioniere, wollte er wissen und sie antworte nur »viel zu gut«. Später erfuhr er noch, dass sie Lieke van Dries hieß und neben niederländisch und deutsch auch englisch und französisch sprach.

Abends im Hotelzimmer dachte er an sie. Bestimmt würden sie sich in den nächsten Tagen wiedersehen. Während er von seinem kleinen, umgitterten Balkon auf die leuchtende Gischt des Meeres sah, fiel ihm auf, dass die meisten seiner Studenten wohl lieber Backpacking in Australien oder eine Woche Feiern in Thailand als Erholung bevorzugen würden. Ihnen schien Europa, das doch so viel Exotisches in sich birgt, angestaubt und für Erlebnisse ungeeignet, an die sich junge Menschen der Gegenwart später mit Stolz erinnern würden. Die tropische Nacht drang in sein Zimmer, als er sich zu Bett legte.

»Es ist etwas Aufrichtiges an ihr«, sagte er sich und schlief ein.

II

Eine Woche lang erkundeten sie gemeinsam die Insel. Zunächst suchten sie die Nähe der Menschen auf dem Markt von Teguise, wobei ihnen auffiel, dass die Einheimischen eher lange, die Touristen eher kurze Kleidung trugen, um sich vor der Hitze zu schützen. An den Stränden von Tinajo und Yaiza blies ihnen ein starker Wind die Hüte von den Köpfen. Sahara-Sand bäumte sich in Staubwolken auf, klebte an ihrer Kleidung.

Am Abend besuchten sie das Haus von Omar Sharif. Zwischen den in den Felsen geschlagenen Treppen gab es viele beleuchtete Höhlen und Nischen voll verführerischer Einsamkeit. An einem Wasserspiel ließen sie sich nieder. Andreev wandte sich ihr zu und rückte ein Stück näher, als sie die Stimmen einer Familie mit Kindern hörten. Er ging wieder auf Abstand. Sie zupfte an ihrem Kleid.

»Ich bin immer noch voller Sand«, sagte sie, »ich könnte eine Dusche gebrauchen.«

Die Familie ging an ihnen vorbei, ohne sie zu bemerken. Andreev rückte wieder näher und strich ein paar Sandkörner aus ihrem Haar. Dann küsste er sie. Der Duft der Mittagssonne und des salzigen Meeres stieg ihm in die Nase. Er war sich sicher, dass er nicht von hier kam, sondern von der Nordsee. Beschämt sah sie ihn an, blickte dann um sich.

»Gehen wir zu dir«, sagte er. Dann stiegen sie mit raschen Schritten die Felsentreppen herunter.

Wenig später saßen sie auf den zerwühlten Laken ihres Hotelzimmers. Sie hatte ihm ihren nackten Rücken zugewandt, während er sich verträumt in der kleinen Kammer umsah und ihm auffiel, dass auch seine Studentenzeit sich in kleinen Kammern abgespielt hatte. Was für sonderbare Begegnungen sich doch in solchen Zimmern zutrugen, dachte er. In seiner Vergangenheit hatte es Frauen ihres Alters gegeben, die alle von diesem unstillbaren Durst nach Erlebnissen beseelt waren, während sie, sobald sie dreißig Jahre alt wurden, von einer Schwermut erfasst wurden, die davon herrührte, dass sie entweder noch keinen festen Job oder noch keinen Ehemann und keine Kinder hatten.

Er streichelte ihren Rücken. Lieke van Dries, diese Dame, deren Kätzchen die ganze Zeit friedlich auf einem Kissen geschlafen hatte, fasste das Geschehen mit einer eigentümlichen Sachlichkeit auf, als ob sie gerade erfahren hätte, dass sie bei einer Prüfung durchgefallen war. Sie hatte sich die Decke über ihren Schoß gelegt und nestelte an ihrem Zopf herum, aus dem Haare unordentlich hervorstanden.

»Ich habe versagt«, sagte sie, »ich sollte mich nicht so gehen lassen.«

Auf dem Tisch stand eine Pappschale mit Nektarinen. Andreev nahm eine und biss hinein. Sie schwiegen, während das Licht einer Straßenlaterne ihr Gesicht schwach beleuchtete.

»Warum solltest du nicht?«, fragte er schließlich. »Es ist wie in einem Märchen. Wenn niemand die Prinzessin befreit, nimmt es mit ihr kein gutes Ende.«

»Aber ich bin keine Prinzessin«, antwortete sie, »Prinzessinnen sind aufrichtig. Ich dagegen bin schwach, prinzipienlos. Ich habe nicht nur meinen Freund betrogen, sondern alles, woran ich und meine Eltern glauben. Es ist doch allgemein bekannt, dass der Mensch aus einer Ansammlung chemischer Reaktionen besteht, die er Gefühle nennt. Ich habe mich verführen lassen, nicht von dir, sondern von dem Meer, der Sonne, dem Strand. All das ist immer da und wäre immer dasselbe geblieben, auch wenn wir das nicht getan hätten. Ich wollte leben, ja, aber was soll das für ein Leben sein, in dem ich in einer Nacht alles verrate, woran ich glaube?«

Er legte den Arm um sie. Ihr Gesicht berührte seine Brust. Er konnte tiefe Traurigkeit in ihrem Körper spüren.

»Was willst du eigentlich?«, fragte er.

Sie hob den Kopf.

»Sag mir, dass genau das geschehen ist. Sag mir, dass wir allein Sklave unserer Hormone gewesen sind, dass es nichts anderes ist, was uns hierhergebracht hat.«

Er hob ihren Kopf und küsste sie. Dann redete er ihr beruhigend zu. Langsam trat das Lächeln auf ihr Gesicht zurück. Schließlich lachten sie beide und verließen das Hotelzimmer. Warm strich der nächtliche Wind über die Haut unter ihren Kleidern. Sie spazierten an der menschenleeren Promenade entlang und ließen sich schließlich zwischen einigen Palmen auf einer Bank nieder, von wo aus sie den Strand überblicken konnten.

Das Rauschen des offenen Ozeans und das Plätschern der Wellen redeten beruhigend auf sie ein. Wie ein Geistlicher bei einer Hochzeit sprach das Meer von einer glücklichen Zukunft, von den vielen Menschen, die bereits an diesem Strand saßen und über ihr Fortschreiten im Leben nachdachten. Andreev wollte sie nicht loslassen. Er dachte an seine Ehe und wie es ihm eine riesige Last von den Schultern genommen hatte, sie nun zu beenden. Doch die Freiheit, die das Leben einem einzelnen Menschen gewährt, war nichts gegen die Grenzenlosigkeit eines Lebens, das von der Liebe getragen wird. War man frei, so konnte man hingehen, wo man wollte. Doch das Leben ohne Grenzen bedeutete, dass man überall zuhause war, wo immer man auch hinkam. Wie sehr wir uns doch selbst gefangen halten können, dachte er, wenn wir unsere Ziele und unsere Achtung vor dem Leben verlieren.

Die Sonne stieg langsam am Horizont auf. Ein Polizist patrouillierte an der Promenade, nahm aber keiner weitere Notiz von ihnen.

»Es wird hell«, sagte sie.

»Lass uns nach Hause gehen«, antwortete er.

In den nächsten Tagen erkundeten sie jeden unbekannten Winkel der Insel. Waren sie unter Menschen nahm er ihre Hand, um sie nicht zu verlieren, waren sie allein, küsste er sie oder umschlag ihre Hüften, während sie gemeinsam auf das Meer sahen. Sie schien glücklich, wollte aber immer wieder von ihm wissen, dass es nur ihre Körperreaktionen waren, die ihnen ein harmonisches Leben vortäuschten, es jedoch nichts von Dauer, nichts von Substanz war. Sie sagte, dass ihr Rücken morgens schmerzte und dass der Müßiggang der Menschen um sie herum sie selbst zu einem faulen Menschen machte. Fast jeden

Abend machten sie einen Ausflug zum Haus von Omar Sharif, setzten sich auf jede Bank und jeden Felsen, hielten sich bei den Händen und die Eindrücke waren gewaltig.

Eigentlich sollte ihr Freund auf die Insel kommen. Doch dann erhielt sie eine Nachricht von ihm, dass er sein Examen bestanden habe und sie möglichst schnell heimkehren sollte. Andreev wollte sie zum Flughafen begleiten. Sie nickte schweigend und sagte, dass ihr Flug um zehn Uhr morgens gehen würde. Am Abend vor ihrer Abreise saßen sie am Strand, als sie einen Brief aus ihrer Tasche zog und ihm mit der Anweisung überreichte, er solle ihn nicht lesen, bevor sie abgeflogen war.

Als er am nächsten Morgen zum Flughafen César Manrique kam, konnte er sich nicht finden. Er durchstreifte die kleine Eingangshalle, bis er schließlich sah, dass der Flug nach Amsterdam bereits um neun Uhr gestartet war. Sie hatte ihm die falsche Uhrzeit genannt. Missmutig kehrte er in sein Hotelzimmer zurück, riss den Brief auf und las, was sie ihm zu sagen hatte. Es war ein kurzer Text, in dem sie schrieb, dass Abschiede ihr zuwider seien, sie ihm alles Glück dieser Welt wünsche, es aber besser sei, wenn sie so täten, als habe ihre Begegnung nie stattgefunden.

Andreev legte den Brief beiseite und ging zum Strand. Wahrscheinlich war es besser so. Er hatte einige Wochen auf der Insel gelebt, als wäre er hier zuhause, hatte sich amüsiert mit einem Mädchen, das halb so alt war wie er, und sie hatte es nicht einmal ertragen können, ihm zu Abschied in die Augen zu blicken. Nun war sie fort und niemand würde etwas davon erfahren. Aus der Sicht des erfahrenen Verführers war es eine perfekte Liaison. Er war gerührt von der Art, wie seine Liebesbezeugungen in ihr immer wieder dieselben Reaktionen ausgelöst hatten, um deren Wissen sie sich selbst so gerne rühmte. In Wahrheit brauchte der Mensch doch zuweilen einen anderen, der das tat, weil man es allein nicht konnte. Sein Gewissen war frei, als er dachte, dass sie beide es gewusst hatten.

Auf der Promenade wurden die Winde kühler. Der Herbst hielt Einzug und auch er hatte ein Gefühl, das jeden ereilt, der an die Vergänglichkeit aller Dinge erinnert wird.

»Es ist Zeit für mich zu gehen«, sagte er leise, buchte einen Flug und packte seine Koffer.

III

Als Andreev ohne Ausweiskontrolle aus dem Gate des Flughafens trat, spürte er das letzte Mal die Freiheit, die ihm in den Wochen auf der Insel selbstverständlich geworden war. Danach fiel alles von ihm ab wie ein Mantel, den man einfach von den Schultern warf. Die vielen Eindrücke von Meer, Sand, Cafés, Vulkanen und Urlaubern schmolzen dahin, als er die ersten Fördertürme auf Bildern von seinem Zugabteil aus sah und spätestens mit dem kurzen Fußweg von der U-Bahn-Station zu seiner Wohnung war alles Vergangene nicht mehr als eine Erinnerung.

Er war im Norden der Stadt aufgewachsen, wo Bergbau und Montanindustrie aus früheren Zeiten eine faszinierende Landschaft an Gebäuden hinterlassen hatten, die sich die Natur nun, mit der Gunst des Menschen, langsam zurückeroberte. Hatte er ein paar Stunden zuvor noch am Meer gestanden und nur mit Beklemmung an die großen Straßen und engen Gassen, an die Strommasten, Straßenbahnleitungen und mit Graffiti besprühten Fabrikruinen gedacht, so kam ihm das alles nun viel rührender vor. Die Freiheit des Meeres war auf der Insel nur eine scheinbare gewesen. Wenn man von dort wegwollte, musste man ein Schiff oder ein Flugzeug nehmen. Hier stieg man einfach so in eine Bahn und fuhr innerhalb einer halben Stunde durch drei oder vier Städte, die jede für sich mehr Leben in sich bargen als alle Inseln der Kanaren zusammen. Wie trostlos musste es dort im Winter aussehen, wenn die Stürme stärker und die Touristen weniger wurden. Hier erwartete ihn nun das Semester an der Universität mit viel Trubel, alten und neuen Bekanntschaften und Fortschritt im eigenen Leben. Die Dame mit dem Kätzchen musste in einer Einöde der Insel geradezu hervorstechen, doch angesichts dessen, was in den nächsten Wochen vor ihm lag, würde er sie sicher schnell vergessen haben.

Als er nach Hause kam, erwartete ihn eine Nachricht von seiner Ex-Frau. Möglichst schnell sollten sie sich treffen, um die letzten Angelegenheiten ihrer Scheidung zu regeln. Ihm war es Recht. Schon drei Tage später saßen sie sich in einem Café gegenüber. Geld gab es nicht viel zu verteilen und die übrigen Besitztümer bedeuteten weder ihm noch ihr etwas. Zum Ende des Gesprächs eröffnete sie ihm, sie müsse ihm noch etwas sagen. Da sei dieser Professor, ein junger Mann, kürzlich erst auf den Lehrstuhl berufen. Sie sagte, sie ziehe nun zu ihm und dass es etwas Ernstes sei. Andreev zeigte nicht die Spur von Trauer, begann im Gegenteil zu schwärmen von neuer Liebe und was sie alles in einem Menschen bewirken könne. Er freue sich für sie, schloss er. Sie zog die Augenbrauen hoch.

»Thomas«, sagte sie traurig, »die Rolle des verschmähten Poeten steht dir wirklich nicht gut.«

Doch er war ehrlich zu ihr gewesen. Noch leichteren Herzens, als er es bei seiner Ankunft war, stürzte er sich in die Arbeit, besuchte jedes Kolloquium, das die Institute und die Universität ihm boten, ging abends zu Zusammenkünften und lud Kollegen zum Mittagessen ein, die er Jahre nicht gesprochen hatte. Zudem schrieb er innerhalb eines Monats drei Exposees, einen Projektantrag und einen Zeitschriftenaufsatz. Jedes Mal, wenn er in die Bibliothek kam, wo er nun die letzten hellen Abende verbrachte, grüßte er die Mitarbeiter freundlich. »Der Andreev«, so hieß es bald in vielen Kreisen, »hat nun noch einmal richtig Blut geleckt. Vielleicht wird es doch noch etwas mit seinem Lehrstuhl.«

Was er ihnen verschwieg: Die ganze Zeit begleitete ihn Lieke van Dries, die Dame mit dem Kätzchen. Sie sah ihm beim morgendlichen Kaffeetrinken zu, saß ein paar Sitze weiter in der Bahn, beugte sich über seine Bücher und hörte seinen Wortbeiträgen zu, die er nur allzu gerne in Diskussionen Preis gab. Jedes Mal lächelte sie. Nur wenn er sich anschickte, einmal eine Pause zu machen und seine abendlichen Stunden in den Bars und Kneipen des Akademikerviertels zu verbringen, wurde er trübselig. Hierhin begleitete sie ihn nicht. Dabei war der Drang, von ihr zu erzählen, inzwischen so stark geworden, dass er einmal einer unbekannten Frau, die ihn hoffnungsvoll ansprach, den ganzen Abend von der Dame mit dem Kätzchen erzählte. Tief gekränkt kam sie irgendwann nicht von der Toilette wieder.

Ende November begab es sich, dass ein wichtiger Diplomat aus Brüssel im Kolloquium einen Vortrag hielt. Er sprach über Grenzen in Europa, die nicht mehr da waren, über Vielfalt und eine gemeinsame europäische Kultur, die von Spitzbergen bis Gavdos die Menschen verbinden würde. Andreev war beseelt. Er stand vor den versammelten Zuhörern auf, lobte den Diplomaten für seinen Weitblick und kam später noch mit ihm ins Gespräch, wo der Mann aus Brüssel ihm ein Forschungsprojekt anheimstellte, das ihm als Leiter gar einen

Lehrstuhl für europäische Kultur einbringen würde. Hinterher kam ein Kollege, der sich gerne als sein Konkurrent aufspielte, zu ihm und fragte Andreev, was ihn den in der letzten Zeit so bewege, dass er sich derartig ins Zeug lege. Andreev sah den Zeitpunkt gekommen, den er lange herbeigesehnt hatte.

»Ich habe auf Lanzarote jemanden kennengelernt«, sagte er, »wenn du wüsstest, was für eine bezaubernde junge Dame das war.«

Sein Kollege sammelte die verbliebenen Handouts von den Tischen und sagte nur:

»Wir hätten nicht so viele Handouts drucken sollen, reine Papierverschwendung.«

Andreev ging nach Hause und war bestürzt. Die Worte seines Kollegen erschienen ihm profan, widerwärtig, angesichts des ewig gleichen Anrennens auf Projekte, Positionen und Fördertöpfe. Die scheinheiligen Gespräche, die vielen kleinen Sticheleien zwischen Vorträgen und Mittagessen, die jedem die besten Kräfte nahm, bis die Ausgewählten einen Lehrstuhl bekamen, der ihnen nur noch mehr Verwaltungsarbeit einbrachte, um ein ausgebranntes und der Ideale beraubtes Leben zu führen. Niemand interessierte sich für die Entwicklung menschlicher Gesellschaft auf dem Kontinent, als wären die letzten tausend Jahre voll Krieg und Elend nur ein Dummer-Jungen-Streich der Geschichte gewesen, dem man nun entwachsen sei.

Die folgenden Nächte konnte Andreev nicht schlafen. Er ging mit Kopfschmerzen ins Bett und stand mit Gliederschmerzen auf. Für den Projektantrag tat er nichts, sah sich im Gegenteil aller seiner Kräfte beraubt. Im Dezember sagte er seinen Kollegen, er müsse nach Nimwegen reisen. Er wollte Lieke van Dries sehen und mit ihr sprechen. Mit welchem Ziel er das tat, wusste er selbst nicht.

Am späten Nachmittag kam er an und nahm sich ein Hotelzimmer mit Blick auf die Maas. Die Promenade und kleinen Wege durch die Deiche erschienen ihm mickrig und er dachte voller Sehnsucht an die stundenlangen Spaziergänge an den endlosen Stränden der Insel. Sein Zimmer am Ende einer steilen Treppe war mit Bildern von Flüssen und Windmühlen gespickt. Der friesisch anmutende Teebecher neben dem Reisewasserkocher und einer Auswahl verschiedener Tees und Kaffees deuteten die Nähe zum Meer an, das in Wahrheit unerreichbar war. Da er nicht wusste, wie er Lieke erreichen sollte, fuhr er zur Universität und machte sofort ein Plakat aus, das für den nächsten Abend eine Examensfeier im Audimax ankündigte. Da er wusste, dass Liekes Freund zu den Absolventen gehörte, ging er ebenfalls hin.

In einem schwarzen Anzug, den er sich in der Stadt gekauft hatte, betrat Andreev am folgenden Abend das Foyer des großen Hörsaals. Schon mochte er sich begeistern für diese würdevolle Ehrung der Absolventen, zu der offenbar sämtliche Würdenträger der Universität in ihren offiziellen Schärpen gekommen waren. Doch bei näherer Betrachtung mutete auch dieses Schauspiel nicht viel anders an als das, was er bereits gewohnt war: ein Basar, auf dem in schillernden Farben Eitelkeiten dargeboten wurden. Er wandte sich ab und suchte nach Lieke. Bald schon fand er sie, in ein schillerndes Abendkleid gehüllt, eine silberne Spange in den Haaren, neben ihr ein unscheinbares Männchen mit einem Doktorhut. Das musste ihr Freund sein. Andreev schüttelte es ob derartiger Missachtung, die das Männchen ihrer Person darbrachte angesichts der grauen akademischen Eminenz an seiner Seite, mit der er verzweifelt ein Gespräch in Gang zu halten versuchte. Lieke lächelte, aber nicht so, wie sie auf der Promenade gelächelt hatte, gezwungen, wie eine Köchin, die wusste, dass ihren anspruchsvollen Gästen das Essen nicht schmeckte.

Als die Menge in den großen Hörsaal drängte, folgte er der silbernen Spange, bis er sich sicher war, dass er Liekes Sitzplatz kannte. Dann nahm auch er Platz. Einige Grußworte wurden gesprochen, es wurde die Akademie gelobt, ihre höchsten Amtsinhaber und schließlich die Absolventen, die sich nun, da eine kleine Pause verkündet wurde, am Rand der Bühne platzierten. Andreev sah, dass Rieke sich von ihrem Platz entfernte. Er folgte ihr. Hinter der Eingangstür holte er sie ein.

»Guten Abend«, sagte er.

Sie sah ihn an. Die Farbe wich aus ihrem Gesicht. Sie schien einer Ohnmacht nahe, als sie ohne ein weiteres Wort weiterging. Durch die Menschenmenge drängte sie sich, doch nicht zum Hauptausgang heraus, sondern dicht an der Treppe entlang, die zu den oberen Rängen führte. Andreev folgte ihr. Die Menschen, an denen er sich vorbeischlängeln musste, kamen ihm wie ein Schwarm aufmüpfiger Tauben vor, die er am liebsten mit einem Regenschirm verjagt hätte. Lieke sah sich um, als nur noch eine kleine Gruppe von Menschen zwischen ihr und dem Nebeneingang standen. Dann trat sie hinaus.

Als Andreev den Eingang passiert hatte, suchte er Lieke. Sie stand hinter einer Säule. Als er sie erreichte, hatte sie die Hände vor ihr Gesicht geschlagen. Er griff sanft nach ihrem Arm und zog ihn herunter. Sie wagte nicht, ihn anzusehen.

»Du hättest nicht herkommen dürfen«, sagte sie, »Du hast mich zu Tode erschreckt.«

»Aber nun bin ich hier«, antwortete er und nahm ihre Hand. Sie zog sie zurück.

»Du verstehst das nicht«, sagte er, »Du hast mich auf Lanzarote einfach stehen lassen. Hast du geglaubt, damit hätte sich das erledigt?«

»Erledigt?«, sie hob ihren Kopf. Ihre Hände zitterten wie ihre Stimme. »Du hast ja keine Ahnung! Mein Leben ist die Hölle, seitdem ich zurück bin. Man wird uns hier sehen. Du musst sofort abreisen.«

Er senkte den Kopf und ließ ihre Hand los.

»Hör zu«, sagte sie, »Du musst sofort abreisen. Komm zu mir nach Walcheren, im Februar, dort werde ich warten. Ich verspreche es dir.«

Dann ging sie. Er sah ihr nach und sie wandte ihm ihr Gesicht zu, bevor sie in der Menge verschwand.

IV

Auf der Rückreise schalt sich Andreev immer wieder einen Trottel. Da saß er nun, hatte wiederum einer Frau sein Herz ausgeschüttet. Er sollte sich um seine Karriere kümmern, sollte diesen Antrag schreiben, ein Professor werden, anstatt seiner Dame mit dem Kätzchen hinterher zu jagen. Das nahm er sich nun fest vor.

Doch zuhause war alle Energie von ihm gewichen. Er saß da und zählte die Tage, bis er wiederum in die Niederlande aufbrechen konnte. Die Feiertage und das Semester zogen wie ein Film an ihm vorbei, bei dem man immer wieder einschläft, ohne es zu merken.

Er besuchte Lieke nicht nur im Februar, sondern auch im Sommer und im Herbst. Walcheren, diese Insel, wo das Licht genau wie das Leben ein wenig gedämpfter und ruhiger war, so dass man sich wie in einem impressionistischen Gemälde vorkam, wurde zu seinem Ort der Sehnsucht, der ihn betörte, wenn er dort war, und an ihm nagte, wenn er nach Hause zurückkehrte. Die wohltuende Sinnlosigkeit seiner Existenz überall dort, wo Lieke nicht war, ließ ihn Gedichte schreiben, die nie ein Mensch zu Gesicht bekam. In Cafés ging er nicht mehr, auch die Universität mied er, so gut es möglich war. Seine

Umgebung befremdete ihn immer mehr und in den Seminaren, die er zu geben hatte, verfiel er immer mehr in eine Melancholie, die ihn oft vom Thema abschweifen ließ.

So geschah es eines Tages, dass eine Studentin ihre kleine Tochter mit in den Unterricht brachte. Das Mädchen saß die ganze Zeit schweigend in der ersten Reihe und malte ein Bild aus. Als er die Stunde beendet hatte, kam sie zu ihm und zeigte ihm das Bild. Sie hatte die Mähne eines Löwen in allen Regenbogenfarben ausgemalt. Darüber war das Gesicht eines alten Mannes.

»Ist das richtig?«, fragte sie.

Andreev sah sich das Bild an.

»Löwen haben gewöhnlich keine bunte Mähne«, sagte er.

Das Mädchen sah ihn erstaunt an.

»Aber das ist der Lieblingslöwe vom lieben Gott«, sagte sie und wies auf das Gesicht des alten Mannes.

Andreev versuchte zu lächeln. Auf seinem Weg nach Hause bis in seine Wohnung versuchte er es immer wieder. Es gelang ihm nur selten. Vor seinem Spiegel stand er, seine zuckenden Mundwinkel betrachtend, bis ihm sein Haaransatz auffiel. Vielleicht sollte er sich ein Toupet zulegen, vielleicht eine Brille, weil er blinzeln und sich richtig positionieren musste, bis er klarsehen konnte. Plötzlich dachte er an seine vielen Studenten. Die ganze Zeit hatte er sich für einen von ihnen gehalten, doch jetzt sah er, was sie sahen. Hektisch knüpfte er sein Hemd auf, zog das Unterhemd über den Kopf und stand schließlich nackt da. Trainieren gehen sollte er, ein ganz neues Leben beginnen, einfach um sich nicht vorstellen zu müssen, dass alle ihn so sahen. »Du bist immer ein Dummkopf gewesen«, sagte er zu sich selbst, packte eine Tasche, setzte sich in sein Auto und fuhr los.

Kurz vor der holländischen Grenze schickte er Lieke eine Nachricht, dass er auf dem Weg zu ihr sei. Hinter Eindhoven summte sein Handy. Er wollte die Nachricht nicht sehen. Die Sonne, die hinter dem Meer am Horizont langsam unterging, tauchte die Landschaft in alle Farben des Regenbogens. Als er am Haus ihrer Eltern ankam, stieg er hektisch aus dem Auto. Das Haus sah seltsam verlassen aus. Er klingelte.

Als sich die Tür öffnete, stand Lieke vor ihm. Sie hatte tiefe Ringe unter den Augen, wischte sich mit der Hand über das Gesicht und sah ihn fassungslos an. Im Haus sah Andreev, dass die meisten Möbel verschwunden waren. Ein paar leere Schränke standen noch an ihrem gewohnten Platz, in einer Ecke lagen einige Reisetaschen. Das Kätzchen saß in einer Box und schlief. In seinen Armen weinte Lieke und Andreev ließ sie. Zwischen den vielen Tränen eröffnete sie ihm, dass ihre Eltern das Haus verkauft hatten und nun in Kalifornien lebten. Aber schlimmer war, dass ihr Freund ihnen auf die Schliche gekommen sei. Andreev drückte sie an sich. In diesem Augenblick wurde ihm klar, dass sie beide alles verloren hatten, doch nicht an diesem Tag oder in den vergangenen Wochen. Sie waren verloren gewesen in dem Moment, da er sie zum ersten Mal auf der Promenade hatte spazieren sehen. Ihre Leben waren aufeinander zugerast wie zwei Züge, unaufhaltsam, auf demselben Gleis. Denn eine Macht, von der weder sie noch andere Menschen etwas verstanden, hatte sie zu bunten Löwen gemacht, zu Gottes Lieblingen, die anders waren, als sie sein sollten.

Er brachte ihr Gepäck zu seinem Auto, während Lieke vorsichtig die Box mit dem Kätzchen trug. Dann fuhren sie los, nicht schnell, denn sie wussten nicht wohin. Wo war der Platz für die anderen Kinder Gottes? Andreev wusste es nicht und Lieke, die neben ihm saß und sich beruhigte, während er ihre Hand hielt, wusste es auch nicht. Als sie schließlich am Meer standen, schaltete er den Motor aus.

»Und was machen wir jetzt?«, fragte sie.

»Wir gehen irgendwohin, an irgendeinen Ort auf der Welt, nur weg von alledem.«, sagte Andreev.

»Aber wie sollen wir das machen?«, fragte Lieke, »ich weiß nicht, wo ich hinsoll, außerdem habe nicht einmal meinen Reisepass. Er hat meine ganzen Sachen weggeworfen.«

Andreev legte den Arm um sie. Er betrachtete die Wellen der Nordsee, sah ein Gesicht im Rückspiegel. Plötzlich konnte er wieder lächeln. Er drehte sich zu Lieke, küsste sie und ihnen beiden wurde klar, dass überall hinkonnten, ob ans Meer, in die Berge, in eine große Stadt oder die Provinz. Ihnen wurde klar, dass ihnen ein ganzer Kontinent offenstand.

Herbst

Stell Deinen Kragen hoch, es könnte bald regnen. Man will doch gut vorbereitet sein. Ich weiß, ich klinge wie Deine Stimme, aber noch ist sie nicht wieder da. Um Dich herum pfeift der Herbstwind, kleine Wirbelstürme aus Blättern weisen Dir den Weg zum Parkplatz der Trödelhalle. Dort steht ein Mann mit Ohrenschutz und Laubgebläse. Was das bringen soll bei dem Sturm? Irgendeinen Sinn wird es haben oder es ist die zufällige Begegnung von Arbeitsanweisung und äußeren Umständen: Das Laub muss weg, es stürmt im Herbst. Sinn und Sinn ergeben, wenn sie aufeinandertreffen, manchmal Unsinn. Doch ist unser Verstand darauf abgerichtet, stets den Sinn zu suchen, ob nun hinter unnützer Arbeit oder dem Universum.

Daran denkst Du nicht mehr, als Du die Trödelhalle betrittst. Vor Dir breitet sich ein Panoptikum an zurückgelassenen Erinnerungen aus, ein Meer von Geschirr, Gebirge von Spielzeug und alten Brettspielen, Möbel, Kleider, ausgeweidete Computer, Fahrräder und Fitnessgeräte, die ihren ehemaligen Besitzern einmal das Gefühl vermittelten, sie würden etwas für sich tun. Jedes dieser Dinge hat eine Geschichte, sagt man. Einmal ausgepackt waren sie schon nicht mehr neu und nur noch die Hälfte wert. Vielen sieht man an, dass sie einmal unnütze Geschenke waren. Im Vergleich zu ihrem Schicksal würden sie sich wünschen, sie dürften der Laubbläser bei Sturm sein, anstatt nun die letzten Monate vor ihrer Entsorgung von kaltem Neonlicht angestrahlt zu werden, das angeblich wie Tageslicht ist. Merkst Du etwas? Es ist Herbst, die Tage werden dunkler und bei manchen Menschen auch die Gedanken.

Eigentlich hattest Du schon seit Monaten vor, einmal in diese Trödelhalle zu gehen. Aber im Frühling muss man am See spazieren, im Sommer in den Urlaub fahren. Jetzt hast Du endlich Zeit hierfür. Du spürst, wie Dein Körper sich entspannt, als Du durch die ersten Reihen Trödel gehst. Das meiste sagt Dir nichts,

Du hast es schon oft gesehen, manches sogar bei Dir zuhause. Ausgerechnet ein Hammer nimmt zuerst Deine Aufmerksamkeit in Anspruch. Er ist von der Art, wie Du sie aus dem Film »The Wall« kennst oder zumindest aus dem Musikvideo von Pink Floyd. Du weißt nicht warum, aber dieser Hammer lässt Deine Gedanken nicht los. Erinnerungen drängen sich auf an alte Bretter und rostige Nägel, mit denen Du Dich als Kind wie ein Baumeister gefühlt hast, wenn Du die einen in die anderen gehauen hast. Traurig willst Du an dieser Erinnerung festhalten, weil Dir diese Zeit unschuldig und voller Möglichkeiten erscheint. Aber das brauchst Du nicht, denn es ist Herbst und das erste Gefühl dieser Jahreszeit ist die Melancholie. Außerdem ist dieser Hammer hier nicht der aus Deiner Kindheit. Er hat eine andere Geschichte und plötzlich willst Du wissen, welche Geschichte das ist. Du möchtest ihn berühren, etwas fühlen, da fällt Dein Blick auf eine Spieluhr. Ein kleiner Engel mit drei Punkten als Gesicht steht auf einem runden Sockel und hält einen Stern in die Höhe. Du nimmst sie in die Hand, drehst an einem kleinen Rädchen und sie spielt die Melodie »Oh holy night«. Sie sieht billig aus, doch, Du kannst es nicht verleugnen, ein wirklich billiges Stück, aber es rührt Dich. Es hat etwas und Du möchtest wissen, was das ist.

Was steckt dahinter? Dies ist die Frage der Jahreszeit, wenn wir nicht nur die Ernten einfahren, was heutzutage dank industrieller Lebensmittelproduktion seinen Zauber verloren hat, sondern auch nicht mehr so oft draußen sind. So glauben wir, etwas kommt dafür hervor, etwas, das nur wenige Menschen sehen können. Geister, Dämonen, Wesen aus einer anderen Welt. Im Herbst sind wir geneigter zu glauben, dass es neben der stofflichen Materie noch andere Dinge auf unserer Welt gibt. Natürlich glauben nur die Dummen und Einfältigen wirklich an so etwas, die Vernünftigen haben der Welt dafür die Bezeichnung »übernatürlich« gegeben und damit seine Existenz in die Sphäre des Irrealen gestoßen. Aber kann es nicht sein? Kann sich nicht hinter jedem der Dinge in dieser Trödelhalle etwas Unheimliches heimlich verbergen? Nun, bestimmt nicht hinter allem, wie zum Beispiel in diesem Frühstücksset hier. Was ist an weißem Porzellan mit aufgedruckten Blumen schon unheimlich? Bei Frühstück passiert den Menschen selten etwas, das sie als übernatürlich bezeichnen würden. Schon eher fällt Dein Verdacht auf ein altes Buch. Viele Menschen glauben, dass Bücher, die alt aussehen, wertvoll sind. Natürlich denken sie dabei an Geld, dabei können Bücher tatsächlich Leben verändern, ist es nicht so? Oft beginnen Geschichten über neue Leben mit dem Satz: »Ich habe ein Buch gelesen«. Doch letztlich kann sich hinter allem etwas verbergen, das die meisten nicht glauben würden, ob Frühstücksset oder Buch. Geist ist überall, warum also nicht auch Geister? Denn das ist das zweite, was den Herbst ausmacht. Es ist die Jahreszeit der Spiritualität.

Bald bist Du am anderen hinteren Ende der Trödelhalle angekommen. Das ist schon der halbe Weg. In einer Ecke siehst Du etwas, das Du nicht erwartet hast. Dort steht ein kleiner Korb. Darin liegt wild durcheinander eine stattliche Anzahl Briefe. Du schaust sie Dir näher an. Alle sind an eine gewisse Klara adressiert und alle sind ungeöffnet. Warum gibt jemand ungeöffnete Briefe in den Trödel? So viele Briefe, Du solltest auch wieder einmal schreiben. Daneben steht eine alte Werkzeugtasche. Kein einziges Werkzeug ist drin. Bestimmt wurde sie viele Jahre nicht mehr gebraucht. Briefe schreiben, Werkzeug benutzen, so wie früher, als man noch dafür gelobt wurde, weil es gut für die kindliche Entwicklung ist. Vielleicht entwickelt sich auch ein Erwachsener noch, wenn er so etwas tut? Aber soll man damit im Herbst anfangen? Natürlich, denn der Herbst ist ebenso die Zeit der Rückbesinnung.

Du verlässt die Trödelhalle, ziehst den Kragen wieder hoch und machst Dich auf den Weg zurück nach Hause. Ein Rückweg muss kein Rückschritt sein. Vor Rückschritten fürchten sich die Menschen genauso wie vor Fortschritten. Dabei sind beide erst als solche erkennbar, wenn man weiß, wo man sich befindet, irgendwo zwischen dem, was der Verstand begreift und dem, was wirklich ist. Der Nebel des Herbstes zeigt uns: Immer kann etwas dahinter sein. Bei ihm wissen wir, dass er das Ende nur vortäuscht.

Der Hammer

»Some are like water, some are like the heat, some are melody
and some are the beat, sooner or later they all will be gone,
why don't they stay young?«
Forever young – Alphaville

Wo bin ich hier? Gerade eben saß ich noch in meinem Sessel, sah mir die Sportschau an und ärgerte mich. Da sind Spieler, gerade einmal zwanzig Jahre alt, die in einer Saison mehr Geld verdienen, als ich in meinem Leben je gesehen habe. Und sie verlieren. Aber jetzt? Ich sitze immer noch in meinem Sessel. Um mich herum ist Dunkelheit. Ich taste nach meinem Couchtisch, doch statt meines Bieres und meiner Zigaretten berühren meine Finger einen langen Stil mit einem Stück Metall. Es könnte ein Hammer sein. So einen hatte ich jahrelang nicht in der Hand.

Plötzlich höre ich gedämpfte Stimmen aus einem anderen Raum, als wenn mein Nachbar zu seinem dreißigsten Geburtstag eine Dankesrede hält. Aber etwas ist anders. Der Hall, den die Stimmen erzeugen, macht mir Angst. Mein Herz, von dem der Doktor sagt, dass ich um seinetwillen mehr Sport machen müsste, schlägt verängstigt unter meinen viel zu großen Männerbrüsten. Ich sollte mein Unterhemd wieder einmal wechseln. Doch ist mir seit dem Tag, da ich mit einer kläglichen Abfindung von meiner Arbeit weggelobt wurde, nicht ein Grund dafür eingefallen. Meinen Kindern bin ich peinlich und meine Frau sagt, sie habe jetzt Hobbys, weil sie mal raus muss. Ich muss das nicht. Ich bin siebenundvierzig Jahre alt, verdammt! Ich war in meinem Leben genug draußen.

Plötzlich werden meine Augen geblendet. Schweinwerfer leuchten auf. Ich höre eine Tür quietschen. Ein Windzug wirbelt Staub auf, der in den Lichtkegeln tanzt wie ein aufgeregter Schwarm Mücken. Dahinter sehe ich mit Graffiti verschmierte Betonwände. Kermit der Forsch und Miss Piggy grinsen mich an, Bugs Bunny, Fix und Foxy, und der Typ mit den Segelohren vom MAD-Magazin. Sprüche wie »Arbeitslos und Spaß dabei«, »auf die Dauer hilft nur Power« oder »Petting statt Pershing« sind in grellen Buchstaben dazwischen geschmiert.

Mein Wohnzimmer ist verschwunden, stattdessen sitze ich in einer Art Box. Mein Gesicht, das mehr Falten hat, als ich wahrhaben will, spiegelt sich in Plexiglas. Es ist überall, egal wo ich hinsehe. Ich bin gefangen. Im Raum sind weitere solcher Boxen verteilt mit allem möglichen Zeug drin. Meine Hände zittern, als ich nach dem Ding neben mir taste. Tatsächlich, es ist ein Hammer. Vielleicht wurde ich von einem irren Mörder verschleppt, der mich in seinem Wahn foltern und umbringen will. Meine Frau würde sagen, ich solle nachts nicht so viele Crime-Dokus schauen. Womöglich hat sie Recht.

Dann kommt Bewegung in den Raum. Eine Gruppe von Menschen tritt ein. Sie werden angeführt von einem Mann in meinem Alter, dahinter Jugendliche, offenbar eine Schulklasse. Der Mann sagt etwas.

»Kommen wir nun zu weiteren Alltagsgegenständen. In dieser Sammlung haben wir Exponate, die typisch sind für ihre Zeit. Habt ihr schon etwas von den achtziger Jahren gehört?«

Die Jugendlichen nicken gelangweilt. Zwei von ihnen blicken zu mir herüber, ein Mädchen, das ein Handy vor ihr Gesicht hält und ein Junge, der zwei Taschen trägt. Doch niemanden interessiert es, dass man mich hier eingesperrt hat. Ich stehe auf, rufe, klopfe an die

Scheibe meines Gefängnisses. Meine Stimme ist weg. Nicht einmal ich höre sie. Der Mann sagt wieder etwas.

»Die Kinder in den achtziger Jahren haben noch mit ganz anderen Sachen gespielt als ihr. Seht ihr? Hier haben wir eine Kinderpost, eine He-Man-Figur, eine Autospiele-Konsole …«

Er zeigt auf eine der anderen Plexiglas-Boxen um mich herum. Erst jetzt sehe ich es. Dort drin, es sind alles meine Sachen. Ich erinnere mich genau. Die Spiele-Konsole mit dem kleinen Lenkrad hatte ich mit Duplo-Aufklebern von Nationalspielern beklebt, natürlich nur mit den guten, Tony Schuhmacher, Matthias Herget, Karl Allgöwer und Rudi Völler. Es ist meine Konsole.

»Die sieht aber primitiv aus«, sagt der Junge.

»Und was ist das?«, fragt das Mädchen und zeigt auf mein altes BMX-Rad, »muss wohl ein Fahrrad für Kleinkinder sein.«

Sie stellt sich vor den Kasten, hält ihr Handy hoch und steckt sich den Finger in den Hals, während sie ein Foto schießt.

»Mit Nichten«, antwortet der Museumsführer, »das ist ein Geländefahrrad, BMX nannte man das damals.«

»Wie unpraktisch«, sagt der Junge und verzieht das Gesicht, während die übrigen Jugendlichen sich langsam zum nächsten Kasten bewegen.

»Und das ist die Kleidung der Menschen in den Achtzigern.«, sagt der Mann.

»OMG, diese Farben. Da kriegt man ja Augenkrebs von«, ruft das Mädchen.

»Sahen alle Menschen damals so bescheuert aus?«, fragt der Junge.

Meine Lieblingshose aus der Schulzeit, denke ich, als ich die Kleidung erkenne. Damals habe auch ich eine Tasche für ein Mädchen getragen, Hannah Konrad, das schönste Mädchen der Schule, die mir immer sagte, dass wir uns sicher noch ein zweites Mal im Leben begegnen werden. Von ihr weiß ich, dass ihre ersten beiden Ehen kinderlos geblieben waren. Begegnet sind wir uns vor 15 Jahren das letzte Mal, als sie einen überdimensionalen Kinderwagen durch die viel zu engen Gänge eines Supermarktes schob. Zwischen »Wie geht es dir?« und »Ich muss dann mal weiter« vergingen zwanzig Sekunden. Ein halbes Jahr später habe auch ich geheiratet.

Der Junge macht ein Foto von dem Mädchen, das vor meinem alten Rolling-Stones-T-Shirt den Mittelfinger hoch streckt. Dann geht die Gruppe zum nächsten Kasten. Dort steht ein Fernseher, der größte, den es damals gab und der ganze Stolz meines Vaters, auf den er zwei Jahre lang gespart hat. Unter den Jugendlichen breitet sich Gelächter aus. Trümmerteil, nennt ihn das Mädchen und wieder sagt der Junge, er sei primitiv. Ich kann es nicht fassen. Mit meinen Händen raufe ich mir das, was von meinen Haaren noch übrig geblieben ist, dann hämmere ich wieder gegen die Scheibe. Niemand hört mich. Ich lasse mich in meinen Sessel fallen. Ich will mein Bier und meine Zigaretten, nicht diesen dämlichen Hammer!

Schließlich zeigt der Museumsführer auf den Kasten, in dem ich sitze.

»Und hier haben wir ein Kind der achtziger Jahre. Es ist ein Original.«

Die Jugendlichen starren mich durch die Plexiglasscheibe an.

»Kann er irgendetwas besonderes?«, fragt das Mädchen.

»Hat er irgendetwas besonderes gemacht?«, fragt der Junge.

»Nein«, sagt der Museumsführer, »er ist wirklich das typische Kind der Achtziger, wie es Millionen von ihnen gab. Er ging in eine typische Schule, hatte einen typischen Job, eine typische Familie und nun sitzt er hier.«

»Und was macht er hier den ganzen Tag?«, fragt das Mädchen.

»Das weiß ich nicht«, sagt der Museumsführer, »wir kümmern uns nicht um ihn. Meistens schaut er fern.«

»Das ist erbärmlich«, sagt der Junge, »wenn ich erwachsen bin, will ich einmal etwas Großes machen, berühmt werden und die Welt verändern.«

Ich springe auf, als ich das höre.

»Ach ja?«, schreie ich, »komm du erst einmal dorthin, wo ich bin! Geld ranschaffen, den ganzen Tag, für das Haus, die Familie, die Rente, das ist es, was du tun wirst, wenn du erwachsen bist, genau wie ich!«

Wieder hämmern meine Fäuste an die Scheibe. Die Jugendlichen schauen mich verständnislos an.

»Was brüllt er denn da?«, fragt das Mädchen, »ich kann ihn nicht verstehen.«

»Das ist nicht wichtig«, sagt der Museumsführer, »damit sind wir am Ende unserer Führung. Ich hoffe, ihr habt etwas gelernt.«

Ohne ein weiteres Wort verlassen die Jugendlichen den Raum. Ich bin wieder allein. Die Scheinwerfer verlöschen. Ich lasse mich in meinen Sessel fallen, nehme den Hammer in die Hand und befühle ihn. Was soll ich damit anfangen? Man verschleppt mich, sperrt mich ein, stellt mich in dieser Box aus und lässt mich in Dunkelheit zurück, als wäre ich nichts weiter als ein Relikt aus der Vergangenheit, das froh sein kann, nicht gleich auf dem Müll zu landen. Der Hammer hat einen Stil aus Holz und einen Kopf aus Eisen. Ich lasse ihn los. Auf dem Fernseher in dem anderen Kasten läuft Fußball. Ich sehe es mir an. Junges, faules Pack, denke ich, die sollen erst einmal erwachsen werden.

A Halloween Carol

»I wonder who I am, reflections offer nothing,
I wonder where I stand, I'm afraid of myself«
Steambreather – Mastodon

Alraune-Gesellschaft, Abteilung für Beschwörung, Besessenheit und Dämonie, Sammlung von Berichten beigeordneter psychopathologischer Befunde, zugestellt durch Dr. Urban Stervenius, Psychotherapeut, unter Verschluss. Inventar Nr.: 11/2023
Anmerkung: Text besitzt keine liturgische oder zeremonielle Funktion, ist dennoch unbedingt unter Verschluss zu halten, da Inhalt Symptome von Paranoia, Schizoaffektivität sowie nekromantisches Verhalten auslösen kann. Faktischer Wahrheitsgehalt geprüft und bestätigt.

I

Ich möchte es niemandem übel nehmen, wenn er die Geschichte, die ich nun nach bestem Gewissen und mit allergrößter Sorgfalt aufschreiben werde, nicht glaubt. Wie könnte ich? Ich glaube sie selbst nicht, zumindest gebe ich mir alle Mühe, es nicht zu tun. Es ist auch nicht so, dass ich das hier schreibe, weil ich denke, die Welt müsse unbedingt davon Kenntnis erhalten. Mein Therapeut Dr. Stervenius gab mir den Rat, meine Gedanken über die Ereignisse zu Papier zu bringen. Aber letztlich schreibe ich sie nur für einen Freund und nur aus einem Grund, weil ich ihn vermisse. Sein Name ist Paul. Damit wären auch schon fast alle Fakten zusammengefasst, die als sicher gelten können. Hätte man mich damals gefragt, warum ich und meine beste Freundin Jona, die ich heute glücklicherweise meine Frau nennen darf, überhaupt mit Paul befreundet waren, ich hätte es nicht beantworten können. »Toxisch« würde man heute vielleicht die Beziehung nennen, die ich mit ihm pflegte. Doch diese Verbindung endete abrupt, in einer Halloween-Nacht, soweit ich das sagen kann. Alles weitere möge jeder, der diese Geschichte liest, mir glauben oder nicht.

Warum ich sie nicht glauben will, hat allein damit zu tun, dass die Konsequenzen daraus wenig zu überschauen sind. Eine Erkenntnis, die nicht zu beweisen ist, saugt seinen Träger unwiderruflich in eine andere Welt, aus der es kein Zurück gibt. Schaut man einmal hinter die Dinge, ist es unmöglich, ihnen wieder ins Gesicht zu sehen. So verfluche ich mich selbst um dies, was ich aus zweifelhafter Quelle erfuhr, und ich bitte jeden, der einen Grund kennt, dass diese Geschichte einem dem Wahnsinn verfallenen Geist entspringt, mir diesen Grund unverzüglich zu nennen. Ich weiß nicht, ob ich ansonsten jemals wieder schlafen kann.

Paul ist tot. Damit möchte ich beginnen. Kein Zweifel kann darüber bestehen. Er starb am Abend des 31.10.2023 während einer Halloween-Party an einem Herzinfarkt. Alle Reanimationsversuche blieben vergeblich.

Um begreiflich zu machen, warum es für uns alle ein großer Schock war, muss ich zunächst einmal etwas über Paul erzählen. Er war das Kind reicher Eltern, ein durchaus intelligenter Mensch, der aber nur Flausen im Kopf hatte. Er hatte Spaß daran, Regeln zu übertreten, einfach nur, um sich selbst und jedem anderen zu beweisen, dass sie für ihn keine Gültigkeit besitzen. Er fälschte Noten, fuhr zu schnell und meistens betrunken in seinem Auto und besonders die Armen und Gehandicapten der Stadt machten einen großen Bogen um ihn, weil er sie nicht selten seinem gemeinen Spott aussetzte oder ihnen böse Streiche spielte. Das tat er besonders gerne, weil sein Vater der reichste Mann und der größte Arbeitgeber der Stadt ist. Selbst der Bürgermeister muss einen Termin bei ihm machen. Er ist ein Self-Made-Man wie er im Buche steht. Seine Familie und seiner Arbeiter sind ihm heilig, wohingegen er ein abgrundtiefes Misstrauen gegen jede staatliche Institution, das Beamtentum und die Politik hegt.

Ob Tianna etwas mit seinem Tod zu tun hatte, kann ich nicht sagen. Fest steht: Auf sie hatte Paul es stets besonders abgesehen. Sie ist eine ältere Frau, Halbwaise seit frühester Kindheit und war lange Zeit mit ihrer schizophrenen Mutter in einem einsamen Haus am Rande der Stadt gefangen. Nur mühsam hatte sie den Schulabschluss geschafft, war danach selbst jahrelang in psychiatrischer Behandlung, besonders nachdem sie ihre Mutter an einem Baum im Vorgarten des Hauses erhängt fand. Tatsächlich hatte es sogar einmal eine Reportage über sie gegeben, in der sie ihre nächtlichen Ausbrüche damit zu erklären versuchte, dass sie Geister sehe. Infolgedessen wurde sie in gewissen Kreisen der Stadt als Medium sehr gefragt und verdiente fortan ihren Lebensunterhalt damit, Menschen den Kontakt zu Verstorbenen zu ermöglichen. Oft waren sie verzweifelt, manchmal gierig, wie in einem Fall, da ein Verstorbener nur deswegen noch einmal gerufen werden sollte, weil man den Schlüssel zu seinem Tresor nicht fand. So galt sie bei uns allenthalben als Betrügerin. Aber für mich stand fest: Sie war eine Frau, die in ihrem Leben immer Pech gehabt hatte. So wurde sie über Jahre zu Pauls Lieblingsopfer.

Doch plötzlich, von einem Tag auf den anderen, änderte er sich. Wir konnten es alle nicht glauben. Es war wie die Verwandlung des Ebenezer Scrooge an Weihnachten, nachdem er den drei Geistern begegnet war. Doch Pauls Verwandlung vollzog sich nicht an Weihnachten. Es war in der Nacht von Halloween ein Jahr vor seinem Tod. In den Tagen zuvor hatten wir kaum etwas von ihm gehört. Er war viel damit beschäftigt, ein leer stehendes Haus, das seine Eltern seit Monaten vergeblich zu vermieten versuchten, für unsere Halloween-Party herzurichten. »Da drin ist mal ein Mord passiert«, erzählte er begeistert am Telefon. Er hatte sich vorgenommen, Tianna in das Haus einzuladen, um eine Séance abzuhalten. »Ich werde ihr ein vorzügliches Theater vorspielen«, sagte er voller Vorfreude. Doch es kam ganz anders. Während der Séance fiel Tianna plötzlich in Ohnmacht. Auch Paul verlor für kurze Zeit das Bewusstsein, war aber schnell wieder auf den Beinen und verlangte, dass wir alle sofort verschwinden und Tianna im Vorgarten liegen lassen sollten. Jona rief einen Krankenwagen und wir machten uns eilig davon.

Dann geschah es. Von einem Tag auf den anderen änderte sich Paul. War er zuvor in seinem Jura-Studium kaum vorangekommen, absolvierte er nun in Rekordgeschwindigkeit das Erste Staatsexamen und war bereits für das Referendariat in einer bekannten Anwaltskanzlei vorgesehen. Zu seinen Freunden war er fortan freundlich und hilfsbereit, gab regelmäßig große Partys im Haus seiner Eltern und half uns, wo er konnte. Ich erinnere mich, wie ich einmal Freudentränen in den Augen seines Vaters gesehen habe, als er mich fragte, wie ich mir diese Veränderung erkläre. Ich konnte es nicht und eigentlich kann ich es immer noch nicht. Von Tianna hörten wir nichts mehr, bis sie fast ein Jahr später bei Pauls Eltern am Gartenzaun stand. Sie war sehr freundlich und lud uns ein, am Halloween-Abend wieder eine Séance in jenem Haus zu veranstalten. Wohl eher aus einem schlechten Gewissen heraus, nahmen wir an. Nur Paul war dagegen. Hätten wir bloß auf ihn gehört.

Bei dieser zweiten Séance starb Paul. Seine Eltern ließen ihn unter reger Anteilnahme der Familie und Freunde sowie der Arbeiterinnen und Arbeitern seines Vaters am 3.11.2023 auf dem Südfriedhof in unserer Stadt, nahe des Waldes, beerdigen. Zu meiner großen Überraschung war auch Tianna, die inzwischen für Pauls Vater arbeitete, unter den Trauergästen. Zunächst schien sie so fassungslos zu sein, dass sie von einigen ihrer Kollegen gestützt werden musste. Im Verlauf der Zeremonie fing sie sich.

Dies sind die tragischen Umstände seines Todes, soweit ich sie erzählen kann. Von den ersten Tagen nach der Beerdigung weiß ich nicht mehr viel. In meiner Erinnerung hat es die ganze Zeit geregnet. Der November trug sein finsterstes Grau in alle Straßen meiner Studienstadt. Ich saß am Computer, wollte lernen, aber es ging nicht. Es muss gegen Nachmittag gewesen sein, als mich zum ersten Mal ein komisches Gefühl ereilte. Ich fragte mich, was geschehen wäre, wenn Paul ein Jahr früher an einem Herzinfarkt gestorben wäre und ob dann auch so viele Menschen zu seiner Beerdigung gekommen wären. Ich sah aus dem Fenster, der Himmel verfinsterte sich und kurze Zeit später donnerte ein heftiges Gewitter über den Dächern. Plötzlich hörte ich ein leises Klopfen an meiner Tür. Zuerst dachte ich, dass meine Ohren mir einen Streich spielten. Dann hörte ich es wieder, dieses Mal lauter, ganz deutlich. Ich ging zur Tür und öffnete sie. Vor mir stand Tianna. Sie war gekleidet wie an jenem letzten Halloweenabend, ihr zierlicher Körper in ein schwarzes Cape gehüllt. Eine Kapuze verdeckte ihr Gesicht. Ich erschrak, als würde ein Geist vor mir stehen.

»Hallo Arnold«, sagte sie.

Ein Blitz erhellte den Flur des Studentenwohnheims. Meine Hand, mit der ich immer noch die Türklinke festhielt, zitterte wie der Rest meines Körpers.

»Arnold, bitte, kann ich reinkommen?«

Ihre Stimme war noch tiefer als am Abend der Séance. Doch was mich mehr als alles andere irritierte, war der vertraute Ton, mit dem sie sprach. Sie hatte mich nie Arnold genannt. Ich war mir sicher, dass sie außer Paul keinen von uns beim Namen kannte.

Sie kam in mein Zimmer. Ich ließ sie gewähren. Ihr Cape hängte sie ordentlich an der Garderobe auf und setzte sich auf mein Sofa. Diese Frau mit ihren feinen Gesichtszügen hatte für mich schon bei unserer ersten Begegnung etwas von einer Voodoo-Priesterin. Ich knipste sofort sämtliche Lampen in meinem Zimmer an, wollte, dass es so hell wie möglich war. Dann setzte ich mich auf meinen Schreibtischstuhl, so weit wie möglich weg von ihr.

»Ich weiß«, begann sie, »dass das, was ich dir jetzt sagen werde, unglaublich klingt. Es wird dir sogar unmöglich vorkommen, aber ich habe nur diese eine Chance, es dir zu sagen.«

Ich stutzte. Wohl plagte sie ihr schlechtes Gewissen, weil Paul bei ihrer Séance umgekommen war. Vielleicht wollte sie mich mit ihm reden lassen. Aber eine Séance würde ich hier nicht machen, schon gar nicht, weil ich mit ihr allein war.

»Falls sie hier sind, um nach dem Honorar für Ihre Séance zu fragen …«

»Nein, darum geht es nicht«, unterbrach sie mich. »Die Sache ist folgende. Ich bin Paul.«

Das Rauschen des Regens drang in die Stille, nachdem sie das gesagt hatte. Mein erster Gedanke war, dass ich umgehend einen Krankenwagen rufen musste. Offenbar hatte ihr der Schock über Pauls Tod doch schwerer zugesetzt, als man vermuten konnte.

»Ich weiß, du wirst es mir nicht glauben«, sagte sie, »aber es ist so. Ich bin Paul Edinger, dein langjähriger Freund und Studienpartner.

Diejenige, die bei der Halloweenparty gestorben ist, war Tianna, das Medium, in meinem alten Körper. Sie hat ihn über ein Jahr bewohnt und ich bewohne ihren bis heute.«

Ich schüttelte den Kopf, immer wieder, als hätte ich für eine Sekunde einen Geist gesehen. Dann bekam ich Angst. Diese Frau, die da auf meinem Sofa saß, war viel schlimmer als eine Geistererscheinung. Sie war real und doch konnte sie es nicht sein. Ich musste träumen. Das hoffe ich bis heute, obwohl sie mir diese Geschichte erzählte, die mit der Séance vor über einem Jahr begann, als sie und Paul ohnmächtig geworden waren. Als er wieder zu sich kam, fand sich Paul im Körper von Tianna wieder, auf dem Rasen vor dem Haus. Ein Jahr lang lebte er ihr Leben. Das Folgende erzählte mir die kleine Frau, die an jenem Nachmittag auf meinem Sofa saß und von sich stets behauptete, sie würde Geister sehen. Ich schreibe es nur mit Widerwillen unter Einsatz der letzten Kräfte meines Verstandes auf. Und allen, die ihr Leben lang nach der Wahrheit gieren, kann ich nur sagen: Ich wünschte, ich hätte es nie gehört.

II

Es war kalt. Paul roch feuchte Erde. Er versuchte, sich zu bewegen. Als er endlich merkte, dass er seine Knie beugen konnte, öffnete er die Augen. Er lag im kleinen Vorgarten des Hauses. Alle seine Glieder schmerzten. Zunächst dachte er, er wäre allein, bis er sich aufrichtete und zwei verschwommene Gestalten hinter den Fenstern des Erdgeschosses sah. Eigenartig gleitend bewegten sie sich durch das Zimmer, ihre Körper von einem blassen Schimmer umgeben. Mühsam rappelte er sich auf und ging zur Tür. Keiner seiner Freunde war noch da. So klopfte er an die Tür.

»Hey, sie!«, rief er, »das Haus gehört meinem Vater! Kommen sie raus da!«

Im Inneren des Hauses rührte sich nichts. Er klopfte wieder, schrie, dann beschloss er, sich durch eines der Fenster, die wie schwarze Löcher in der Fassade des Hauses klafften, Gehör zu verschaffen. Als er durch eines hindurch sah, erstarrte er. Da waren zwei Männer und eine Frau. Einer hatte die Frau, deren Kleider nur noch in Fetzen an ihrem Körper hingen, von hinten gepackt, der andere kam hämisch grinsend mit einem Messer auf sie zu. In der Ecke stand eine Wiege. Paul konnte erkennen, dass sie leer war. Aus der Ferne hörte er ein Kind weinen.

Paul wollte schreien, doch die Angst lähmte alles in ihm. Er sah, wie der eine Mann das Messer an den Hals der Frau setzte und ihr mit einem Ruck die Kehle durchschnitt. Paul hörte einen Schrei. Plötzlich drehte sich der Mann mit dem Messer zum Fenster. Mit leblosem Blick starrte er Paul an. Der taumelte zurück und lief davon.

Paul lief immer weiter, bis er kaum noch Luft bekam. Er wusste nicht, wo er war. Die Gegend der Stadt, in der er sich nun befand, kannte er nicht. Er versuchte zu verstehen, was gerade passiert war. Er war Zeuge eines kaltblütigen Mordes geworden. Zwei Männer hatten eine Frau offenbar zunächst vergewaltigt und umgebracht und das vor den Augen ihres kleinen Kindes.

Seine Beine folgten der Straße und gingen wie von selbst auf einem einsamen Feldweg, der in einen Wald führte. Alles war dunkel. Nur der Mond erhellte die Nacht. Obwohl es ihm zutiefst widerstrebte, ging er in den Wald, bis er schließlich ein heruntergekommenes Haus sah, das einsam zwischen den Bäumen stand.

Als er die Veranda des Hauses erreichte, sah er die Gestalt einer alten Frau.

»Endlich bist du zuhause, nutzloses Ding!«, sagte sie mit heiserer Stimme, »jetzt ab in dein Zimmer!«

Der Anblick der Frau ließ ihn erschaudern. Zerzaustes Haar hing in grauen Strähnen über die Stirn. Verdrehte Pupillen schielten ihn an. Sie zeigte mit ihren knochigen Fingern auf die Eingangstür. Dahinter war alles dunkel. Doch das Schlimmste war, dass Paul durch sie hindurch die Holzwand erkennen konnte. Er wagte es nicht, sich zu bewegen.

»Na los!«, zischte sie, »oder soll ich dir Beine machen?«

Paul wich zurück, als sie näher kam. Plötzlich hörte er ein schrilles Lachen. Es kam nicht von der Alten. Die Geräusche hinter ihm waren die eines wahnsinnigen Kindes. Schon spürte er etwas Kaltes an seinem Hals. Er drängte sich an die Holzwand des Hauses und sah es. Es war ein Junge. Auch seine Haare waren zerzaust, die Augen verdreht. Er grinste ihn an, während es ein Skalpell hochhielt. Das Metall schimmerte im Mondlicht.

»Willst du, dass er dir die Kehle aufschlitzt?«, schrie die Alte plötzlich. Paul sprang auf und rannte ins Haus. Die Tür fiel hinter ihm ins Schloss.

Sein Herz schlug ihm bis zum Hals. Er schnappte nach Luft. Nur langsam beruhigte sich sein Atem. Im Dunkeln tastete er sich an der Wand entlang, fand einen Lichtschalter und drückte ihn. Ein schummriges Licht flackerte auf. Der Raum, den er nun sah, war spärlich eingerichtet. Er sah einen Sessel vor einem Röhrenfernseher stehen, eine Küchenzeile mit einem Gasherd, ein Kühlschrank, ein Tisch mit Stuhl, ein Bücherregal und eine alte Holzvitrine. Ein langer Teppich erstreckte sich bis zu einer Treppe, die in den ersten Stock führte.

»Es ist ein Traum«, sagte er leise vor sich hin, »es muss ein Alptraum sein. Ich habe auf der Party zu viel getrunken. Das muss es sein. Irgendwann wache ich auf und dann ist es vorbei.«

Von Draußen hörte er das Zetern der Alten, das schrille Lachen des Kindes. Plötzlich war da noch eine Stimme direkt hinter ihm.

»Tianna, Tianna, du bist wieder ein unartiges Mädchen gewesen.«

Erschrocken drehte er sich um. Eine Gestalt stand direkt vor ihm, ein älterer Mann mit grauen Haaren, einer Brille und dem Grinsen eines Teufels.

»Du weißt doch, was passiert, wenn du unartig bist«, sagte er. Der Kopf des Alten kam näher. Paul konnte sehen, dass er ebenso durchsichtig war wie die Frau und das fürchterliche Kind.

»Die anderen Schüler haben es mir berichtet«, flüsterte er, »sie finden dich widerwärtig. Du ärgerst sie! Du störst sie! Du beschämst sie! Du bist ekelhafter Abschaum! Du machst deiner Mutter nur Kummer und mir, deinem Lehrer, auch!«

Plötzlich spürte er Kälte an seiner Hüfte. Die knochige Hand des Alten berührte ihn, strich über seine Haut.

»Na los!«, sagte er, »Du weißt, was zu tun ist!«

Paul schnürte es die Luft ab, als wenn eine Zentnerlast auf seiner Brust ruhte. Hämisch grinste der Alte ihn an.

»Du wertloses Affenkind«, sagte er, »Du hättest es dir früher überlegen müssen. Aber du musstest ja unbedingt von deinem Baum heruntersteigen und hierher kommen!«

Die kalte Hand des Alten schnellte an seine Kehle. Dann spürte er, wie sein Handgelenk gegriffen wurde.

»Fang endlich an!«, zischte der Alte, »oder soll ich dir Beine machen?«

Paul sah die Treppe hinauf. Etwas sagte ihm, dass er dort oben sicher sein würde. Mit letzter Kraft riss er sich von dem Alten los, rannte die Stufen hinauf, ließ ein kleines Badezimmer links liegen und stürzte in ein Zimmer, in dem ein Bett und ein Tisch standen. Leise schloss er die Tür und drehte einen Schlüssel im Schloss. Er horchte. Es gab keine Geräusche, nicht hinter der Tür und auch nicht im Erdgeschoss.

An der Innenseite der Tür sah er sich plötzlich in einem Spiegel. Es war nicht sein Gesicht, das ihn anblickte. Es war das Gesicht von Tianna. In seinen Verstand kehrte eine eigenartige Ruhe ein. Er wusste, dies musste ein Traum sein. Er lächelte, schnitt Grimassen und lachte. Ein tonloses Krächzen entwand sich seiner Kehle. Schließlich legte er sich auf das kleine Bett unter eine kratzige Wolldecke. Wenn man im Traum einschläft, wacht man in der realen Welt auf, dachte er. Dann fielen ihm die Augen zu.

Paul hatte die Augen noch geschlossen, als er die kratzige Wolldecke wieder an seinem Körper spürte. Panik ergriff ihn. Er versuchte erneut einzuschlafen, nur um wieder aufzuwachen, in der richtigen Welt, seiner Welt. Es war vergeblich. Er krümmte sich, begann am ganzen Körper zu zittern. Schließlich öffnete er die Augen. Tageslicht schien durch ein vergittertes Fenster. Er sah an sich herab. Noch immer war da der Körper von Tianna, ebenso wie ihre Gesichtszüge, als er seine Wangen betastete. Er sprang auf, lief aus dem Zimmer und die Treppe herunter. Die Tür des Hauses stand offen. Sofort stürmte er ins Freie, lief und lief, wollte das verfluchte Haus mit seinen verfluchten Geistern so weit wie möglich hinter sich lassen. Erst als er kaum noch atmen konnte, blieb er stehen.

Er war am Rande der Stadt angekommen. Seine Beine schmerzten. Vielmehr als im Haus merkte er nun, dass seine kürzeren und älteren Beine weder so große noch so viele Schritte machen konnten, wie er es gewohnt war. Sein Rücken pochte vor Schmerz. Mehr als einmal gab sein linkes Knie besorgniserregend nach. Er sog die ungewöhnlich warme Novemberluft in seine Lungen. Unendlich lange Straßen ging er. Er wollte nur nach Hause zu seinen Eltern. Blicke von Passanten muteten ihm seltsam an, die wenigsten freundlich. Einmal rief ihm eine Frau hinterher, er sei eine Betrügerin und drohte ihm Prügel an. Zum Glück verfolgte sie ihn nur bis zur nächsten Ecke.

Endlich kam er auf die Straße, auf der er und seine Eltern wohnten. Schon sah er das Haus. Es war das größte in dieser Gegend. Der Vorgarten, den seine Mutter mit viel Achtsamkeit pflegte, schien ihm heute einladender als sonst. Er musste einfach klingeln, seinen Eltern die Situation erklären und alles würde wieder gut werden. Schließlich würden sie doch bestimmt ihren Sohn erkennen.

Ein Polizeiwagen hielt direkt neben ihm. Die Polizistin und ihr Kollege stiegen aus und gingen auf ihn zu.

»Guten Tag«, sagte die Frau, »würden sie uns bitte begleiten?«

Paul schaute auf. Wie viele Menschen größer waren nun als er selbst?

»Warum?«, fragte er mit leiser Stimme. »Ich gehe hier doch nur spazieren.«

Die Polizistin zog die Augenbrauen zusammen.

»Wir haben einen Anruf bekommen. Offenbar belästigen sie hier die Leute. Bitte kommen sie mit uns.«

Er spürte die Hand der Polizistin an seinem Arm. So warf er einen letzten Blick auf das Haus seiner Eltern und stieg in den Wagen. Vielleicht war es das Beste, was ihm passieren konnte. Die Polizei würde alles aufklären. Nur nicht zurück in dieses Haus im Wald, dachte er, nur nicht zurück in diese Hölle.

Doch auf der Polizeiwache konnte man wenig mit seiner Geschichte anfangen. Er erklärte, dass er auf einer Halloween-Party plötzlich als ein anderer Mensch aufgewacht war. Die Polizisten schüttelten den

Kopf. Man identifizierte ihn als Tianna Krambinski, wohnhaft am Waldweg 1. Ein Polizist, der Tianna offenbar kannte, kam ins Verhörzimmer und redete freundlich mit ihm. Auch ihm erklärte er seine Situation. Es war vergeblich. Paul erfuhr, dass Tianna schon mehrfach angezeigt worden und ebenso vorbestraft war, wegen Betrugs und Nötigung. Eine ihrer Kundinnen hatte sie nach einer Séance verklagt. Der freundliche Polizist kannte auch die Geschichte von ihren Aufenthalten in der Psychiatrie und vom Tod ihrer Mutter. Schließlich bot er ihr an, sie nach Hause zu fahren. Paul spürte, wie sein Innerstes gefror. Er schüttelte nur den Kopf.

»Aber was sollen wir dann mit ihnen tun?«, fragte der Polizist.

»Haben sie keine Ausnüchterungszellen?«, fragte Paul, »bitte, nur eine Nacht. Ich möchte heute nicht nach Hause.«

Der Polizist nickte und brachte Paul in einen Raum im Keller der Behörde. Er gab ihm sogar eine Decke, ein Kissen und eine Flasche Wasser. Dann schloss er die Tür. Paul atmete auf und schlief sofort ein.

Die Uhr an der Wand zeigte halb zwei, als er von einem Klopfen geweckt wurde. Er riss die Augen auf. Der Raum war von einem schwachen Schimmer erleuchtet. Stöhnen und Lachen drangen an sein Ohr. Er sah Gestalten im Zimmer. Ziellos glitten sie durch den Raum, über den Boden, die Wände und die Decke.

»Oh, sie ist wach!«, hörte er eine röchelnde Stimme. Eine Gestalt kroch auf ihn zu. Ihre grinsende Fratze näherte sich ihm bis auf wenige Zentimeter. Sie hob den Arm. In ihrer Hand hielt sie ein langes Messer.

»Du kannst uns sehen, nicht wahr?«, röchelte sie, »Das ist schön für uns, aber ich fürchte, nicht schön für dich.«

Plötzlich drehten sich die Köpfe aller Gestalten zu ihm und wie von einer unsichtbaren Kraft angezogen, krochen sie auf ihn zu. Das

Röcheln und Stöhnen wurden immer lauter, je näher sie kamen. Er sah Spitzen, Klingen, die kratzend aneinander rieben, spürte Kälte an seinen zierlichen Beinen, zog die Knie an und hörte sich mit der Stimme Tiannas wimmern.

»Bitte, tut mir nichts«, hauchte er.

»Dafür ist es jetzt zu spät«, röchelte eine der Fratzen. Gestank und Kälte breiteten sich im Zimmer aus. Er sah Zähne, faulige Haut, verrenkte Gliedmaßen. Schon spürte er, wie sie sich an seiner Haut zu schaffen machen wollten.

»Ich werde dir die Haut abziehen, meine Süße, na, wie gefällt dir das?«

Eine modrige Zunge fuhr sein Bein entlang. Plötzlich, ohne nachzudenken, sprang er auf. Es war, als müsste er durch eine Wand dichten Nebels. Er riss die Tür auf und lief auf den Gang. Hinter sich hörte er, wie die Geister ihn verfolgten. Endlich erreichte er eine Treppe, an deren Ende eine Tür war. Er rüttelte an der Klinke. Sie war verschlossen. Hinter ihm wurde der Schimmer heller. Die Geister krochen die Treppe hoch. Er hämmerte gegen die Tür, schrie mit seiner schrillen Stimme um Hilfe. Die Geister kamen immer näher, ihre grinsenden Fratzen röchelten Drohungen. Waffen blitzten auf. Endlich hörte er von der anderen Seite der Tür ein Geräusch. Eine Sekunde später fiel er nach vorne, direkt in die Arme einer Polizistin.

»Ganz ruhig«, sagte sie, »was machen sie denn hier?«

Paul warf die Tür hinter sich zu und rang nach Atmen.

»Der Polizist war so freundlich mich heute hier schlafen zu lassen«, sagte er, »aber ich will lieber hier bleiben, hier bei ihnen.«

Die Polizistin sah ihn verwundert an.

»Gute Frau«, sagte sie, »was ist denn um Himmels willen los?«

»Ich kann es nicht sagen. Dort unten habe ich Angst, nichts weiter.«

Die Polizistin nickte.

»Also, wenn sie wollen, können sie sich dort hinsetzen. Aber mehr kann ich ihnen nicht anbieten.«

Sie zeigte auf eine Reihe von Bänken. Paul erstarrte. Auch hier sah er diesen Schimmer. Geister wandelten durch das Polizeirevier. Die Polizistin schien sie nicht zu sehen. Sie griff nach seinem Handgelenk. Erschrocken zog Paul seine Hand zurück.

»Keine Sorge«, sagte die Polizistin, »ich will nur ihren Puls messen. Oh mein Gott, sie glühen ja. Am besten, ich rufe einen Krankenwagen.«

»Nein«, sagte Paul, »mir geht es gut. Lassen sie mich nur hier sitzen. Danke, vielen Dank!«

Er ging zu den Bänken. Auch hier wandelten seltsame Gestalten umher, doch die Geister, die er hier sah, drehten sich nicht zu ihm um. Er setzte sich und lehnte seinen Kopf gegen die Wand. Der schwankte hin und her, als Paul wieder einschlief. Plötzlich hörte er eine Stimme.

»Schätzchen, hör mal, wenn wir hier raus sind, kann ich dir etwas zeigen. Willst du es sehen?«

Er drehte seinen Kopf und sah in das zahnlose Grinsen eines alten Mannes.

»Die können mir eh nichts beweisen, konnten sie noch nie. Also, komm zu mir, sei ein bisschen lieb zu dem alten Gunther!«

Paul zuckte zurück. Dann sprang er auf. Die Polizistin schaute von ihren Unterlagen auf.

»Gute Frau, wie heißen sie noch? Vielleicht sollten wir doch lieber einen Krankenwagen holen. Augenscheinlich sind sie in einem sehr schlechten Zustand.«

»Nein!«, sagte Paul. Sein Blick fiel auf die Uhr. Es war kurz vor acht. Offenbar hatte er tatsächlich ein paar Stunden auf der Bank geschlafen.

»Ich gehe am besten«, sagte er und verließ eilig die Polizeiwache.

Draußen dämmerte es. Als er sich umsah, sah Paul vereinzelte schimmernde Gestalten. Sie verblassten im Licht des anbrechenden Tages. Ihn zog es zurück zum Haus seiner Eltern. Auf dem Weg dorthin bemerkte er, dass sein Körper zwar zierlich, aber durchaus sehr zäh war. Schmerzen waren seine ständigen Begleiter. Sein Wille hingegen war stark. An einer Bushaltestelle hundert Meter von dem Haus entfernt legte er sich auf die Lauer und beobachtete das Haus.

Nach einer Stunde öffnete sich die Tür. Trotz allem, was er in den letzten vierundzwanzig Stunden gesehen hatte, war dies der Moment, in dem sein Verstand auszusetzen schien. Sein Magen drehte sich um. Er wollte sich übergeben, als er die Gestalt erkannte. Es war er selbst. Sein altes Ich stolzierte selbstzufrieden aus dem Haus und blickte die Straße herunter. Paul konnte seinen Blick nicht abwenden. Er wusste, dass er in solchen Momenten stets ein gutes Gefühl gehabt hatte, Überlegenheit, Selbstgefälligkeit, doch jetzt waren das für ihn nur Worte. Das einzige Gefühl, das er noch kannte, war Angst. Plötzlich schaute sein altes Ich zu ihm herüber. Langsam bewegte es sich auf ihn zu. Paul wollte weglaufen, aber er konnte sich nicht bewegen.

»Na, alte Schachtel?«, sagte sein altes Ich, als es nah genug war, »kommst du mich besuchen?«

Paul hatte Tianna in seinem früheren Leben immer »alte Schachtel« genannt. Offenbar hatte sie das nicht vergessen. Er nahm seinen ganzen Mut zusammen.

»Was ist mit mir passiert?«, fragte er. Er hörte Wut in seiner tiefen Frauenstimme. Sein altes Ich schien das nicht zu beeindrucken.

»Ein schöner Fluch, nicht wahr?«, sagte es, »hättest du nicht gedacht, dass ich zu so etwas im Stande bin, nachdem du mich jahrelang gequält hast.«

»Du hast das geplant?«

»Natürlich habe ich das geplant. Ich wollte ein neues Leben und sieh mich jetzt an.«

Hämisch präsentierte sein altes Ich seinen jungen Körper, als wäre es ein neuer Maßanzug.

»Steht mir gut, oder? Ich bin sehr zufrieden. Also, was willst du hier?«

»Ich bin hier, weil ich den Fluch wieder rückgängig machen will«, sagte er.

Sein altes Ich lachte laut auf.

»Rückgängig? Wie willst Du das machen? Da gibt es nichts zu machen. Was geschehen ist, ist geschehen und außerdem hast du dieses Leben nicht verdient!«

»Ich weiß, dass dein Leben schwer ist. Alle Welt behandelt dich mies. Du hattest nie eine richtige Chance. Aber ich verspreche dir, wenn wir den Fluch umkehren, werde ich mich um dich kümmern. Es wird nie wieder so schlimm. Du bist doch du und ich bin ich. Zusammen werden wir dafür sorgen, dass unser Leben schön ist.«

Sein altes Ich lächelte immer noch.

»Warst Du in dem Haus?«, fragte es.

»Ja, ich war dort.«

»Also weißt Du, dass es wahr ist.«

»Ja, das weiß ich. Du kannst Geister sehen.«

Sein altes Gesicht näherte sich ihm bis auf wenige Zentimeter. Er konnte sein Rasierwasser riechen und das Deo, das er sich vor kurzem gekauft hatte.

»Böse Geister«, zischte sein altes Ich, »ich sehe nur die bösen Geister, meine eigenen, aber auch die anderen, immer wenn es dunkel wird. Ich bin wie ein Magnet für sie. Und weißt du was? Ich habe keine Ahnung wieso! Aber es kann mir ja jetzt auch egal sein. Ich lebe dein Leben und du kannst mit meinem Leben machen, was du willst. Bring dich um oder schlag dich den Rest deiner Tage mit den Geistern rum so wie ich in den letzten fünfzig Jahren. Eine gute Auswahl, nicht wahr? Und jetzt entschuldige mich. Ich muss rein, das Frühstück deiner Mutter wartet auf mich und dann gehe ich mit deinem Vater zum Fußball. Heute Abend gebe ich eine Party. Tritt mir am besten nicht mehr unter die Augen, sonst kannst du was erleben. Ich rufe die Polizei, wie die Leute früher bei mir. Kannst du dir vorstellen, wie schön es ist, im Gefängnis zu sitzen, wenn man böse Geister anzieht? Also, ein schönes Leben wünsche ich dir!«

Der Bus kam. Paul sah an seinem alten Gesicht vorbei zu den wenigen Fahrgästen. Sie starrten ihn verwundert an. Niemand regte sich, niemand wollte helfen. Alle sahen weg. Die Türen öffneten und schlossen sich sofort wieder. Der Bus fuhr weiter. Dann schritt sein altes Ich lachend davon.

III

Ziellos irrte Paul von Viertel zu Viertel der Stadt. Früher hatte er sich nicht vorstellen können, wie erschöpft ein Körper sein könnte. Doch nun trieb ihn etwas immer weiter an. Er wollte nicht ruhen, nicht zum Denken kommen über das, was ihm nun doch bereits als sicher galt. Das hier war sein Schicksal und es gab kein Entkommen.

Es mochten die Signale seines Körpers sein, die ihn wieder zu der einsamen Landstraße und zum Haus von Tianna führten. Die

Dämmerung brach herein. Er mochte sich nicht vorstellen, welche bösen Geister er auf offenem Feld anzuziehen vermochte. So wuchs der Gedanke in ihm, dass in Tiannas Haus, oben eingeschlossen im Zimmer, immer noch der sicherste Ort für ihn war.

Tatsächlich war er erleichtert, als er die Tür seines Schlafzimmers hinter sich abgeschlossen hatte und den Mond durch das vergitterte Fenster betrachtete. Er musste an seine Freunde denken, an Jona und an Arnold. War er zu ihnen schon nicht immer nett gewesen, so wollte er sich nicht ausmalen, was die rachsüchtige Tianna in seinem Körper alles mit ihnen anstellen würde. Als die Geister kamen, wickelte er sich in die kratzige Wolldecke ein. Er zitterte am ganzen Körper, zuckte bei jedem Rumoren unten im Haus, jedem Klopfen an die Tür, jedem Schrei.

Die Angst hielt ihn gefangen. In den folgenden Tagen traute er sich kaum aus seinem Zimmer. Erst wenn ihn Hunger und Durst überkamen, vergewisserte er sich, dass die Sonne hoch am Himmel stand, rannte aus seinem Zimmer und holte sich, was er unbedingt brauchte. Seine Angst wurde so groß, dass er immer häufiger mit einem Messer, das er aus der Küche mitgebracht hatte, über seinen Hals und seine Handgelenke strich. Er wünschte einfach, dass alles vorbei war.

Er wusste nicht genau, wieviel Zeit verstrichen war, als er vom Tageslicht geweckt wurde und sein kleiner Körper an vielen Stellen juckte. Ein fremder Körpergeruch stieg ihm in die Nase. Er erinnerte sich an das kleine Badezimmer auf der gleichen Etage. So fasste er sich ein Herz, schlich auf Zehenspitzen dorthin, entkleidete sich und ging unter die Dusche. Ein seltsam wohliges Gefühl überkam ihn, als er den zierlichen Frauenkörper mit einer nach Lavendel duftenden Seife einrieb. Zurück in seinem Zimmer fühlte sich seine Haut frisch und weich an. Sein Hunger trieb ihn wenig später in die Küche, wo er das erste Mal eine richtige Mahlzeit kochte. Nach dem Essen schlief er ein, bevor er die Geister hörte.

Am nächsten Morgen fühlte sich Paul frisch und ausgeruht. Seine Angst erschien ihm das erste Mal wie etwas, das er tatsächlich bekämpfen konnte. In den folgenden Tagen richtete er sich eine Routine ein. Er duschte nach dem Aufstehen, kochte und aß, solange es hell war und versuchte, vor Sonnenuntergang einzuschlafen. Auf diese Weise hörte er die Geister seltener. Nach einer Woche ging er dazu über, mittags einen kleinen Spaziergang um das Haus herum zu machen. Die Angst war nicht weg, aber er lernte, mit ihr zu leben, solange er keinen Geistern begegnete.

Als der November verstrichen war, gingen die Vorräte zur Neige. Geld gab es keins. So besorgte er sich einen Job als Lagerarbeiterin in der Firma seines Vaters. Besonders zur Adventszeit schienen die Paletten, Kisten und Kartons, die aufgenommen und verschickt werden mussten, endlos. Nach seiner ersten Schicht lag er abends in seinem Bett und dachte, er könne nie wieder aufstehen. Doch er tat es und binnen einer Woche hatte er sich so weit eingelebt, dass ihm die Arbeit als eine willkommene Abwechslung zu seinem Leben im Geisterhaus erschien.

Je mehr er arbeitete, desto stärker wurde sein Wunsch nach einem richtigen Zuhause. Die Geister müssten sich damit abfinden, dass er nun ebenso in dem Haus lebte wie sie. So begann er, das Innere des Hauses nach seinen Bedürfnissen einzurichten. Aus den Altbeständen der Firma bekam er Weihnachtsdekoration und schmückte die Räume mit Lichtern, Kugeln, Kränzen und Figuren, was ihm in seinem alten Leben nie in den Sinn gekommen wäre. Es wurde so gemütlich, dass er eines Abends auf eine verwegene Idee kam. Er setzte sich unten in seinen Sessel, wickelte sich in eine Decke, trank einen Tee und wartete, bis es dunkel wurde. Als die Geister kamen, sagte er:

»Warum setzt ihr euch nicht einfach und trinkt einen Tee mit mir? Ansonsten könnte ihr auch genauso gut wieder verschwinden.«

Es war wie ein Wunder. Tatsächlich verschwanden die Geister in dem Moment, da er so sprach und ließen sich bis zum nächsten Abend nicht blicken. Nicht an jedem Abend ertrug er es gleichmütig, seinen Geistern zu begegnen, doch fühlte er sich nicht mehr gefangen in seinem Haus. Wenn er abends sein Zimmer verlassen wollte, tat er es und gab sich den Geistern gegenüber betont mürrisch, was sie oft zum Verschwinden veranlasste. Obwohl er noch so manches Mal abends im Bett lag und gramvoll über sein Schicksal nachdachte, hatte er es doch geschafft, sich an die neuen Umstände seines Lebens zu gewöhnen. Dann geschah etwas Unerwartetes.

Es war kurz vor Weihnachten, da im Lager einer der Vorarbeiter erschien und alle aufforderte, die Arbeit einzustellen. Er selbst war überrascht. Einer der Arbeiter flüsterte ihm zu.

»Pass auf, Tianna, jetzt kommt der oberste Boss. Er schaut einmal im Jahr vorbei, um uns frohe Weihnachten zu wünschen. Wir kriegen eine Gratifikation. Er ist kein übler Kerl, nur seit dem letzten Jahr schleppt er immer seinen missratenen Sohn mit. Den hassen wir alle und wir beten, dass er niemals das Geschäft übernehmen wird.«

Die Tür öffnete sich. Paul war wie erstarrt, denn herein trat sein Vater und sein altes Ich. Es ließ seinen Blick über die versammelten Arbeiter schweifen. Dann sah es ihn. Seine Augen wurden zu Schlitzen. Sein Vater hielt eine rührende Ansprache, sprach von Dankbarkeit und Wertschätzung und mit wesentlich weniger Häme, als man es hätte erwarteten können, applaudierten alle artig. Dann wurden die Vorarbeiter angewiesen, kleine Geschenktüten zu verteilen. Sie enthielten eine kleine Flasche Sekt, ein Paket Plätzchen sowie einen Gratifikationsscheck. Für die männlichen Mitarbeiter gab es zusätzlich einen Schlüsselanhänger, für die weiblichen eine kleine Spieluhr.

Wenig später eröffnete sein Vater ein üppiges Buffet. Paul aß, bis er dachte, er würde platzen. Den ganzen Abend beobachtete er sein altes Ich. Überrascht registrierte er, dass es sich so freundlich zu den Mitarbeitern verhielt, dass einige sich wunderten, wie in nur einem Jahr aus dem missratenen Sohn so ein netter Mensch werden konnte. Aber Paul wusste es besser. Sie würden sich noch wundern. Der neue Paul war noch böser als der alte und die Mitarbeiter taten ihm leid angesichts der finsteren Zukunft, die sie erwartete.

Er blieb bis zum Ende der Feier. Dann ging er, die Geschenktüte in der Hand, einsam durch die dunklen Straßen. Kalter Wind durchdrang seine dünne Jacke und ließ seinen drahtigen Frauenkörper ein ums andere Mal erzittern. Er schlang seine Arme um sich und umklammerte die kleine Spieluhr in der Geschenktüte. Sie fühlte sich an wie ein Wunder. Er hatte tatsächlich von seinem Vater ein Weihnachtsgeschenk bekommen und egal, was für teure Geschenke er früher von ihm erhalten hatte, über keines hatte er sich so sehr gefreut. Die Weihnachtsfeier hätte für ihn ewig dauern können.

Unwillkürlich musste er an Tiannas Worte denken: Du hast dieses Leben nicht verdient. Er musste zugeben, dass sie Recht hatte. Früher hatte er das nicht verdient. Umso stärker wurde nun die Sehnsucht nach seinen Eltern. Er vermisste sein altes Zuhause so sehr, dass er beschloss, in das Haus zu gehen, jenes, das seine Eltern jahrelang nicht verkaufen konnten und in dem er an Halloween die verfluchte Séance abgehalten hatte. Vielleicht würde es ihm ein letztes Gefühl von Heimat verschaffen.

Als er dort ankam, sah er ein schwaches Licht im Fenster. Schrecken durchfuhr seine Glieder. An Halloween hatte er gesehen, wie zwei Männer eine hilflose Frau vergewaltigt und brutal ermordet hatten, vor den Augen ihres Kindes. Er blieb gebannt stehen und beobachtete den schwachen Lichtschein. Er wusste, es war das Leuchten von Geistern. Schreie durchbrachen die Stille der Nacht, ein Lachen erschallte und plötzlich öffnete sich die Haustür. Der Mörder trat heraus, das blutige Messer in der Hand. Paul konnte sich nicht bewegen. Der Mörder trat ein paar Schritte vor. Seine Augen funkelten, als er ihn ansah. Dann öffnete er den Mund.

»Tianna«, hörte Paul. Es war eine Stimme aus der Hölle. Plötzlich war alles dunkel. Der Mörder kam direkt auf ihn zu. Er hielt das Messer bereit, sein Körper war zum Bersten angespannt. Paul schloss die Augen. Er hatte keine Angst, obwohl er wusste, was nun folgen würde. Ihm machte der Tod nichts aus, nur schnell vorbei sein sollte es. Die Leere, die sich nun in ihm ausbreitete, kannte er von vielen Nächten, doch hatte sie niemals die letzten Fasern seines Körpers erreicht. Nun stand er da, nur noch eine Hülle, kein Gefühl mehr und er versuchte, den Zustand zu behalten, denn er wusste, alles, was noch folgen konnte, war Schmerz.

Plötzlich knallte es. Ein Schuss durchfuhr die Stille der Nacht. Erst jetzt merkte Paul, dass er die ganze Zeit die Spieluhr mit seiner Hand umklammerte. Er öffnete die Augen. Der Mörder war nur noch wenige Meter von ihm entfernt. Doch er ging nicht mehr, sondern krümmte sich. Seine Knie hielten seinen Körper nur noch schwerlich über dem Boden. Dann fiel ein zweiter Schuss, ein dritter, der Körper des Mörders erstarrte. Langsam fiel er zu Boden. Er lag wie tot da. Der zweite Mann erschien in der Tür, wieder hallten Schüsse, auch er stürzte.

Paul riss sich aus seiner Starre und rannte zum Fenster des Hauses. Die gemeuchelte Frau lag auf dem Boden. Auch sah er die Wiege. Wie aus hunderten Kilometern Entfernung hörte er ein Kind schreien, wie beim ersten Mal, als er den Mord mit ansehen musste. Namenlose Furcht ergriff ihn. Wie im Traum holte er die Spieluhr unter seiner Jacke hervor und zog sie auf. Eine leise Melodie ertönte. Er kannte sie, es war »A Holy Night«, ein Lied, das er als Kind immer geliebt hatte. Als Kind, dachte er. Plötzlich verstummte das Schreien. Paul war allein. Er schritt vorsichtig von dem Haus weg, wagte es nicht, sich umzusehen. Der Mond schob sich durch die Wolken, als er die Straße erreicht hatte.

Sein Körper schien nur noch aus Eis zu bestehen, als endlich das Haus im Wald erblickte. Im Garten spielte das Geisterkind und drohte ihm mit dem Skalpell. Er beachtete es nicht. Im Haus hängte er seine Jacke an die Garderobe, spürte ein Kribbeln und sah die Geisterhand des Lehrers an ihm herabfahren.

»Verzieh dich!«, sagte er. Der Lehrer verschwand.

Müde setzte er sich in seinen Sessel. Hier unten geschlafen hatte er noch nie, aber nun spürte er keine Energie, die ächzende Treppe bis zu seinem Schlafzimmer hinaufzusteigen. Er schloss die Augen. Die Bilder des Mordes durchfluteten seinen Kopf, schwebten und zuckten wie tausend Irrlichter. Dann erinnerte er sich. Die Wiege war leer gewesen. Er riss die Augen auf.

»Du hast mal wieder Mist gebaut«, hörte er die krächzende Stimme der alten Frau. An dem Kribbeln spürte er, wie sie ihre Hände um seinen Hals legte. Nur von ihrem Leuchten war der Raum noch erhellt.

»Mutter!«, sagte er plötzlich. Die Geisterhände fuhren zurück. Er richtete sich auf.

Die Alte starrte ihn mit ihren verdrehten Augen an. Etwas ließ ihn spüren, dass sie Angst hatte. Er stand auf, holte einen Stuhl vom Küchentisch und stellte ihn neben den Sessel.

»Mutter!«, wiederholte er, »setzt dich dort hin!«

Wie von einem Bannstrahl gezogen, glitt die Alte auf den Stuhl. Er sah sie mit festem Blick an.

»Du weißt, was ich von dir will«, sagte er. Er spürte, wie der Geist von seiner Stimme gebannt wurde. Die Alte würde seinen Befehlen gehorchen, da war er sich sicher.

»Ich will alles über den Mord wissen«, sagte er, »Du weißt, die beiden Männer, die die Frau mit dem Kind ermordet haben.«

Er hörte ein Krächzen, als sich die Lippen der Alten bewegten. Ihre verdrehten Pupillen schossen nach oben, so dass er nur noch das Weiß sehen konnte. Sie sah zum Fürchten aus, wie eine seelenlose Hülle. Dann begriff er, das war sie nicht.

»Der Mord«, sagte sie, »was für ein schrecklicher Mord, die junge Frau, sie hatte keine Chance.«

»Wer war sie?«, fragte Paul.

»Ich weiß es nicht. Ich kannte sie nicht.«

»Nun gut, aber wer war ihr Kind. Es lag nicht in der Wiege. Wo war es?«

Wie in Trance schüttelte die Alte langsam den Kopf. Ihr Mund stand offen, solange sie schwieg.

»Wo war es?«, wiederholte Paul.

»Nein, nein, nein«, sagte die Alte, »ihr Kind, es war nicht dort. Es war nicht ihr Kind. Es war seins.«

Paul zog die Augenbrauen zusammen.

»Was meinst du damit?«, fragte er.

»Sie haben ihn erschossen«, stöhnte sie, »ihn und seinen Bruder. Es war meine Schuld. Ich habe die Polizei gerufen. Weil ich wusste, dass er das Kind bei sich hatte. Nicht einmal das hat ihn davon abgehalten. Er war ein böser Mensch. Trotzdem ist es meine Schuld. Sie haben ihn erschossen. Ich wusste, dass er das Kind bei sich hatte. Er hat so viel gemordet, wenn er weg war, ich wusste es und ich tat nichts, weil ich Angst vor ihm hatte, aber er hatte nie das Kind dabei. Ich kam in eine Anstalt, nachdem sie es getan hatten. Ich hatte einen Zusammenbruch, nie wieder, ich kam nie wieder.«

»Aber wer war das Kind?«, fragte Paul, obwohl er keinen Zweifel mehr daran hatte, dass er die Antwort kannte.

Plötzlich waren ihre Pupillen wieder da, doch sie waren nicht mehr verdreht. Mit klarem Blick starrte sie ihn an.

»Du warst es. Es war dein Vater. Sie haben dich da rausgeholt und zu mir gebracht, nachdem sie ihn erschossen haben. Seitdem hast du diese Dinge gesehen. Ich habe immer dir die Schuld gegeben, weil du dabei warst, weil ich sonst nicht die Polizei gerufen hätte. Ich konnte es nicht ertragen. Deswegen bin ich gestorben, mein Geist, lange bevor ich mit meinem Körper das Gleiche tat. Ich habe ihn auf dem Gewissen, aber ich wollte immer, dass du es bist.«

Paul krallte seine Hände in die Arme des Sessels. Er sah den Geist der alten Frau vor sich. Ihr Licht wurde schwächer und fast schien es ihm, als würde sich ihr Körper zurück in diese Welt begeben. Gram gebeugt und gezeichnet von der Geisteskrankheit, die sie nach dem

Tod ihres Mannes ereilte, saß sie da, als wäre eine unendlich schwere Last von ihrer Seele genommen.

»Kannst du mir verzeihen?«, fragte die Alte plötzlich.

Paul wollte das faltige Gesicht, das zerzauste Haar nicht sehen, wollte nicht in die verdrehten Augen schauen. Er sah sich um. Dieses Haus mit seinen karg eingerichteten Zimmern, wo der Wind zu dieser Jahreszeit durch den Dachstuhl pfiff und das seit Jahrzehnten weder Menschen noch Tieren ein schönes Zuhause war, es konnte nichts dafür. Seine Bewohner mussten so viel Leid für ihre Sünden ertragen, dass sie selbst nach ihrem Tod keinen Ausweg fanden. Vielleicht würden die Alte bis in alle Ewigkeit hier hausen müssen. Er verstand, dass es nicht an ihm war, die Geister der Menschen von ihren Sünden loszusprechen. Aber es war an ihm, etwas Gutes, Mitgefühl, Verständnis, wenn nicht gar Versöhnung in dieses Haus zu bringen. Zum ersten Mal spürte er so etwas wie einen Sinn in allem, was geschehen war. Er schaute die Alte an.

»Ja, ich verzeihe dir«, sagte er.

Ein zahnloses Lächeln, das nichts von ihrem Grinsen früherer Tage hatte, umspielte ihr Gesicht. Fassungslos sah Paul, wie sich ihre Gestalt zurücklehnte und blass wurde, immer blasser. Das Lächeln auf den Lippen verging als letzter Akt ihrer spukhaften Existenz. Dann war sie verschwunden.

Paul spürte keine Freude, keine Erleichterung. Er hatte getan, was getan werden musste. Gleichmütig stieg er die knarzende Treppe empor und schloss die Tür seines Zimmers hinter sich. Die Spieluhr, die sein Vater ihm geschenkt hatte, stellte er auf den Nachttisch, zog sie auf und hörte wieder die Melodie »Oh holy night«.

IV

Den Weihnachtsabend verbrachte Paul allein in seinem Haus, tatsächlich, ganz allein. Denn da der Geist von Tiannas Mutter weiterhin verschwunden blieb, stellte er wenig später den Geist des Lehrers und den des kleinen Kindes zur Rede und verzieh ihnen. Auch sie verschwanden. So wurde das Haus zu seiner Bastion, in der er vor bösen Geistern sicher war. Er genoss die Ruhe in seinem geschmückten Wohnzimmer, spielte Weihnachtslieder, so wie seine Mutter es mochte, und zog zwischendurch immer wieder die kleine Spieluhr auf, deren Melodie ihn an seinen Vater erinnerte. Geschenke gab es nicht, dafür aber eine Riesenpizza von seinem Lieblingsitaliener, die er früher ohne Probleme geschafft hätte, an der er aber in Tiannas Körper die ganzen Feiertage über zu knabbern hatte.

Am 27. Dezember erschien er wie gewohnt bei seiner Arbeit und am Silvesterabend machte er einen Waldspaziergang bis zu einem Punkt, von dem aus er die ganze Stadt betrachten konnte. Er hätte so gerne das Feuerwerk gesehen, doch er traute sich nachts nicht vor die Tür. So führte er ein Leben, ähnlich wie man es in einigen Geschichten von Vampiren hörte, nur dass er tagsüber sein Domizil verließ und bis zum Abend wieder dort sein musste. Die Wege zur Arbeit und nach Hause waren für ihn zu einem Spießrutenlauf. Eines Morgens kam ihm eine Idee, als er sich Tiannas schwarzes Cape erinnerte. Er warf es sich über, ging mit hochgeschlagener Kapuze los und konzentrierte sich darauf, dass keiner der bösen Geister, die er sah, ihm zu nahe trat. Anfangs war es eine schwierige Aufgabe, besonders wenn mehrere Geister auf ihn zukamen und ihn bedrohten. Er blieb standhaft, ließ sich nicht einschüchtern. Mit der Zeit funktionierte es. Die Geister ließen ihn in Ruhe. Auch die Menschen beschimpften ihn nicht mehr.

Inzwischen stand er auch an freien Tagen früh auf. Sobald das erste Tageslicht durch seine Fenster schien, spazierte er durch den Wald. Gefrorener Tau bedeckte Blätter und Grashalme und er genoss die Sonnenstrahlen, mit denen ihn der wolkenlose Himmel bedachte. Dies musste, da war er sich sicher, auch Tiannas liebste Beschäftigung gewesen sein, denn offenbar kannte sie sich sehr gut hier aus. Wenn er sich auf sie konzentrierte, fand er jeden Weg und wusste, wo es eine schöne Lichtung oder eine schöne Aussicht gab, ohne dass er jemals dort gewesen war.

Inzwischen war er sich sicher, dass Tianna die Geister sah, weil sie als Kind Zeuge gewesen war, wie ihr Vater eine Frau ermordet hatte. Auf einem seiner Spaziergänge dachte er plötzlich: Was würde passieren, wenn Tianna auch ihrem Vater verzeihen würde? Doch diesen Gedanken verwarf er. Sie hatte ihm nichts zu verzeihen, denn das würde bedeuten, dass sie ihm die Vergewaltigung und den Mord an der unschuldigen Frau verzeihen musste. Das konnte sie nicht. Er konnte es auch nicht. Natürlich war die Gewalt des Jungen und der Missbrauch des Lehrers ebenso unverzeihlich, doch Paul verstand, dass verzeihen nicht ungeschehen machen bedeutete. Verzeihen bedeutete loslassen. Ihre Peiniger, da war er sich sicher, würden sich vor anderen Gerichten als ihm zu verantworten haben. Er war kein Richter oder gar Gott, der ermessen könnte, welche Strafe die angemessene war. Er musste loslassen, um dafür zu sorgen, dass diese schlimmen Dinge in seinem Haus und in seinem Geist immer wieder und wieder geschehen. Doch dem Vater, diesem schrecklichen Mörder, konnte er nicht verzeihen.

Als es Frühling wurde, blieb er noch länger draußen. Jeden Tag entfernte er sich bei seinen Spaziergängen weiter von dem Haus, durchstreifte den Wald und genoss die im Frühling erwachende Natur. Mehr als einmal fragte er sich, warum er das früher nie getan hatte. Tat Tianna es nun, da sie sein Leben lebte?

Doch je häufiger und länger die Sonne schien, desto mehr vermisste er seine Freunde und seine Familie. So schlich er sich am Ostersonntag an den Zaun des elterlichen Gartens. Er traute seinen Augen nicht. Dort wurde das traditionelle Osternestsuchen veranstaltet und sein altes Ich war mittendrin. Es lachte und scherzte mit den anderen, so wie er es nie getan hatte. Meistens hatte er sich dieser Veranstaltung gleich gänzlich entzogen. Er versuchte sich einzureden, dass es nur Teil von Tiannas perfidem Plan war, sich an seiner ganzen Familie zu rächen, doch während er auf seine Osterpizza wartete, fing er völlig unvermittelt zu weinen an. Der seltsame Wunsch, immer noch die Geister um sich zu haben, wuchs in ihm, einfach nur, um jemanden zum Reden zu haben. Es schmerzte ihn, dass er niemandem von seinen Erfolgen erzählen konnte, seine Freude darüber teilen, dass er diese unfassbare Situation so gut gemeistert hatte. Er war stolz auf sich, doch niemand war stolz auf ihn. Dieser Schmerz war ihm gänzlich neu.

Er beschloss, dass es nun endlich geschehen müsse. Er musste den Fluch rückgängig machen. Er schwor sich, wenn er wieder sein altes Ich zurückbekäme, alles anders zu machen. Eine zweite Chance, genau das brauchte er. Und hatte die nicht jeder verdient?

So machte er sich im Haus auf die Suche nach Hinweisen, wie Tianna bei der Séance vorgegangen war. Dabei fiel ihm auf, dass auf der hölzernen Treppe immer dieselbe Stufe knarzte. Bei genauerer Betrachtung fand er ein Geheimfach und griff hinein. Ein Laptop kam zum Vorschein. Natürlich brauchte sie einen Laptop, wenn sie ihr Geld mit Séancen verdiente. Er setzte sich an den Tisch in sein

Schlafzimmer und schaltete ihn ein. Ein Passwort wurde von ihm verlangt.

Er hielt inne. »Du bist sie.«, sagte er laut und konzentrierte sich ganz auf diesen Gedanken. »Du bist sie, du bist sie«, wiederholte er. Plötzlich schossen ihm Worte durch den Kopf und er tippte: »Fiat Lux«.

Das Passwort war korrekt. Sofort erschien ein buntes Mandala auf dem Bildschirm, zusammen mit einigen Ordnern und Dateien. So recherchierte er, las die Notizen auf Tiannas Laptop wieder und wieder. Fortan durchsuchte er jeden Abend sämtliche Dateien. Dabei erfuhr er viel über ihr Leben und ihre Arbeit, doch einen Ausweg aus dem Fluch schien es nicht zu geben. Fester Wille und fester Glaube seien nötig. Das war der einzige Hinweis, den er finden konnte.

Nach einer Woche hatte er sämtliche Dateien durchsucht und nichts gefunden. So widmete er sich Tiannas Bücherregal. Lesen war für Paul von klein auf eine widerliche Tätigkeit gewesen. Daran dachte er oft in den ersten Wochen des wie üblich viel zu kühlen Sommers, wenn er nach der Arbeit auf seiner Veranda saß, eine Wolldecke über den Knien, einen Tee auf dem Beistelltisch und für einen Moment das Buch, das er gerade las, zur Seite legte. Zunächst las er alles mit dem Ziel, eine Möglichkeit zu finden, den Fluch rückgängig zu machen. Er glaubte fest daran. Sein inzwischen geisterloses Heim war der beste Beweis, dass nichts für die Ewigkeit bestimmt war. Nachdem er das dritte Buch ausgelesen hatte, bemerkte er jedoch: Es machte ihm Spaß zu lesen.

Im Sommer, am heißesten Tag des Jahres, kam er bei einem Waldspaziergang, den er bis in die Abendstunden hinzog, schließlich auf den Gedanken, dass er das Ritual noch einmal durchführen müsse, und zwar genauso, wie es Tianna gemacht hatte. Dazu musste er in

Gestalt von Tianna seine alten Freunde und besonders sein altes Ich dazu überreden, noch einmal eine Séance an Halloween zu machen.

Zum Glück stellte sich dieses Unterfangen als leichter heraus, als von ihm befürchtet. Denn anstatt sie wochenlang zu beobachten und sich einen perfiden Plan auszudenken, schlenderte er an sonnigen Tagen immer wieder am Garten seiner Eltern vorbei. An einem Sonntag im Oktober hatte er Glück. Jona, Arnold und sein altes Ich saßen im Garten. Er stellte sich an den Zaun und winkte. Arnold und sein altes Ich reagierten zwar kaum, dafür kam Jona direkt auf ihn zu und erkundigte sich, wie es ihm ging. Er konnte ihr das schlechte Gewissen anmerken, das sie immer noch plagte, weil sie an jenem Halloween-Abend das Medium einfach auf dem Rasen hatten liegen lassen. Der Rest war ein Kinderspiel. Jona überredete Arnold, der inzwischen ihr fester Freund war, und so konnte sein altes Ich schwerlich ablehnen.

So saßen dieselben Menschen am Halloween-Abend wieder an dem Tisch in dem alten Haus. Paul zündete Kerzen und Räucherstäbchen an. Er war die Séance immer wieder im Geiste durchgegangen, wusste genau, was er zu tun hatte, bis zu jenem Punkt, an dem es einfach nur noch funktionieren musste. Er war sich sicher, dass der Fluch etwas mit den Geistern dieses Hauses zu tun hatte. Der Mörder, Tiannas Vater, würde erscheinen, würde seine Tochter im Körper seines alten Ichs erkennen. Auf das, was danach kommen sollte, konnte er nur hoffen.

Er setzte sich und nahm die Hand seines alten Ichs. Mit tiefer Stimme und beschwörenden Worten erzählte er nun eine Geschichte von einem bösen Mann, der in diesem Haus eine junge Frau vor den Augen seines wehrlosen Kindes ermordet hatte. Als er seine Erzählung beendet hatte, fiel er in ein hypnotisches Summen.

Plötzlich ergriff ihn eine kalte Angst. Seine Hand verkrampfte wie in einem epileptischen Anfall. Er drückte noch fester zu und dann sah er ihn: Den Mann mit dem Messer. Blut klebte an seinen Händen, er hörte das dumpfe Schlagen eines Körpers auf den Boden. Der Mörder drehte sich um, aber er sah nicht zu ihm, er sah zu seinem alten Ich. Als der Mörder das Messer hob, schloss Paul die Augen. Er wollte nicht sehen, was er tat, konzentrierte sich nur darauf, wieder in seinen alten Körper zurückzukehren. Dann war es ihm, als müsste er ohnmächtig werden. Denn wie in einem Alptraum, aus dem es kein Erwachen gibt, sah er den Mörder immer noch, mit geschlossenen Augen. Er ging auf sein altes Ich zu. Ein tonloser Schrei entrang sich Pauls Kehle, als er sah, wie der Mörder die Klinge an den Hals seines alten Ichs führte. Er wollte aufspringen, doch im gleichen Moment spürte er die Hand, die er gehalten hatte, erschlaffte. Der Körper seines alten Ichs sank zu Boden.

Paul riss die Augen auf. Er sah, wie die anderen aufsprangen und zu seinem alten Ich eilten. Wie ein schmerzhafter Virus breitete sich die Einsicht in ihm aus, dass es nicht funktioniert hatte. Er war immer noch in Tiannas Körper. Stattdessen sah er den Mörder dicht hinter seinen Freunden stehen. Sein abgrundtief böses Gesicht starrte ihn an, als er sein Messer hob. Paul geriet in Panik. Die Gleichgültigkeit, mit der er vor ein paar Monaten dem Tod entgegen gesehen hatte, war verschwunden. Er spürte Angst, nackte Angst. Was wäre, wenn er selbst ein Geist würde und seinen Mord Nacht für Nacht wieder erleben müsste? Sein Kopf war leer, dann fiel ihm ein letzter Ausweg ein. Eine Sekunde, bevor der Mörder zustechen wollte, öffnete Paul den Mund:

»Ich verzeihe dir!«

Er sagte es leise, so leise, dass die anderen es nicht mitbekamen. Jona ohrfeigte sein altes Ich, Tränen liefen ihr über die Wangen. Der Mörder kam nun Pauls Gesicht bedrohlich nahe.

»Ich verzeihe dir«, wiederholte Paul. Die Klinge blitzte vor seinen Augen.

»Schnell, wir müssen Paul helfen!«, schrie Jona. Paul wandte ihren Blick für einen Moment von dem Mörder ab. Mit Schrecken sah er, dass sein altes Ich regungslos am Boden lag.

»Ich verzeihe dir!«, schrie er schließlich. Der Mörder grinste. Mit einer Stimme, die nur die unmenschlichsten Kreaturen der Hölle aufbringen mochten, sprach er zu ihm.

»Du hast mir nichts zu verzeihen, du wertloses Stück Dreck. Deinetwegen war ich bei dieser Irren eingesperrt. Nur weil du geboren wurdest, musste ich tun, was ich tat. Ich hasste sie, hasste diese Irre, die du deine Mutter nennst, mit jeder Faser meines Herzens. Du bist schuld, du bist an allem schuld!«

Paul war wie erstarrt. Er sah die scharfe Klinge direkt über sich. Der Mörder grinste, bereit ihn in Fetzen zu schneiden, als Paul in wilder Panik aufschrie:

»Nein! Ich bin nicht schuld. Du bist böse! Du hast die Frauen umgebracht! Niemand ist schuld außer Dir. Es ist mein Leben. Lass mich in Ruhe! Du gehörst in die Hölle!«

Ein Windstoß fuhr durch das Zimmer, verlöschte alle Kerzen. Es war finster. Paul konnte die Hand nicht vor Augen sehen. Stille breitete sich aus, als wären alle Geräusche dieser Welt mit einem Mal abgestorben. War er tot? Paul wusste es nicht. Er wusste nur, dass die Finsternis ihm Angst machte. Konnte man tot sein, wenn man immer noch Angst verspürte?

»Lass es sein, Arnold. Er ist tot.«

Das war Jona. Ihre Stimme war so sanft, dass er sofort aller Kräfte beraubt war. Paul sankt auf dem Stuhl in sich zusammen. Danach fühlte er nichts mehr.

V

Das war also die Geschichte, die mir Tianna erzählte. Ich weiß, dass sie sich das alles ausgedacht hat, obwohl sie mir, um mich zu überzeugen, noch viele Geschichten erzählte, die Paul und ich erlebt hatten. In ihrem verwirrten Geist hat das schlechte Gewissen sie endgültig zum Wahnsinn getrieben. Aber warum wusste sie so viel über Paul, über uns? Woher wusste sie, wo ich wohnte? Bevor sie mich an jenem Abend, da sie mich im Studentenwohnheim besuchte, verließ, bat sie mich noch, ihr zu glauben oder sie anzurufen, sobald ich dazu bereit wäre. Natürlich glaubte ich ihr kein Wort. Ich tue es immer noch nicht. Aber als ob sie mich mit ihrer Stimme verflucht hätte, ist mein Leben seitdem nicht mehr wie vorher.

Anfangs ging ich vor die Tür und bemerkte häufiger und intensiver als sonst, wenn Menschen mich mit einem besonderen Blick anschauten, freundlich grüßten oder einfach nur selbstgefällig durch die Straßen gingen. Plötzlich vermutete ich hinter jedem von ihnen, ja schließlich hinter jedem, dem ich begegnete, einen anderen Menschen, lebendig oder tot. Irgendwann traute ich mich nicht mehr aus dem Haus, brach mein Studium ab und verbrachte meine Tage und Nächte in Angst vor dem, was da draußen auf mich wartete. Besonders vor Tianna habe ich Angst. Zwar bin ich ihr nach unserem Gespräch nicht mehr begegnet, aber es könnte jederzeit passieren. Dr. Stervenius sagt, mit etwas Glück und viel Arbeit könnte ich vielleicht irgendwann doch wieder mein Studium aufnehmen. Ich kann es mir noch nicht vorstellen. Denn egal, wo ich hingehe, egal wem ich begegne, es ist immer wieder dieselbe Frage, die mich wie ein ekelhafter Spuk heimsucht. Man sagt, an Halloween sei die Grenze zwischen Leben und Tod besonders durchlässig. Ist es nur an Halloween so? Oder weilen die Toten die ganze Zeit unter uns, in den Körpern von Lebenden?

Aber vielleicht gibt es doch eine Hoffnung. Pauls plötzliche Verwandlung erschien uns wie ein Wunder. Wir haben gerne daran geglaubt. Wunder geschehen doch immer wieder, so sagt man. Ist da auch ein Wunder für mich? Irgendwo am Ende eines allzu langen Weges? Wenn ich im Angesicht der schrecklichsten Geister meiner Vergangenheit, meiner Gegenwart und meiner Zukunft etwas halten kann, dass mir die Melodie meiner einzig wahren Sehnsucht spielt. Der Sehnsucht, nach Hause zu kommen, dorthin, wo ich herkomme, wo ich war, bin und sein werde. Dann werden die bösen Geister verschwinden und Halloween wird nichts weiter sein als die Versöhnung mit dem, was der Mensch am meisten verdrängen will: die eigene Vergänglichkeit. Oh, holy night.

Gruseldingsbums

»Life isn't everything«
Song for Guy – Elton John

Als ich zum Frühstückt herunterkam, war ich froh, dass die Nacht vorbei war. Die kalte Luft der ersten Herbsttage strömte durch die Eingangstüre der kleinen Pension im Nirgendwo. Ich ging an der Rezeption vorbei durch eine kleine Holzpforte. Das Pärchen, dessen Geräusche gegenseitiger Hingebung mich um meinen Schlaf gebracht hatten, saß bereits an einem Tisch in der Ecke und tuschelte. »Immer diese Leute«, dachte ich. Frühstücksduft verteilte sich im Gastraum wie aufdringliches Parfum, als ich den Knopf des Kaffeeautomaten drückte. Darauf stand »Kaffee« geschrieben. Es war der einzige Knopf, der leuchtete. Spezialitäten wie »Latte«, »Cappuccino« oder »Melange« blieben dunkel, als wollte selbst dieser Automat mir unter die Nase reiben, dass mein Leben eine einzige Illusion aus Möglichkeiten gewesen ist, die aber anderen vorbehalten blieben. Ich goss vier Portionen Kondensmilch in die Brühe.

Dann nahm ich eine Zeitung und klemmte sie mir unter den Arm. Einen Teller mit zwei Brötchen, Margarine und Aufschnitt balancierte ich zu dem Tisch, an dem eine junge Frau mit blasser, rissiger Haut saß, deren Kopf mit Algen überdeckt war. Dahinter konnte ich ihre aufgedunsene Haut erkennen, die einen Geruch nach Fisch und Algen verbreitete.

»Guten Morgen«, sagte ich. Ihre starr aufgerissenen Augen fixierten mich. Aus dem verzerrten Mund tropfte brackiges Wasser.

»Ich nehme an«, begann ich, während ich ein Brötchen schmierte, »dass ihr Leben auch nicht so verlaufen ist, wie sie sich das vorgestellt haben«.

Sie nickte. Ein Schwall von Wasser ergoss sich auf ihren Schoß. Das Pärchen in der Ecke lachte laut auf, weil er wohl einen Witz gemacht hatte, den sie nicht verstand. Vielleicht lachten sie über das hässliche, mit Bildern von Blumen und Grünzeug verzierte Porzellan, von dem hier alle frühstücken mussten. Ich nahm meine Zeitung und blätterte darin.

»Ich bin eine Wasserleiche«, sagte die Frau gegenüber von mir, nachdem sie den letzten Rest Wasser ausgespuckt hatte, »was glauben sie, wie ich mir mein Leben vorgestellt habe. Sehen sie?«

Sie hob den Fetzen hoch, den sie am Oberkörper trug. Drei Stichwunden zierten ihre sich langsam zersetzende Haut.

»Oh, ein Mord«, sagte ich, »wissen sie, wer es war?«

»Natürlich weiß ich das, ich war doch dabei! Es war der da!«

Ihre aufgedunsene Hand wies auf den Mann des Pärchens. Sie verdeckte wieder ihren Bauch.

»Versuchte Vergewaltigung«, antwortete sie, »es stand in allen Zeitungen, Titelseite, zumindest am ersten Tag. Danach ging die WM los und es stand nur noch auf Seite 8. Er nennt es heute ‚eine Jugendsünde'.«

»Diese Leute«, sagte ich, ohne von meiner Zeitung aufzuschauen.

»Ach, nicht so schlimm«, sagte sie. Ein blubberndes Geräusch entwand sich ihrer Kehle. »Ich habe mir ohnehin nie viel aus Berühmtheit gemacht. Den da hat es viel schlimmer erwischt.«

Sie wies auf einen Tisch, an dem ein anderer Mann saß. Sein Anblick war kümmerlich. Zersplitterte Knochen ragten aus dem Stoff seines schwarzen Anzugs, sein Gesicht war nur noch zur Hälfte ein Gesicht, die andere Hälfte rohes, zerquetschtes Fleisch. Mit seinen verdrehten Armen versuchte er, eine Tasse an den Mund zu führen.

»Hat sich umgebracht«, sagte die Wasserleiche, »vom Balkon gestürzt, siebte Etage, wegen der da.«

Sie wies in Richtung der Frau des Pärchens. Beide lachten immer noch, während sie stetig näher aneinanderrückten. Die Wasserleiche nahm sich ein Brötchen aus einem Korb und knetete es in ihren nassen Händen. Als es vor Wasser triefte, stopfte sie es sich in den Mund und kaute unbeholfen.

»Keine Zähne mehr«, sagte sie, »ist passiert, als er mich in den Mühlbach geworfen hat.«

»Diese Leute«, sagte ich und sah teilnahmsvoll zu ihr herüber. Dann betrachtete ich die übrigen Tische des Gastraums. Neben der Wasserleiche und dem Selbstmörder sah ich noch einen älteren Herrn mit Schaum vor dem Mund. Außerdem befleckte drei Tische weiter ein blutiger Fötus die weiße Tischdecke.

»Alle Opfer von denen?«, fragte ich.

»Ja, von denen«, antwortete die Wasserleiche.

Ich sah wieder zu dem Pärchen herüber. Mittlerweile war ihr Frühstück beendet. Sie standen auf und umschlungen sich innig, bevor sie sich in Bewegung setzten. Ihr Weg aus dem Gastraum führte sie an meinem Tisch vorbei. Sie lächelten und grüßten freundlich. Ich lächelte zurück.

»Wer sind die eigentlich?«, fragte ich, »Wissen sie etwas über sie? Kennen sie ihre Namen?«

»Namen?«, fragte die Wasserleiche und lachte gequält, »Namen haben sie nicht. Sie sind halt Leute, Menschen, die dumm sind, die schweigen, die Unrecht tolerieren und ignorieren, die die Gesellschaft nur ausnutzen und nur an sich denken.«

»Das müssen ja verdorbene Subjekte sein«, sagte ich.

»Ja, es wird immer schlimmer«, sagte die Wasserleiche, »früher hätte es so etwas nicht gegeben.«

Dann übergab sie sich auf den Teppich. Der Selbstmörder hatte seine Gliedmaßen derweil derartig verrenkt, dass sein rechter Unterarm abgebrochen war und neben seinem Stuhl lag. Der Alte spuckte Schaum, verdrehte die Augen. Der Fötus krabbelte mechanisch über den Tisch und gab dabei krächzende Laute von sich.

»Würden sie sie vielleicht umbringen?«, fragte die Wasserleiche plötzlich.

»Ich? Wieso ich?«, antwortete ich, wollte sie aber nicht ansehen. Ich verbarg mein Gesicht hinter der Zeitung.

»Nun, das wäre ein gutes Werk. Dann wären sie tot und würden auch zu so einem«, sie zögerte und wischte mit dem Arm über ihren Mund, »zu so einem Gruseldingsbums wie wir.«

Ich versuchte, mich auf die Buchstaben zu konzentrieren.

»Würden sie es tun?«, fragte die Wasserleiche.

»Nein, warum sollte ich das tun? Sie haben mir nichts getan.«

Die Wasserleiche beugte sich nach vorn. Der Fetzen an ihrem Leib wölbte sich. Ich konnte wieder ihre Stichwunden sehen.

»Aber sehen sie sich doch um! So viele Opfer! Das kann sie doch nicht kalt lassen!«

»Nein, tut es nicht. Aber deswegen kann ich doch keine Menschen töten.«

Die Wasserleiche lehnte sich wieder zurück.

»Das ist wieder einmal typisch. Sie sind genauso wie die da. Menschen wie sie sind dafür verantwortlich, wenn die AfD 16% bei den Bundestagswahlen kriegt.«

Fassungslos starrte ich die Wasserleiche an. Schmollend sah sie zu Boden, hatte ihre Arme verschränkt und spuckte achtlos ein paar kleine Fische aus, die zappelnd auf dem Tisch neben uns landeten. Dann wurde es mir zu bunt. Ich legte meine Zeitung beiseite, sah meine Brötchen auf dem Teller, doch ich hatte keinen Appetit mehr. Diese ganzen Gruselgestalten hatten mir mein Frühstück gründlich verdorben. Ich stand auf und verließ den Gastraum. Auf dem Weg nach draußen kam mir der Kellner entgegen. Er sah mir hinterher und ich hörte ihn murmeln.

»Ignorantes Arschloch!«

Geisterwanderung

»This is the world that's next to yours, you can't see us,
we can see you, the soul lives on, we're ghosts«
Ghosts – Rage

Es muss eine Nacht im Oktober sein, als ich zum ersten Mal aufsteige und über die Wiesen schwebe. Zwischen den Kopfweiden und dem kleinen Fluss fliege ich auf und ab, erkunde die Landschaft, die mir aus früheren Zeiten doch so bekannt ist. Ich bin nicht allein. Viele von uns sind da. Niemand weiß so genau, warum.

Plötzlich sehen wir Lichtkegel von Taschenlampen über den Feldweg und die Wiesen tanzen. Eine Gruppe von Menschen nähert sich uns. Einige schauen neugierig in den Nebel vor ihnen, andere haben die Köpfe gesenkt. Nur schemenhaft kann ich ihre Gesichter erkennen. Ein Mann an der Spitze der Gruppe redet fortwährend. Als sie nur noch wenige Meter von uns entfernt sind, kann ich seine Worte verstehen.

»Achtet gut auf alles, was ihr seht. Denn hier in diesem Moor ist vor achtzig Jahren Trude Menschkowski verschwunden. Man sagt, dass sie nach einem Streit mit ihren Eltern weggelaufen ist, weil sie ihren Geliebten heiraten wollte und ihre Eltern es nicht erlaubten. Ihr Geliebter war ein Soldat, der in den Krieg ziehen musste. Sie verirrte sich hier im Moor und kam nie wieder zurück. Man erzählt sich, dass sie ein weißes Kleid trug, als sie fortlief. Seitdem haben Spaziergänger immer wieder eine Gestalt im weißen Kleid gesehen. Sie behaupteten steif und fest, es sei das Mädchen Trude gewesen. Manche sagen, sie sucht bis heute nach ihrem Geliebten. Manche sagen auch, dass sie wütend ist. Aus Rache lockt sie unbedarfte Spaziergänger zu den gefährlichsten Stellen des Moores, wo sie für immer verschwinden. Schaut hin, vielleicht seht ihr sie, auch durch den Nebel kann man sie erkennen. Aber passt auf und verlasst nicht den Weg!«

Langsam schreiten sie voran. Ich kann ihr Flüstern hören. Leider habe ich mein Zeitgefühl verloren, aber ich bin mir sicher, dass ich früher auch einmal diese Wanderung mitgemacht habe. »Geisterwanderung« nennen sie es. Sie wird von dem alten Hubert Primen veranstaltet. Er erzählt immer noch die Geschichte von Trude Menschkowski.

Hubert Primen ist unser Dorfheiliger, aber ein Priester ist er nicht. Er führt den kleinen Buchladen neben dem »weißen Mädchen«, der einzigen Kneipe unseres Dorfes. Den Buchladen hat er von seinem Vater geerbt und wiedereröffnet. Deswegen kam er zurück, nachdem er in Göttingen Geschichte und Theologie studiert und sogar mit einem Doktortitel abgeschlossen hatte. Ich erinnere mich noch gut, wie begeistert wir waren, dass wir nicht mehr mit dem Bus bis in die nächste Stadt fahren mussten, um neue Bücher zu kaufen. Er hatte immer die neuesten Titel, besonders aus dem Fantasy-Bereich. Den Bestand antiker Bücher, den sein Vater ihm hinterlassen hat, bewahrt er in einem Hinterzimmer auf.

Ich muss sechzehn Jahre alt gewesen sein, als mich die Bücher, die meine Freundinnen lasen, langweilten. Es war immer dasselbe, Held und Heldin besiegen die Bösen und werden dann ein Liebespaar. Vor den Sommerferien ging ich verzweifelt in die Buchhandlung von Herrn Primen und durchstöberte den neuen Bestand. Wie immer saß er hinter seiner Kasse, lass ein Buch und beobachte über die Ränder seine Lesebrille hinweg, was sich in seinem Laden so tat.

»Tanja, suchst du etwas Bestimmtes?«, fragte er schließlich.

Ich erklärte ihm mein Dilemma. Während er mir zuhörte, stand er auf, zupfte sein braunes Hemd und die Krawatte zurecht und kam auf mich zu. Als ich sagte, dass mich die gewöhnlichen Bücher langweilten, lächelte er.

»Du ahnst nicht«, sagte er, »wie lange ich auf so einen Tag gewartet habe. Ist es nicht furchtbar? Jahr für Jahr werden Tonnen von Papier an immer dieselben langweiligen Geschichten verschwendet, als gäbe es auf der Welt nichts anderes. Dabei ist die Welt vielfältig. Es gibt so viele Geschichten, schöne, wundersame, schlimme und grausame Geschichten, daraus besteht nun einmal die Welt. Aber die meisten Autoren wollen solche Geschichten genauso wenig schreiben, wie die Leser sie lesen wollen. Alle wollen immer dasselbe. Du bist anders, das habe ich gleich gesehen.«

Er lächelte und legte seine Hand auf meine Schulter. Seltsamerweise war mir das nicht unangenehm. Neigten die meisten älteren Menschen zum Müffeln, so umgab ihn ein angenehmer Duft, den ich nicht genauer bestimmen konnte.

»Weißt du, Tanja«, sagte er, »ich glaube, du bist bereit für das andere Zimmer, das wirklich interessante. Dort sind die Bücher noch lebendig und voller Leben.«

Ich sah ihn erstaunt an.

»Meinen sie das Zimmer, in dem sie die alten Bücher Ihres Vaters aufbewahren?«

»Genau das. Willst du es dir anschauen?«

Ich warf einen letzten Blick auf die bunten nach Farben sortierten Einbände der Neuerscheinungen und musste mir eingestehen, dass Herr Primen mich neugierig gemacht hatte. An der Tür zum Hinterzimmer verbeugte er sich mit einem Lächeln. Ich trat herein.

Irgendwie hatte ich es mir anders vorgestellt, eher wie in den Romanen, in denen alte Bibliotheken aussahen wie eine Kathedrale voller Wissen, mit Regalen bis zur Decke, so hoch, dass man sie kaum sehen konnte, mit Fackeln oder Lampen an den Wänden, geheimnisvoll flackerndes Licht und vereinzelten Gestalten zwischen den Regalen auf der Suche nach längst verlorenem Wissen. Hier war es ganz anders. Im Schummerlicht von zwei Lampen aus farbigem Glas standen einige Reihen von Bücherregalen, ein Tisch und ein Stuhl sollten offenbar als Leseecke dienen. Und es war muffig. Dieser fensterlose Raum hatte offenbar seit Jahrzehnten keine Frischluft geatmet.

»Schau dich nur um, Tanja«, sagte Herr Primen, »ich bin sofort wieder da.«

Ich sah mir die ersten Einbände an. Mit den Titeln konnte ich nichts anfangen. Gott, wie dumm du bist, sagte ich leise zu mir. Von Lehrern und Eltern hörte man immer, dass es klug sei zu lesen und ständig wurden wir dafür gelobt, dass wir es taten. Aber eigentlich waren wir dumm. Denn während wir dachten, dass wir in fremde Welten eintauchten, war die wirkliche Welt in diesen Büchern doch verschlossen für uns und barg so viele echte Geheimnisse und vielleicht auch Gefahren. Dann war mir, als hörte ich ein Flüstern. Ich erschrak, fuhr zurück. Wahrlich, lange Zeit war ich mir sicher, dass ich dort in diesem Hinterzimmer einen Geist gespürt habe.

Herr Primen kam zurück und schloss die Tür der Kammer.

»Nun, Tanja, hast du schon etwas gefunden?«

Gefunden hatte ich etwas. Es war ein Buch über Geister und es bestimmte von da an mein Leben. Ich las es und dann weitere Bücher über Geister, Erscheinungen, Beschwörungen. Ich ging an Orte, an denen es angeblich spukte, auf der Suche nach den großen

Geheimnissen des Lebens und des Sterbens. Stets half mir Herr Primen dabei, die Texte zu verstehen und erzählte mir von den Menschen, die sie geschrieben hatten. Doch Geistern begegnete ich nie. Zuletzt wälzte ich viele Zeitungsberichte und fand schließlich einen Hinweis auf eine versteckte Höhle, die noch aus der Zeit kurz nach dem Dreißigjährigen Krieg stammen sollte. Angeblich versteckte sich dort damals eine Gruppe protestantischer Gläubiger vor ihren Verfolgern, weil sie nicht mit anderen nach Amerika auswandern wollten. Einer von ihnen soll dort umgebracht worden sein, weil er abtrünnig zu werden drohte. Davon erzählte ich Hubert Primen. Diesen Geist wollte ich finden. Doch es gelang mir nicht. Ich ging in die Höhle und blieb dort einige Zeit. Irgendwann hörte ich, wie sich jemand oder etwas näherte. Dann weiß ich nur noch, dass Steine von der Decke fielen. Im nächsten Moment war ich hier über den Wiesen und Bäumen.

Hubert Primens Stimme wird immer lauter und beschwörender, je mehr sich die Gruppe der Nebelwand nähert. Dann setzt er zu einer weiteren Geschichte an.

»Aber vielleicht, wenn ihr genau hinhört, vernehmt ihr das Klagen eines anderen Mädchens. Sie hieß Tanja Fuhrmann und man erzählt sich über sie, dass sie tatsächlich Geister sehen konnte. So machte sie sich auf, die Existenz von Geistern zu beweisen. In meinem Buchladen, im Hinterzimmer, stieß sie auf ein Buch, mit dem sie Geister beschwören konnte. Eines Abends machte sie sich auf den Weg zu einer Höhle im Moor. Dort vermutete sie den Geist von Trude Menschkowski. Sie saß dort eine ganze Nacht, vielleicht sogar mehrere Nächte. Als sie nach Tagen immer noch nicht wieder zurückgekommen war, machten wir uns auf die Suche nach ihr. Wir hörten immer wieder leise Rufe, doch die Höhle haben wir nie gefunden. Horcht auf, vielleicht hört ihr das Rufen von Tanja, wenn ihr ganz aufmerksam seid.«

Die Gruppe der Geisterwanderung hat die Nebelbank erreicht. Ich weiß, dies ist der Moment, der Hubert Primen am meisten Freude bereitet. Er bleibt stehen, horcht auf, gebietet den Menschen in die eine oder andere Richtung zu sehen. Manchmal behauptet er sogar, selbst etwas gesehen zu haben. Und jeder, der ihn fragt, wird von ihm hören, dass die Existenz von Geistern wie Trude Menschkowski und Tanja Fuhrmann unwiderruflich durch seine Beobachtungen bewiesen ist.

Hubert Primen hat Recht. Ich bin Tanja Fuhrmann und ich bin tatsächlich in dieser Höhle gestorben. Doch in allem anderen irrt er sich. Ich ging auf die andere Seite, vor meiner Zeit, würden viele sagen, doch das ist nicht so. Ich habe alles gesehen, alles herausgefunden, was ich wissen wollte. Ich fühle, wie die Gruppe von Menschen zwischen uns steht, durch uns hindurchgeht, uns sogar ein und wieder ausatmet. Ich fühle die Ruhe und den Frieden, keine unruhigen oder rachsüchtigen Geister auf der anderen Seite, es gibt nur den Nebel. Der sind wir. Wenn er morgens über den Wiesen aufsteigt, dort wo der frische Tau auf den Grashalmen glänzt, im Zwielicht, dem Zusammenspiel des Mondlichts mit dem kommenden Tag. Da sind wir und wir versuchen den Menschen zu sagen, dass alles gut ist. Das, was hinter allem liegt, ist das Schöne, das, was alles in einen Schleier hüllt, alles gleich macht. Die Geisterwanderung ist echt, obwohl sie niemals Trude Menschkowski sehen werden. Die Menschen stehen unter uns, zwischen uns. Wir sind der Nebel.

Die Heimat der Sterne

»See me, feel me, touch me, heal me«
Go to the mirror – The Who

Liebe Klara,
wieder einmal sitze ich an meinem Schreibtisch und schaue aus dem Dachfenster in die Sterne. Ich bin glücklich, glücklich bei dem Gedanken, dass Du vielleicht jetzt gerade irgendwo sitzt und genau dieselben Sterne siehst. Die Nacht ist kalt, wieder einmal, und in den Nachrichten sagen sie, dass der Frost in diesem Herbst härter ist als in den letzten vierzig Jahren. Aber ich bin froh. Magst Du Kakao? Ich liebe Kakao, Kakao und meine Decke auf meinem Sofa. Wenn ich Deine Serie sehe, stelle ich mir immer vor, wie es wäre, wenn Du nach einem langen Arbeitstag am Set zu mir kommst, Dich neben mich auf die Couch setzt und Dich an mich kuschelst. Die letzte Folge hat mir besonders gut gefallen. Ich finde, niemand spielt die Rolle der Magierin so gut wie Du.

Ehrlich gesagt war ich ein wenig enttäuscht, als Du in der letzten Folge den Barden geküsst hast. In meiner Vorstellung, ich weiß, das mag ein wenig peinlich sein, aber ich schreibe es dennoch, wäre es viel toller gewesen, wenn Du mit Orphalia gegangen wärst. Eine Elfe passt gut zu Dir, finde ich. Aber ich weiß ja, dass es ein Drehbuch ist und dass Du nur das spielst, was im Drehbuch steht. Letztens habe ich ein weiteres Bild von Dir über mein Bett gehängt. Du hast diesen hautengen Kampfanzug an, der mir so gefällt und der mich davon überzeugt hat, dass ich, na Du weißt schon.

Während der letzten Tage hatte ich das Gefühl, dass ich mich so langsam bei Tante Tina und Onkel Hartmut eingelebt habe. In den ersten zwei Wochen sind sie bestimmt zehn Mal pro Tag in mein Zimmer gekommen und haben gefragt, ob alles in Ordnung sei. Keine Ahnung, warum sie das getan haben. Ich gebe zu, in der ersten Zeit habe ich nicht viel mit mir anzufangen gewusst. Ich habe halt getan, was zu tun war, bin in die Schule gegangen, habe meine Hausaufgaben gemacht und ansonsten viel mit dem Handy gespielt. Das Jugendamt hat so eine Frau zu mir geschickt, die mit mir reden wollte, aber darauf hatte ich keine Lust. Sie wollte über meine Eltern reden, meinte, dass Verdrängung gefährlich sei, aber worüber soll ich bitte reden? Es ist doch alles, wie es ist.

Letztens habe ich im Internet so einen Typen gesehen, der gesagt hat, dass in Deutschland keine guten Serien produziert werden. Alles nur Schund, hat er gesagt, kannst Du Dir das vorstellen? Ich meine, ich habe sämtliche Making-Of's von »Die Erben des Taralon« gesehen und ich weiß einfach, wieviel Arbeit dahintersteckt. Bestimmt bist Du von morgens bis abends nur am Set und wenn Du dann nach Hause kommst, musst Du Texte lernen, Dich um Deine Katzen kümmern, vielleicht auch einmal einen Freund anrufen. Wie kann jemand behaupten, das sei alles Schund? Ich habe ihm direkt eine böse E-Mail geschrieben. Sie war drei Seiten lang. Ich denke, das wird ihm eine Lehre sein.

Deswegen schreibe ich Dir diesen Brief. Ich wollte Dir nur sagen, dass ich für Dich da bin, wenn Du einmal jemanden zum Reden brauchst, wenn es böse Kritiken gibt oder Menschen, die Dich nicht verstehen, so wie ich Dich verstehe. Ich bin immer für Dich da.

Ein paar Wolken haben sich vor die Sterne geschoben. Bei Dir auch? Ich sende ihnen meine guten Erinnerungen, auf dass Du sie vielleicht sehen kannst. Dort oben sind sie gut aufgehoben. Ich hoffe, Du hast eine schöne Nacht.

Deine Celine

Liebe Klara,

ich hoffe, Du hast meinen letzten Brief bekommen. Gerade sitze ich auf meinem Sofa und wünsche, Du wärst bei mir. Heute in der Schule ist etwas passiert, das nicht schön war, und obwohl ich das gewöhnlich nicht tue, habe ich bis gerade geweint. Jetzt geht es schon wieder, also mach Dir keine Sorgen!

Weißt Du, heute in der Schule ist nämlich Patricia, diese homophobe Schlampe (entschuldige meine Ausdrucksweise) mit dem drei Jahre älteren Freund, zu mir gekommen und hat behauptet, ich hätte sie sexuell belästigt. Kannst Du Dir das vorstellen? Ich habe nichts gemacht, habe nur in ihre Richtung gesehen, da ist sie sofort auf mich los und schrie, ich sei ekelhaft. Aber das Schlimmste war, dass sie vorher noch gegrinst hat, mich angegrinst hat sie und dann hat sie so einen Aufstand gemacht. In diesem Moment habe ich nur an Dich gedacht, habe mich gefragt, wie Du reagieren würdest und ich wusste, Du hättest Dir das nicht gefallen lassen. Also bin ich auf sie los, habe ihr eine Ohrfeige gegeben und mich in ihren Haaren verkrallt. Da hat sie erst richtig geschrien, das kann ich Dir sagen. Mehr konnte ich leider nicht tun, denn sofort sind unser Geschichtslehrer Herr Kobalt und zwei meiner Klassenkameraden dazwischen gegangen. Aber ein paar Haare hat sie eingebüßt und das hat sie auch mehr als verdient, findest Du nicht?

Aber ich verstehe das auch nicht. Ich meine, wer kann schon sagen, was ich bin? Ich weiß, dass mich Jungen nie interessiert habe, nicht eine Minute in meinem Leben und ich bin immerhin schon siebzehn Jahre alt. Meine ehemalige beste Freundin Anne und ich haben früher ab und zu einmal geknutscht, weil wir wissen wollten, wie das ist, und ich gebe zu, dass es mir wohl ein wenig besser gefallen hat als ihr. Erst seitdem ich Dich kenne, fällt mir auf, dass ich Frauen viel schöner finde als Männer, anmutiger, stärker. Aber es ist nicht so, dass ich mich vor Männern ekel, warum sollte ich? Ich fühle mich nicht geborgen bei ihnen. Bei Dir fühle ich mich geborgen und ich wünsche mir jeden Abend, dass Du mich in den Arm nimmst, und manchmal träume ich auch davon, Dich zu küssen. Bin ich deshalb lesbisch?

Vielleicht. Wäre nicht so schlimm, oder? Vielleicht bin ich auch trans und diese Einsicht kommt noch. Dass ich mich besonders wohl in meinem Körper fühle, kann ich nicht behaupten, aber ich bilde mir ein, dass das an meiner Figur liegt. Wer sieht schon gerne so aus wie ich?

Aber genug von mir. In der letzten Folge ist mir aufgefallen, dass Du Orphalia ein paar interessante Blicke zugeworfen hast. Bist Du in sie verliebt? Das fände ich super, denn ich weiß, dass sie in den Barden und der Barde in Dich verliebt ist. Das wurde zwar noch nicht gesagt, aber das ist offenkundig. Dass Ihr jetzt zu dritt losgezogen seid, um den wahren Erben des Taralon zu finden, ist wahrscheinlich das Beste. Aber sieh Dich vor, ich glaube, der Barde führt etwas im Schilde. Ich weiß, Saphira ist nur Deine Rolle, aber ich dachte, ich sage es trotzdem einmal, sicher ist sicher.

Mein Lehrer hat mir übrigens nach der Prügelei geraten, in eine Therapie zu gehen. Er will mit Tante Tina und Onkel Hartmut darüber sprechen. Ganz ehrlich, was wollen die Leute bloß alle von mir? Ja, meine Eltern und meine Schwester sind gestorben, ganz plötzlich und unerwartet hat sie ein LKW unter sich begraben und sie waren sofort tot. Ich denke jeden Tag an sie und ich fange immer an zu weinen, wenn mich etwas an sie erinnert. Das ist schlimm, ja, aber weißt Du, was das Schlimmste ist? Dass die Menschen um mich herum mich ständig daran erinnern. Alle sagen, sie wollen mir helfen, aber gleichzeitig behandeln sie mich wie eine Aussätzige. Ich will doch nur leben und das ist schon schwer genug. Müssen sie es mir noch schwerer machen?

Entschuldige, ich habe mich gehen lassen. Du hast sicher genug eigene Probleme. Heute Abend werde ich wieder in die Sterne schauen und ich weiß, Du siehst dieselben. Darauf freue ich mich schon.

Deine Celine

Liebe Klara,
ganz ehrlich? Die Folge heute fand ich furchtbar. Ich bin immer noch schockiert. Warum hast Du bloß mit dem Barden geschlafen? Du hättest doch wissen sollen, dass er nur darauf aus ist, als er zu Deinem Zelt gekommen ist. Hättest Du ihn nicht verzaubern können oder einfach wegfliegen? Es war wirklich nicht schön, sich das anzusehen. Hättet ihr nicht einfach eine Schrift einblenden können »Sie schlafen miteinander«, oder so? Ich wollte mir das nicht ansehen, besonders diesen Barden, dann auch noch nackt, der ist doch nichts für Dich. Ich bin immer noch sprachlos.

Entschuldige bitte, wahrscheinlich gehe ich viel zu hart mit Dir ins Gericht. Das liegt aber auch daran, dass ich einen furchtbaren Tag hatte und den nur durch den Gedanken an meine schöne, warme Couch, meinen Kakao und an Dich überlebt habe. Ich musste nämlich nach der Schule noch einmal mit Tante Tina zu meinem Geschichtslehrer. Patricias Eltern waren bei ihm und wollten mich wegen Körperverletzung an ihrer Tochter anzeigen, wenn der Lehrer nicht verspricht, selbst geeignete Maßnahmen einzuleiten.

War das Gespräch nicht schon schlimm genug, so musste ich danach zuhause noch mit Tante Tina und Onkel Hartmut reden. Sie sagten, ich würde mich zu sehr vor der Außenwelt verschließen, ich sollte mehr rausgehen und mich mit Freunden treffen. Irgend so eine Bekannte, die angeblich Heilpraktikerin ist, hat ihnen empfohlen, meinen Tag besser zu strukturieren. Morgen wollen sie damit beginnen. Jeden Tag nach der Schule soll ich zuerst meine Hausaufgaben machen, danach wollen sie, dass ich entweder Tante Tina im Haushalt helfe oder mich mit ihrer Tochter beschäftige, das ist meine Cousine Camilla. Ich finde das fürchterlich. Wir sind zwar im selben Alter, haben aber sonst überhaupt nichts gemeinsam. Wir haben uns noch nie gut verstanden und ich weiß auch, dass sie keine Lust auf mich hat. Ich soll ihr helfen, ihr Pferd zu pflegen. Sie hat eine Reitbeteiligung, weißt Du? Ich habe nichts gegen Pferde, aber sie haben mich auch nie interessiert. Ich mag es zu malen, zu zeichnen oder Bilder am Computer zu entwerfen. Das macht man nun einmal allein, was kann ich denn dafür? Aber das soll ich jetzt nicht mehr. Raus an die frische Luft, das täte mir gut, haben sie gesagt, aber was soll das schon bringen? Meine Familie ist nun einmal tot.

Gestern Nachmittag bin ich zu ihnen auf den Friedhof gegangen. In den ersten Tagen nach ihrer Beerdigung lagen die Gräber noch aufgeschüttet und viele Blumen und Kränze waren da. Inzwischen sind sie flach, Grabsteine liegen darauf, alle drei nebeneinander. Da ist mir etwas Komisches passiert. Ich saß an ihren Gräbern. Es war fürchterlich kalt, aber ich konnte einfach nicht weggehen. Ich habe mir nur die alten Bäume angesehen und versucht, in ihren Zweigen irgendwelche Muster zu erkennen. Und plötzlich habe ich aufgehört zu fühlen. Ich weiß, dass das seltsam klingt, und das war es auch. Es war nicht so, als hätte ich mich gut oder schlecht gefühlt, ich habe gar nichts gefühlt. Dann habe ich die Augen geschlossen, weil ich dachte, ich müsste weinen, aber es kamen keine Tränen. Plötzlich habe ich den Boden unter mir nicht mehr gespürt. Es war, als würde ich schweben, so wie unter Wasser, wenn man seine Glieder einfach treiben lässt. Dann sah ich sie vor mir, Mama, Papa und auch Vincentia, meine Schwester. Aber sie waren nicht sie selbst, ich sah sie, als würde sie von einem Beamer auf eine Leinwand geworfen. Es war alles wie in Zeitlupe. Plötzlich wurde mir schwindelig und ich hatte ein Gefühl, als ob ich fliege. Da war ein schwarzes Nichts mit vielen hellen Punkten so wie Sterne, die auf mich zu und an mir vorbeirasten. Sie wurden immer schneller und plötzlich wollte ich ewig so weiterfliegen. Dann kam langsam so ein bestimmtes Gefühl zurück, nämlich Angst. Aber es war keine Angst vor irgendetwas, sondern es war die Angst, dass ich irgendwo hinfliege, irgendwo ankomme, keine Angst vor dem Ort, sondern einfach vor dem Ankommen an sich. Verstehst Du, was ich meine?

Irgendwann habe ich die Augen wieder geöffnet. Die Sonne war hinter den Wolken hervorgekommen und ich sah ihre Gräber. Dann hatte ich das Gefühl, als würden meine Eltern und meine Schwester direkt hinter mir stehen. Ich drehte mich um, sah nach oben und da habe ich sie gesehen, Lichter am Himmel, die nur für mich blinkten. Sie vollführten einen wunderschönen Tanz, der mich alles vergessen ließ, jeden Gedanken, jedes Gefühl. Schließlich flogen sie davon und ich weiß eins: Sie sind nach Hause geflogen. Und weißt Du was? Ich glaube dort, wo sie hingeflogen sind, werde ich das erste Mal wieder wirklich glücklich werden.

Als ich heute Morgen aufgewacht bin, war ich unendlich traurig. Weißt Du warum? Es war nur ein Augenblick, aber das erste Mal, seitdem sie tot sind, konnte ich mir ein Leben mit ihnen nicht mehr vorstellen. In den ersten Wochen habe ich ständig daran gedacht, was wir tun würden, wenn sie noch lebten. Ich wusste es ganz genau, teilweise auf die Minute genau. Heute Morgen wusste ich es nicht mehr. Es war das traurigste Gefühl, das ich jemals hatte.

Entschuldige, ich habe jetzt viel zu viel geschrieben. Ich habe auch geweint, während ich das schrieb, und ich wünschte, ich hätte es nicht getan. Hast Du jemals so viel geweint, dass es in den Augen weh tut? Das habe ich in letzter Zeit oft. Es brennt manchmal wie Feuer und ich schmiere mir Creme auf die Augen, damit die Schwellung zurückgeht. Aber es tut trotzdem weh.

Ich weiß nicht, ich kann irgendwie nicht aufhören zu schreiben, aber ich muss es jetzt tun, denn jede Zeile tut noch mehr weh. Es tut mir leid, wenn ich Dich mit meinen Problemen belästige, aber ich weiß nicht, wem ich sie sonst schreiben soll. Arbeite nicht zu viel am Set. Und schieß den Barden in den Wind, er ist Deiner nicht würdig.

Traurige Grüße

Celine

Liebe Klara,

ich schreibe Dir nun heimlich und mitten in der Nacht, weil sie mich nicht mit Dir allein lassen wollen, also alle, Tante Tina, Onkel Hartmut, mein Geschichtslehrer und auch die dumme Sozialarbeiterin. Ja, Du hast richtig gehört, mit Dir! Ist das zu fassen? Sie haben herausgefunden, dass ich Dir Briefe schreibe und finden, dass ich mich damit noch mehr in meine eigene Welt zurückziehe. Aber was soll ich sonst tun? Keiner versteht mich, niemand will mir zuhören.

Ich muss auch »Die Erben des Taralon« inzwischen heimlich gucken. Sie haben mir verboten, Dich zu sehen. Aber das lasse ich mir nicht verbieten. Sie denken, ich bin doof, aber ich weiß, wie man es anstellt, heimlich Serien zu schauen. Sie müssten schon ihr W-LAN komplett ausschalten, um das zu verhindern, aber das wollen sie nicht. Ich muss Dir sagen, ich bin sehr froh, dass Ihr, Du und Orphalia, den Barden in die Wüste geschickt habt. Ich habe von Anfang an gesagt, er ist nicht gut für Dich. Jetzt müssen Du und Orphalia nur noch zusammenfinden. Und weißt Du was? Ich glaube, das wird funktionieren, denn auch ich habe jemanden kennen gelernt. Sie heißt Tabitha und stell Dir vor, sie ist 28 Jahre alt. Ich weiß, eigentlich ist sie viel zu alt für mich, aber wir verstehen uns super. Willst Du wissen, wie wir uns kennengelernt haben? Natürlich willst Du das, wer würde das nicht wollen?

Ich saß auf einer Parkbank und habe gezeichnet. Das Bild ist dieses Mal so schön geworden. Ich habe nämlich die Hochzeit von Dir und Orphalia gezeichnet. Ich weiß, so weit ist es noch nicht, aber ich bin mir sicher, dass Ihr noch zusammenfindet. Spätestens wenn Du dieses Bild siehst, wirst Du mir zustimmen, denn ihr beide seht einfach fantastisch aus. Seitdem ich mir sicher bin, dass Ihr beide zusammenpasst, stört es mich auch nicht mehr so, dass die dumme Patricia mich in der Schule immer noch hänselt, allerdings nur indirekt, denn weil ich ihr auf die Schnauze gehauen habe, hält sie sich von mir fern. Sie nennt mich ab und zu eine Irre, aber das macht mir nichts. Nur vorgestern ist Harald Groß auf mich zugekommen, der macht jetzt Abitur und ist ein Kumpel von Patricias Freund. Er hat gefragt, ob wir, also er und ich, mal einen Kaffee trinken gehen und dabei war er so nervös, dass ich sofort wusste, was er wollte. Eigentlich fand ich es schön, aber dann ist Patricia gekommen und hat ihn angemacht, ob er bescheuert sei, mit einer irren Lesbe wie mir etwas zu tun haben zu wollen. Er war dann noch mehr eingeschüchtert und hat sich verzogen. Ich weiß, sie will, dass ich keine Freunde in der Schule habe, deswegen bin ich dann in den Park gegangen. Von Harald wollte ich gar nichts, aber es hat mich trotzdem traurig gemacht, besonders weil mich Patricia auch noch eine gestörte Waise genannt hat. Naja, egal.

Auf jeden Fall saß ich auf dieser Bank und auf einmal stand Tabitha vor mir. Sie ist wunderschön und ich glaube, mit der richtigen Kleidung würde sie gut zur »Magic Force« passen. Du fändest sie bestimmt auch sehr hübsch. Sie hat lange dunkle Haare und feine Gesichtszüge, hohe Wangenknochen und mandelförmige Augen. Ihre Figur ist großartig, nicht so prall, wie das heute so in ist, sondern eher schlank, gerade so, dass sich ihre Brüste und ihr Po ein wenig unter ihrer lockeren Kleidung abzeichnen. Sie trug ein weißes Männerhemd und dazu eine knallbunte Hose mit Stiefeln und sie duftete ganz leicht nach so etwas wie Räucherstäbchen, aber nicht penetrant, sondern gerade so, als wäre ihr Duft wie ein Schleier oder sogar ein Zauber, der sie umgibt. Auch stand sie plötzlich da und passte so gar nicht in die spießige Umgebung, als wäre sie aus einer anderen Dimension gekommen.

Ich war gerade mit meinem Bild fertig und betrachtete es, als ich Tabitha sah. Sie hat mir direkt in die Augen gesehen, als ich aufschaute. Sie lächelte. So ein schönes Lächeln hast Du noch nicht gesehen, strahlend, ihre Zähne waren schön, aber nicht so instagramschön, sondern natürlich. In einem Mundwinkel hat sie einen spitzen Eckzahn, Grübchen auf den Wangen und ihre Haut sieht so weich aus, dass man sich direkt an sie schmiegen möchte, abends zum Einschlafen. Sie fragte mich, was ich zeichnen würde, und ich sagte es ihr. Sie war sofort begeistert. Sie meinte, sie hätte selten eine so schöne Freihandzeichnung gesehen, so viel Gefühl, so viel Atmosphäre, ich wusste gar nicht, was ich sagen soll. Ich glaube, ich bin knallrot geworden. Dann fragte sie mich nach meinem Namen, was ich so tue, und lud mich schließlich zu einem Tee ein.

Sie nahm mich mit in so ein alternatives Café. Da waren nur Frauen. Ich wusste gleich, dass es ein Lesbencafé war, und was soll ich Dir sagen? Ich habe mich dort sofort wohl gefühlt, weil einfach keine Männer da waren. Verstehst Du, ich habe überhaupt nichts gegen Männer, aber oft sind Frauen bei ihnen, die gemein zu einem sind, wenn man nicht auf Männer steht. Wir saßen da, mindestens eine Stunde, und Tabitha erzählte mir, dass sie Kunst studiert und selbst ein kleines Atelier hat. Kannst Du Dir das vorstellen? Eine Künstlerin mag meine Bilder! Ich kann mein Glück kaum fassen. Am Ende haben wir Nummern ausgetauscht und sie will sich bei mir melden. Ich hoffe, sie macht es.

Ich muss jetzt Schluss machen, es ist fast zwei Uhr und morgen muss ich wieder in die dumme Schule. Da geht der Wahnsinn dann weiter. Aber ich werde weiter die Serie schauen und ich bin so gespannt, wie das mit Dir und Orphalia weitergeht. Jetzt muss ich schlafen. Ich hoffe, ich kann, denn das funktioniert in letzter Zeit nicht immer gut. Ich vermisse meine Eltern so sehr, aber wenn ich an Dich denke, tut es nicht mehr so weh.

Liebe Grüße

Celine

Liebe Klara,
ich hoffe, heute kann ich Dir mehr als ein paar Zeilen schreiben, denn Tante Tina und Onkel Hartmut haben offenbar eine schlaflose Nacht. Immer wieder kann ich sie hören, sie gehen auf die Toilette, reden miteinander, keine Ahnung, was die haben. Immerhin mussten sie heute nicht zu dieser blöden Therapiesitzung. Es war meine erste und ich würde alles dafür geben, dass es auch meine letzte wäre. Aber das wird sie nicht sein, schließlich soll ich ja dahin, weil ich der dummen Patricia die Fresse poliert habe.

Natürlich sagt das niemand. Alle sagen, ich brauche Hilfe, weil meine Eltern und meine Schwester tot sind. Mein Lehrer sagte es, als ich früher aus der Schule gehen musste, Tante Tina und Onkel Hartmut sagen das und der Therapeut sagt es erst recht, denn der bekommt ja Geld dafür. Seine Praxis ist furchtbar, ich sitze auf einem Ledersofa und er mir gegenüber, als wäre ich eine Mordverdächtige bei einem Verhör. Und weißt Du was? Er sagt nichts, also so gut wie nichts. Er fragt mich nur Sachen. Zuerst hat er mich gefragt, wie es mir geht. Ich habe gesagt, dass es mir gut geht. Dann hat er mich gefragt, wie ich in der Schule zurechtkomme, als wenn Erwachsene einen je etwas anderes fragen würden, nur der bekommt Geld dafür. Also habe ich ihm gesagt, dass ich gut zurechtkomme. Dann hat er mich gefragt, ob ich mich mit meinen Schulkameraden gut verstehe, als wenn der nicht wüsste, dass ich die olle Patricia nicht ausstehen kann, denn nur ihretwegen bin ich ja da. Trotzdem habe ich genickt. Dann hat er gefragt, wie ich mich in meinem neuen Zuhause fühle, als wäre ich mit meinen Eltern und meiner Schwester einfach in ein anderes Haus gezogen. Ich habe ihm nur gesagt, dass das nicht mein Zuhause ist, und habe gespürt, dass ich wütend werde. Das ging noch eine Zeit so weiter, er fragte allen möglichen Scheiß, erwähnte aber nie meine Eltern und meine Schwester. Irgendwann habe ich ihn dann angeschrien, dass er doch wissen müsse, dass meine Familie von einem LKW zerquetscht worden ist und warum er mich nicht endlich fragt, wie ich damit zurechtkomme. Er hat nicht eine Miene verzogen, sagte aber, dass meine Wut verständlich sei angesichts meiner Situation, da ich es als ungerecht empfinden würde, dass meine Familie nun nicht mehr da ist. Soll ich Dir einmal etwas sagen? Das ist wirklich, wirklich, wirklich das Einzige, das ich nicht als ungerecht empfinde. Ich spüre eine so große Leere in mir, seitdem sie nicht mehr da sind, eine Leere, die mir mehrmals am Tag die Luft abdrückt, die sich in meinem Kopf wie ein Ballon aufbläht, so dass ich glaube, er zerplatzt, eine Leere, die irgendwann nur noch Schmerz in meinem ganzen Körper und in meinem ganzen Kopf ist. Der Schmerz ist so groß, dass ich überhaupt nichts mehr spüre und dann ist es noch schlimmer, denn ich habe dann das Gefühl, dass es für immer so bleibt. Und weißt Du was? Das Einzige, was ich nicht empfinde, ist Ungerechtigkeit. Das ist nun einmal jetzt mein Leben und ich weiß, dass ich nicht ewig traurig sein kann, sondern dass es irgendwann einmal weitergeht. Das ist das Schlimmste, dass es irgendwann weitergehen muss, aber eben immer ohne sie. Ungerecht finde ich das nicht. Was ich ungerecht finde, ist, dass mich alle Menschen, die mir nahestehen sollten, die mir helfen sollten, wie eine Aussätzige behandeln, seitdem sie tot sind. Kein Mensch redet mehr normal mit mir. Wenn ich wütend bin, wenn ich traurig bin, auch wenn ich einfach nur still bin oder allein sein will, kommt jeder zu mir und erinnert mich daran, dass es schrecklich ist, dass es weh tut. Jeder sagt mir, dass ich Hilfe brauche, aber kein Mensch hilft mir! Sie stehen nur um mich herum und treffen Entscheidungen für mich, mit denen ich leben muss. Ich bin doch kein Kind mehr. Und genau das empfinde ich als ungerecht!

Das hätte ich dem Therapeuten am liebsten gesagt, aber ich hatte keine Lust mehr. Denn er sagte mir, dass ich unter einer posttraumatischen Belastungsstörung leide, dies aber vorbeigehe, genau wie die Wut und die Verzweiflung. So schlimm habe ich mich noch nie gefühlt wie nach der Sitzung heute. Ich möchte nur noch weinen. Hier im Bett zu liegen ist einfach die Hölle. Sie haben mir meinen Laptop und mein Handy weggenommen und wollen mir alles nur im Notfall, wie sie sagen, zurückgeben, für Hausaufgaben und so. Deswegen kann ich »Die Erben« nun nicht mehr schauen, dabei bin ich doch so gespannt, wie es mit Dir und Orphalia weitergeht.

Ich hoffe einfach, dass ich Dich nicht zu sehr mit meinen Problemen behellige. Ich weiß, Du hast eigene, aber es hilft mir einfach zu denken, dass Du mich verstehst. Mein Herz klopft jetzt wie wild und ich habe das Gefühl, dass ich nie wieder schlafen kann. Sie alle wühlen diese Gedanken und Gefühle in mir auf und lassen mich dann damit allein, ohne Ablenkung, ohne Freude. Ich hoffe nur, bald ist es vorbei, egal was.

Verzweifelte Grüße

Deine Celine

Liebe Klara,
heute kann ich endlich wieder die Sterne sehen. Nach meinem Erlebnis auf dem Friedhof bin ich mir sicher, dass dort, wo sie herkommen, nun auch meine Eltern und meine Schwester sind. Denkst Du das auch? Aus irgendeinem Grund denke ich, dass Du auch dort bist. Also versteh mich nicht falsch, ich will natürlich nicht, dass Du tot bist. Aber heute ist mir ein komischer Gedanke gekommen.

Ich saß im Deutschunterricht, das ist mein zweiter Leistungskurs neben Mathe. Mein Lehrer wollte uns heute erzählen, wie Geschichten aufgebaut sind, das passiert nach solchen Schemen oder heißt es Schemata? Mein Lehrer sagt Schemata und ich will nicht so klingen wie er, naja egal. Jedenfalls war das Schema, das er uns vorgestellt hat, etwas, das sich Drei-Akt-Struktur nennt. Ich habe nicht genau verstanden, wie das funktioniert, aber es läuft darauf hinaus, dass Figuren in einer Geschichte immer etwas Schlimmes passieren soll, damit die Geschichte spannend ist. Hast Du jemals so einen Blödsinn gehört? Als wenn ich wollte, dass Dir etwas Schlimmes passiert, anstatt dass Du einfach mit Orphalia zusammenkommst und Ihr beide dann glücklich werdet. Genau das will ich und nicht etwas Schlimmes wegen einer Struktur. Auf jeden Fall saß ich in der Stunde und wurde immer wütender, hätte meinen Lehrer fast angeschrien, ob ich vielleicht auch so eine Scheiß Figur in seiner Scheiß Drei-Akt-Struktur wäre, weil meine Eltern und meine Schwester tot sind und ob ihm irgendwann im Leben mal etwas Schlimmes passiert ist, dass er sich so etwas wünscht. Wie gesagt, ich hätte ihn fast angeschrien. Aber ich habe mich besonnen, weil alles, was ich über meine Gefühle sage, nur noch mehr Therapiestunden nach sich zieht.

Ich hasse die Therapie, aber heute habe ich mir gedacht, wenn ich schon hin muss, kann ich mit dem Therapeuten ja auch über die Drei-Akt-Struktur reden. Er will ja, dass ich rede, egal über was. Also habe ich ihm erzählt, dass mich das aufregt, aber anstatt mir zuzustimmen oder mir zu widersprechen, hat er mich nur gefragt, wie ich mich dabei fühle. Bin ich bescheuert? Das ist doch nicht das Thema!

Es ist falsch, schlicht und einfach falsch, zu behaupten, dass in allen Geschichten etwas Schlimmes passieren muss. Darüber hat er nichts gesagt, sondern mich nur über meine Gefühle ausgefragt. Schließlich habe ich ihn wieder angeschrien und nach der Sitzung hat er gesagt, wir hätten gute Fortschritte gemacht. Ganz ehrlich, ich würde so etwas niemals einem anderen Menschen als Dir erzählen und ich hoffe, Du ekelst Dich jetzt nicht vor mir, aber ich hätte dem Therapeuten am liebsten in seinen blöden Kaffee geschissen.

Denn das Schlimmste war: Ich habe seit fast einer Woche nicht mehr »Die Erben des Taralon« gesehen und ich musste einfach immer nur daran denken, dass Dir, also Saphira, inzwischen etwas sehr Schlimmes passiert ist, wegen der Drei-Akt-Struktur. Vielleicht bist Du, also, ist sie sogar tot und ich weiß es nicht einmal. Ich will mich jeden Tag zusammenreißen, damit sie mich wieder die Serie schauen lassen, aber es gelingt mir oft nicht. Es macht mir nur noch mehr Schmerzen.

Aber genau deswegen habe ich mir das vorgestellt. Dort bei den Sternen, da sind nicht nur meine Eltern und meine Schwester, sondern auch Du bist da. Ich weiß, Du bist nicht Saphira, sondern Klara und bestimmt hast Du genug eigene Probleme, wenn Du gerade nicht Saphira bist. Aber dort, wo die Sterne zuhause sind, dort gibt es keine Probleme und keine Drei-Akt-Struktur. Dort können wir sein, wer wir wollen. Und weißt Du, wer ich dann wäre? Deine beste Freundin.

Müde Grüße

Deine Celine

Liebe Klara,

gerade habe ich einen dicken Anschiss von Tante Tina bekommen. Sie ist regelrecht verzweifelt, zumindest wollte sie, dass ich das denke. Sie sitzt jetzt unten und heult. Willkommen in meiner Welt. Aber ganz ehrlich, ich empfinde kein Mitleid mit ihr, denn sie wollte von mir wissen, warum ich heute die Therapiesitzung geschwänzt habe. Ich habe es ihr nicht gesagt. Aber dir erzähle ich es, denn es war heute ein wunderschöner Tag.

Der Tag ging schon gut los, denn in der Schule gab es heute ausnahmsweise keine Zwischenfälle. Patricia habe ich den ganzen Tag nicht gesehen und meine Lehrer, die mich immer beobachten, haben mich heute in Ruhe gelassen. Ich hatte fast gute Laune, als ich nach Hause ging, nur die beschissene Therapiesitzung überstehen, habe ich gedacht, dann könnte ich tun, was ich wollte, und ich dachte mir, vielleicht lassen mich Tante Tina und Onkel Hartmut sogar eine Folge »Erben des Taralon« schauen. Das werden sie jetzt natürlich nicht tun, aber trotzdem hat es sich gelohnt.

Denn als ich auf dem Weg zum Therapeuten war, habe ich eine Nachricht von Tabitha bekommen. Sie fragte, ob ich nicht spontan Zeit hätte, mir ihr Atelier anzusehen. Was für eine Frage! Natürlich hatte ich. Für so etwas lasse ich meine Therapie gerne dreimal sausen. Außerdem war das ein Zeichen. Ich war auf dem Weg zur Therapie und keiner konnte mich daran hindern, einfach zu ihr zu fahren. So etwas nennt man doch ein Zeichen, oder? In jedem Fall bin ich sofort in den nächsten Bus gestiegen und zu ihr gefahren. Es war fantastisch. Tabitha arbeitet in einem alten Industriegebäude, wo sie Räumlichkeiten an Künstler oder junge Startup-Unternehmen vermieten. Kannst Du Dir vorstellen, wie so ein Atelier aussieht? Ich konnte es bislang nicht. Ich kam an und musste durch eine große Stahltür gehen, durch ein paar Gänge, die mit Neonlicht ausgeleuchtet waren, und dann stand Tabitha vor mir. Sie war so schön, hatte eine weite Hose, ein enges Top und so eine lange Jacke an. Sie lächelte, als sie mich sah. Weißt Du, wann ich so etwas zum letzten Mal gesehen habe? Egal, in ihrem Atelier hatte sie einige Staffeleien mit großen Leinwänden, teilweise schon fertige Bilder, teilweise aber auch komplett weiß. Außerdem hatte sie viel Werkzeug da, weil sie auch Skulpturen und so etwas macht. In einer Ecke standen zwei Sessel, eine Couch und ein Couchtisch, alles ganz bunt, auf einem rosa Teppich. Aber das Beste kommt noch. An den Wänden in der Ecke hingen riesige Tücher mit Aufdruck, Sterne, Tierkreiszeichen, Planeten, Sonnensysteme, Galaxien. Es ist genauso, wie ich mir das vorgestellt habe, nur dass Tabitha bei den Sternen war und nicht meine Familie und Du. Nachdem sie mir verschiedene Bilder und Skulpturen von sich gezeigt hatte, haben wir uns auf das Sofa gesetzt und Tee getrunken. Sie erzählte mir, wie sehr sie meine Zeichnung beeindruckt hat und ich habe mich so wohl gefühlt. Irgendwann begann sie, meinen Rücken zu streicheln und schließlich haben wir uns geküsst. Ja wirklich! Wir haben uns geküsst. Es war wunderschön, wirklich, mein erster ernst gemeinter Kuss. Sie hat gelächelt und sich entschuldigt, dann habe ich gelächelt und gesagt, sie müsse sich nicht entschuldigen und dann hat sie mich noch einmal geküsst.

Tut mir leid, ich möchte nicht nerven, aber Du und Orphalia, seid Ihr inzwischen zusammen? Ich würde es so gerne wissen. Es ist wunderschön, verliebt zu sein, weißt Du? Natürlich weißt Du das. Bestimmt hast Du, also Du als Klara, auch einen Menschen, der Dich liebt. Und wenn nicht, ist das nicht schlimm, denn ich liebe Dich. Ich liebe Dich wirklich!

So, jetzt habe ich es gesagt. Ich hoffe, Tabitha ist nicht böse auf mich. Wir wollen uns morgen wiedersehen.

Innigste Grüße

Deine Celine

Liebe Klara,

ich bin traurig, unendlich traurig, denn gerade habe ich Dir einen Brief geschrieben, in dem ich lang und breit erzähle, wie glücklich ich bin. Ich bin heute früher aus der Schule gegangen, um mich mit Tabitha zu treffen. Wir hatten ein paar wunderschöne Stunden, wirklich wunderschön, das alles habe ich Dir in dem Brief geschrieben, was wir gemacht haben, wie ich mich gefühlt habe und dass ich glaube, mein Leben könnte endlich wieder besser werden. Doch das wird es nicht. Denn es ist etwas passiert.

Ich wollte gerade zum Briefkasten gehen und den Brief einwerfen, da stand Camilla vor mir, Du weißt, meine Cousine, die auch hier wohnt. Sie fragte, warum ich die Schule geschwänzt hätte. Sie hat mich nämlich gesehen, wie ich weggegangen bin. Dann sah sie den Brief und ehe ich etwas tun konnte, hat sie ihn mir aus der Hand gerissen, sich in ihrem Zimmer eingeschlossen und ihn gelesen. Stell Dir das vor! Sie hat meinen Brief an Dich gelesen, in dem ich geschrieben habe, wie glücklich ich mit Tabitha bin. Sie nannte mich ekelhaft und als ihre Eltern nach Hause kamen, hat sie ihnen alles erzählt. Sie haben Tabitha ausfindig gemacht und ihr gedroht, sie würden sie verklagen, wenn sie mich nicht in Ruhe lässt. Wahrscheinlich werde ich sie nie wieder sehen.

Ich bin nur froh, dass Du meine anderen Briefe bekommen hast. Du hast sie doch bekommen, oder? Wenn es nicht zu viele Umstände macht, vielleicht könntest Du mir eine kurze Antwort schicken. Versteh mich nicht falsch, ich weiß, Du bekommst bestimmt viele Briefe, aber es wäre mir einfach nur wichtig zu wissen, dass Du sie gelesen hast.

Ich fühle mich so schlecht, auch weil ich jetzt bestimmt schon acht Folgen von »Die Erben des Taralon« verpasst habe. Die ganzen Menschen um mich herum, es ist, als hätten sie mich eingesperrt, nicht in einem Zimmer oder so, sondern in meinem Leben. Tabitha ist weg, Du bist weg. Alles, was ich sehe, sind Mauern und ich weiß, hinter den Mauern ist nur Tod.

Jedenfalls wollte ich Dir nur schreiben, dass Du wohl in nächster Zeit keine Briefe mehr von mir bekommst. Tante Tina und Onkel Hartmut haben mir unmissverständlich klar gemacht, dass, wenn ich nicht tue, was sie sagen, sie mich in eine Anstalt einweisen. Das wäre das Schlimmste für mich.

Ich hoffe, ich kann wenigstens diesen Brief noch abschicken.

Traurige Grüße

Celine

Liebste Klara,

ich weiß, es ist über ein Jahr her, dass ich Dir das letzte Mal geschrieben habe. Eine Antwort habe ich nie von Dir bekommen, aber wahrscheinlich hattest Du zu viel zu tun mit Deiner Kino-Karriere, seitdem »Die Erben des Taralon« abgesetzt wurde. Ich habe inzwischen alle Folgen gesehen und war gar nicht so traurig, dass nichts aus Dir und Orphalia geworden ist. Nur dass die Serie mit einem Cliffhanger endet und dann nicht weitergedreht wird, fand ich wirklich blöd. Aber sicher kannst Du gar nichts dafür.

Nur für den Fall, dass Du wissen willst, wie meine Geschichte weitergeht, schreibe ich Dir. Ich möchte nicht, dass es Dir geht wie mir mit der Serie. Natürlich weiß ich nicht mehr genau, was ich Dir alles geschrieben habe, daher hoffe ich, dass ich nichts vergesse.

Meine Eltern und meine Schwester sind nun über ein Jahr tot und ich vermisse sie immer noch jeden Tag. Am schlimmsten war es letztes Jahr Weihnachten und da es nun nur noch ein paar Wochen dauert, bis wieder Weihnachten ist, spüre ich, wieviel Angst ich davor habe. Ich habe nämlich seit der Sache mit Camilla und Deinem Brief verstanden, dass es in diesem ganzen Wahnsinn hier gar nicht um mich geht. Es geht nicht darum, ob ich glücklich bin oder traurig, es geht nicht darum, ob ich mit meinem Leben und dem Tod meiner Familie zurechtkomme. Es geht nur darum, dass die anderen damit zurechtkommen und mit mir. Ich weiß es inzwischen. Immer wenn sie mich sehen, denken sie daran, dass ich meine Familie verloren habe. Etwas anderes bin ich für sie nicht. Ich bin die, die ihre Familie bei einem Verkehrsunfall verloren hat. Alles, was ich tue und das sie nicht als normal empfinden, passiert für sie nur deswegen. Dass ich lesbisch bin, zum Beispiel oder dass ich gerne allein bin. Alles erinnert sie an den Tod meiner Familie und damit kommen sie nicht klar.

Wenn ich so etwas wie Kindheit und Jugend jemals gehabt habe, ist es vorbei, seitdem ich das verstanden habe. Im Englischunterricht haben wir den Roman »The Age of Innocence« besprochen. Ich weiß nicht, ob ich das alles richtig verstanden habe, aber es hat mir etwas unmissverständlich vor Augen geführt. Unsere Lehrerin meinte, die Unschuld liege darin, dass man glaube, das Äußerliche eines Menschen entspreche seinem Inneren. Damals, als ich Dir die Briefe schrieb, habe ich das noch geglaubt. Ich habe geglaubt, dass ich innerlich glücklich sein muss, um auch nach außen wieder glücklich zu sein. Doch das stimmt nicht. Nach dem Vorfall mit Camilla habe ich mich bemüht, alles zu tun, was man von mir verlangt hat. Ich bin brav in die Schule gegangen, brav zum Therapeuten und immer, wenn man mich gefragt hat, habe ich brav geantwortet, dass mir die Schule und die Therapie hilft, um wieder glücklich zu werden. Alle waren zufrieden und seit drei Monaten gelte ich als geheilt.

Aber innerlich bin ich gestorben. Ich konnte nachts nicht schlafen, hatte Ängste und Panikattacken, aber ich habe es niemandem gesagt, weil ich sonst nur noch mehr Schule und noch mehr Therapie bekommen hätte. Das ist immer noch so. Ich habe Angst, schreckliche Angst, nicht vor irgendetwas, sondern einfach so. Das ist das Schlimmste. Ich fühle mich gefangen in einem dunklen Nichts, in dem es nur Gegenwart gibt, keine Vergangenheit, keine Zukunft. Ich weiß nicht, wo ich hingehöre, wo ich hingehen oder was aus mir werden soll. Ich spüre nichts. Aber alle loben mich, wie gut ich mich entwickelt habe. Soll das meine Heilung sein? Ich bin erwachsen geworden, indem ich meine Träume, meine Hoffnungen und meine Unschuld aufgegeben habe. Nun denken sie, ich bin eine von ihnen. Aber das bin ich nicht. Ich gehöre nicht in diese Welt. Ich gehöre dorthin, wo meine Familie ist. Aber das versteht wirklich niemand.

Was mir bleibt, ist der Glaube daran, dass es irgendwo einen Ort gibt, an dem jeder zuhause ist. Hier kann es nicht sein. Vielleicht ist es der Ort, an dem ich nicht nur meine Eltern und meine Schwester wiedersehen, sondern irgendwann auch Dir leibhaftig begegnen werde. Das ist meine Hoffnung, denn dorthin werde ich gehen, eines Tages: In die Heimat der Sterne.

Deine Celine

Herr Bachmanns Freund

»Shame and disgrace over mental unrest keeps us
from saving those we love.«
Losing time – Dream Theater

Es gibt Menschen, die zu allen freundlich sind. Man erkennt sie daran, dass sie sich bedanken, wenn man ihnen an der Kreuzung oder am Tresen den Vortritt lässt. Wenn sie lächeln oder die Hand zum Gruß heben, hat es so etwas Verbindliches, als wäre man mit ihnen einen Vertrag eingegangen. Sie grüßen, wenn man ihnen auf dem Spaziergang mit dem Hund begegnet. Natürlich haben sie keinen Hund. Sie haben nichts außer, viel zu geben. Doch niemand will es. Redet man ein paar Worte mit ihnen, so reagieren sie überschwänglich, bieten im dritten Satz ihr geliebtes Auto zum Verleih an, im fünften Satz Hilfe bei der Pflege eines nahen Anverwandten, um den man sich selbst nicht kümmert, und im siebten Satz laden sie zu sich nach Hause ein zur Verköstigung sündhaft teurer Whiskeys, den sie leidenschaftlich sammeln, um dabei etliche Staffeln ihrer Lieblingsserie zu schauen, und schließen mit dem Hinweis: »Du kannst auch bei mir pennen«.

Herr Bachmann war so ein Mensch. Wer Herrn Bachmann kannte, der wusste, dass er unbedingt einen Freund brauchte. Er war einer von diesen freundlichen Menschen, aber noch schlimmer war, dass er niemals in seinem Leben gelogen hatte. Ich kannte ihn, so wie man Menschen kennt, die in der Nachbarschaft wohnen. Oft, wenn ich von der Arbeit nach Hause kam, sah ich ihn mit anderen Nachbarn reden. Die allerdings machten regelmäßig den Anschein, als wollten sie schnell weg von ihm. Mir tat er leid, weswegen ich auch die Petition nicht unterschrieb, die ein mürrischer Nachbar gegen das Fällen von Birken angestrebt hatte, weil Herr Bachmann gegen Birken allergisch war. Das war meine Art, mich solidarisch mit ihm zu zeigen. Es hatte den Zweck, mein schlechtes Gewissen zu beruhigen, weil ich, genau wie jeder andere in der Nachbarschaft, nichts mit ihm zu tun haben wollte.

Das Schlimmste für Herrn Bachmann war, dass er der letzte Bewohner eines maroden Plattenbaus am Rande unserer Neubausiedlung war. Sie bestand aus schönen Einfamilienhäusern, alle weiß getüncht, mit Schornsteinen und grünen Vorgärten in einer verkehrsberuhigten Zone. Der Plattenbau war nach dem Zweiten Weltkrieg unter Benutzung der Trümmer, den die Bombennächte hinterlassen hatten, hochgezogen worden, weil man in Zeiten der Not Eigentumswohnungen für eine gute Investition hielt. Bereits Anfang der 2000er Jahre, als Herr Bachmann die Wohnung von seinem Vater erbte, galt der gesamte Komplex als baufällig. In dem Maße, in dem die neuen Einfamilienhäuser unserer Siedlung sich dem alten Bau annäherten, hing auch die Gefahr des Abrisses wie eine dunkle Wolke über dem alten Komplex und über Herrn Bachmann. Mitleid, sofern die Menschen hier darüber verfügten, war das Einzige, was ihn mit der Außenwelt verband.

So war ich wenig erbaut, als ich am Montagmorgen reichlich übernächtigt seinen Namen als einzigen unter meinen Aufträgen sah. Das Auftragsdatum war der 21. Juni. Nun war es Ende Oktober. Offenbar hatte mein Chef es lange Zeit nicht für nötig befunden, Herrn Bachmanns Auftrag an uns weiterzugeben, bis der nächtliche Frost das letzte bisschen Mitleid aus ihm herausquetschte. Gewiss hätten sich die meisten Kollegen an meiner Stelle einen Plan zurechtgelegt, wie sie sich möglichst schnell aus den Fängen von Herrn Bachmanns euphorischer Konversationswut befreien oder gar nicht erst hineingelangen könnten, ich aber war zu müde für solche Gedanken. Der Sonntag steckte mir noch allzu sehr in den Knochen. Meine Verlobungsfeier inklusive des ersten Treffens meiner Eltern mit der Familie meiner liebsten Sophie war von uns wochenlang akribisch vorbereitet worden. Es sollte der perfekte Auftakt zu unserer Ehe werden und wäre es auch sicher geworden, wenn nicht meine Schwester Agnes auf einmal aufgesprungen wäre und geschrien hätte, meine Frau und ihre Familie hätten ihre letzten drei Ehemänner allesamt umgebracht, zerstückelt und verscharrt. Auf dem Höhepunkt ihres Anfalls zerschlug Agnes mein Handy, weil sie fürchtete, dass meine Schwiegereltern mich auf Grund der Fotos, die wir an diesem Tag gemacht hatten, schon in der kommenden Nacht in Stücke hacken würden. Dabei war Sophie, meine Verlobte, nie verheiratet und mit ihren dreiundzwanzig Jahren mit Sicherheit nicht dreimal. Aber meine Schwester leidet seit ihrer Jugend an Schizophrenie, womit sie mir bereits etliche Weihnachtsfeiern, Geburtstage und meinen Abiball versaute. Dennoch bestanden meine Eltern darauf, dass sie dabei sein sollte, wenn ich Sophie meinen Antrag machte. So war das Ergebnis meiner Verlobungsfeier das, was es immer bei solchen Anlässen war: Auf meine Eltern und meine Schwester war ich wütend, vor allen anderen schämte ich mich für sie.

Sicher kann sich jeder vorstellen, dass ich unter diesen Umständen froh war, nur einen Auftrag an diesem Tag zu haben und mich auch nicht sonderlich darum scherte, wie Herr Bachmann war und was er für einen Ruf in unserem Viertel hatte. Als ich gegen halb acht am Montagmorgen in unserem Bett wach wurde, fühlte ich zuerst neben mich. Die andere Seite war leer. Sophie besuchte für ein paar Tage ihre Eltern und war zuvorkommend genug, ihre Arbeit als Grund dafür vorzuschieben. Aber wir beide wussten, dass meine Schwester daran schuld war. Ich hatte mir vorgenommen, Sophie so bald wie möglich bei ihren Eltern aufzusuchen, mich, für was auch immer, zu entschuldigen und mit ihr einen romantischen Abend zu verbringen. Anrufen konnte ich nicht. Alle Nummern waren auf meinem Handy gespeichert, das meine Schwester zertrümmert hatte. So duschte ich mich, kochte Kaffee und trank ihn in unserer gemeinsamen Küche. Mit jeder Minute hoffte ich mehr, dass sich bald alles wieder einrenken würde. Denn unser gemeinsames Haus, von dem ich immer dachte, es wäre mein einziger Traum, war eine verwaiste Spukhöhle ohne sie.

Mein Auto ließ ich stehen, nachdem ich aus der Haustür herausgetreten war. Frost lag in der Luft und hüllte die weißen Häuser unserer Siedlung in einen eigenartigen Schimmer. Ich ging die Spielstraßen entlang bis zu den Baustellen, wo weitere Häuser dieser Art entstanden. Durch ein brachliegendes Grundstück, das nur noch sporadisch mit Bauzäunen eingegrenzt waren, führte mein Weg bis zu einer kleinen Straße, die mit Schlaglöchern übersät war. Vor Jahrzehnten mag das hier noch eine lebendige Siedlung gewesen sein. Als ich noch Architektur studierte, träumte ich immer davon, solche Grundstücke einmal nach meinem Gutdünken neu gestalten zu dürfen. Doch reichten weder meine Fertigkeiten in Mathematik noch mit Computern aus, um das Studium zu beenden. So erfasste mich seit meiner Ausbildung zum Anlagenmechaniker stets Wehmut, wenn ich an solchen Grundstücken vorbeiging. Schließlich baute sich der letzte der alten Bauten, in dem nur noch Herr Bachmann wohnte, in seiner ganzen Hässlichkeit vor mir auf.

Zwei der drei Eingangstüren waren bereits mit Absperrband geschlossen worden. Nur die mittlere gewährte noch Einlass. Hinter der mit Stahl eingerahmten Doppelverglasung lag Dunkelheit. Wie konnte Herr Bachmann hier nur leben? Ich glaube, ich würde verrückt werden, wenn ich einsam und allein in einem baufälligen Haus wohnen müsste. Auf den Klingelschildern zeugten noch einzelne Namen von den alten Bewohnern. Zwischen ihnen fand ich die Klingel von Herrn Bachmann und läutete. Drei Sekunden später hörte ich den Summer und drückte die Tür auf. Obwohl es unvernünftig erschien, nahm ich den Fahrstuhl in die vierte Etage. Er ratterte fürchterlich und mehr als einmal hatte ich Angst, er würde steckenbleiben.

Herrn Bachmanns Wohnungstür konnte ich daran erkennen, dass sie als einzige offen stand. Meine Werkzeugtasche in der Hand ging ich über einen dicken Teppich, der schon fünfzig Jahre alt sein musste. Durch den hallenden Flur hörte ich vereinzelte Geräusche, deren Herkunft ich mich zwang, nicht zu hinterfragen. Mehr als einmal glaubte ich, Schatten an mir vorbeihuschen zu sehen. Ich ging weiter, ignorierte das Knarzen der Dielen, das wie Stöhnen aus alten Gräbern anmutete, und schaute vorsichtig durch den Türspalt von Herrn Bachmanns Wohnung. Ich klopfte, rief »Hallo« und drückte die Tür auf. Plötzlich sah ich den glatzköpfigen, hornbebrillten Herrn Bachmann aus einer anderen Tür kommen. Er war außer Atem und blinzelte, als er mich sah. Ein Küchenhandtuch auf seiner Schulter verdeckte nur halb den zusammengeknoteten Hosenträger.

»Kommen sie nur herein«, sagte er.

»Firma Henkens«, sagte ich, »ich komme wegen ihrer Heizung.«

Herr Bachmann trat auf mich zu und schüttelte mir kräftig die Hand.

»Das ist gut, dass sie da sind. Kommen sie gleich mit in die Küche.«

Widerwillig folgte ich ihm. Er musste mich eigentlich nur in den Heizungskeller lassen, dann wäre ich hier schnell fertig.

»Vielleicht möchten sie ablegen«, sagte er von mir abgewandt, »Sie können ihre Sachen in den Flur stellen. Ich bin sicher, sie arbeiten noch lange heute. Vielleicht wollen sie sich erst einmal setzen.«

»Nun, eigentlich habe ich es eilig«, sagte ich, als ich die Küche betrat und erstarrte. Am Ende des schmalen Gangs zwischen Küchenschränken und Arbeitsplatten stand ein kleiner, eingedeckter Tisch mit drei Stühlen. Es roch nach Kaffee und frischen Brötchen. Verdutzt sah ich Herrn Bachmann an, der in freudiger Erwartung lächelte.

»Ich dachte mir, bei all dem Stress haben sie bestimmt noch nichts gegessen«, sagte er.

»Nein«, antwortete ich, »aber das wäre doch nicht nötig gewesen.«

»Wir machen das gerne«, sagte Herr Bachmann und rückte einen Stuhl zurecht.

»Wir?«, fragte ich verdutzt.

»Ja, ich und mein Freund«, sagte Herr Bachmann.

Irritiert sah ich mich um. Außer mir und ihm war niemand in der Küche.

»Er macht sich im Badezimmer noch ein wenig frisch«, sagte Herr Bachmann, »wir bekommen nicht oft Besuch, sie wissen ja, wie wir hier wohnen. Mein Freund war schon gestern Abend ein wenig aufgeregt. Sie wissen ja, wie das ist. Hat man alles besorgt? Gibt es vielleicht etwas, das sie nicht mögen? Ist auch genug von allem da? Er macht sich immer Sorgen um so etwas. Aber bitte, nehmen sie doch Platz.«

Ich hatte keine Ahnung, was ich darauf antworten sollte, sah auf die Uhr. Herr Bachmann ließ sich nicht irritieren.

»Was ist denn nun mit ihrer Heizung? Heizt sie gar nicht oder nur ein wenig?«, fragte ich.

»Wir werden gleich dorthin gehen. Lassen sie uns nur noch auf meinen Freund warten. Der hat den Schlüssel. Das ist wichtig, denn die Tür zum Heizungskeller lässt sich nur von außen öffnen.«

Ich seufzte, stellte meine Tasche ab und ließ mich auf dem Stuhl nieder. Diskutieren, so sagte ich mir, würde die Sache nur in die Länge ziehen. Immerhin hatte Herr Bachmann einen Freund. Meine Befürchtung, dass er mich mit Gesprächen stundenlang beschäftigen würde, war also unbegründet. Auch musste ich zugeben, dass der Frühstückstisch sehr einladend aussah. Die Küche musste in stundenlanger Arbeit geputzt worden sein. Nicht einmal Sophie hätte das so gut hinbekommen.

»Bitte bedienen sie sich doch, es ist alles da«, sagte Herr Bachmann.

Als wenn er es mit seiner Aufforderung provoziert hätte, bemerkte ich, dass ich großen Hunger hatte. So schnitt ich mir ein Brötchen auf und belegte es. Herr Bachmann strahlte mich an, als er es sah.

»Es sind die besten Brötchen«, sagte er, »schmecken sie ihnen?«

»Sehr gut, vielen Dank«, sagte ich und mich überbekam ein gutes Gefühl, weil ich in diesem Haus willkommen war. Herr Bachmann war tatsächlich ein netter Mensch. Schade, dass er von allen so gemieden wurde.

»Ah, da kommt ja auch schon mein Freund«, sagte er und öffnete die Tür.

Ich erstarrte. Wer oder was auch immer hinter der Tür gestanden hätte, es wäre für mich nicht so niederschmetternd gewesen. Denn da stand niemand, einfach niemand. Obwohl ich gerade noch gekaut hatte, starrte ich nun mit offenem Mund auf Herrn Bachmann, wie er weltmännisch die Tür hielt, dann mit schnellen Schritten zum Tisch eilte und einen anderen Stuhl zurechtrückte. Ein Schauer lief mir über den Rücken. Prompt erinnerte ich mich an die Zeit, als meine Schwester auch gelegentlich imaginäre Freunde hatte. Ich wusste noch, wie die Regel dazu damals hieß: Einfach mitspielen. Versetz dich in ihre Welt, dann wird nichts Schlimmeres passieren.

»Lang nur tüchtig zu«, sagte Herr Bachmann zu dem leeren Stuhl, »das ist Herr Henkens, unser Heizungsmonteur. Aber eigentlich ist er unser Retter. Er wird dafür sorgen, dass uns nicht mehr so kalt ist.«

Dann nahm Herr Bachmann Platz und aß ein Brötchen.

»Ist es nicht schön, so gemütlich hier zusammenzusitzen?«, fragte er.

Ich antwortete nicht. Wenn ich mich schon in das alles hineinversetzen musste, so konnte auch Herr Bachmanns Freund für gute Stimmung sorgen. Schnell aß ich mein zweites Brötchen auf.

»Ich müsste dann auch gleich einmal weiter«, sagte ich, »aber wenn ich fertig bin, können sie ja noch zusammen den Rest des Frühstücks genießen.«

Herr Bachmann grinste und wandte sich an den leeren Platz.

»Nun, wollen wir unseren Retter sein gutes Werk tun lassen? Was meinst du?«

Es war seltsam. Herr Bachmann machte nicht den Eindruck, als hätte ihm sein imaginärer Freund geantwortet. Dennoch nickte er.

»Nun gut, dann wollen wir mal. Den Schlüssel zum Keller habe ich in der Tasche.«

Herr Bachmann stand auf und ging zur Wohnungstür. Erleichtert nahm ich meine Tasche und folgte ihm. Im Flur vergewisserte er sich noch einmal, ob er alle Schlüssel bei sich hatte, dann stiegen wir die Treppe hinab.

Auf unserem Weg zum Keller hörte Herr Bachmann nicht auf zu reden. Er erzählte ununterbrochen von seinem Freund, der ein begabter Architekturstudent sei und kurz vor seinem Abschluss stünde. Herr Bachmann wisse ja, so sagte er, was Leute denken würden, aber nein, sie seien kein Liebespaar, denn sein Freund sei mit einer wunderschönen Frau verlobt, die ihn anbete. Die Treppen der Stockwerke schienen immer länger zu werden. Je weiter wir nach unten kamen, desto mehr musste ich an Sophie denken. Ich vermisste sie so sehr und hoffte inständig, dass die Heizung wieder einmal nur falsch eingestellt worden sei und ich in fünf Minuten wieder hier raus war.

Endlich waren wir unten angekommen. Nur mit Mühe drehte Herr Bachmann den Schlüssel und zog schwerfällig die dicke Stahltür auf.

»Der Heizungskeller ist ganz hinten«, sagte Herr Bachmann. »Mein Freund kriegt die Tür leichter auf, aber er ist auch stärker als ich. Er arbeitet nämlich nebenbei auf dem Bau. Er schleppt allein einen mittelgroßen Radiator, können sie sich das vorstellen?«

Ich presste die Lippen aufeinander. Wie sehr ich es hasste. Mein ganzes Leben lang habe ich mir von Menschen anhören müssen, dass man mit psychisch kranken Menschen nachsichtig sein müsse. Der Krankheit, so hieß es, müsse man mit äußerster Umsicht begegnen, dürfe diese Menschen nicht aller ihrer Illusionen entreißen, sonst käme es zum Zusammenbruch, möglicherweise zu Gewaltausbrüchen. Wir schritten ein gemauertes Gewölbe hindurch. Ein Gemisch aus altem Staub und Spinnenweben hing von der Decke herab, sodass ich mich ducken musste. Jedes Mal, wenn ich einen alten Keller betrat, hatte ich stundenlang später noch das Gefühl, dass winzige Insekten auf mir herumkrabbeln. Sophie hegte eine ordentliche Abscheu gegen solche Tiere und ekelte sich vor mir, wenn sie erfuhr, dass ich in einem alten Keller gearbeitet hatte. Das hier war der widerlichste aller alten Keller, die ich je gesehen hatte. Staub und Dreckschichten an den Wänden, in jeder Ecke stapelte sich Müll, den ehemalige Bewohner des Hauses hier seinem Schicksal überlassen hatten. Ich sah alte Farbeimer, Gartenmöbel, abgenutzte Reifen und einen Kinderwagen, auf dessen Sitz sich eine fette Wolfsspinne räkelte. Augenscheinlich tote Schneider und Schnaken hingen in den Netzen zwischen schwarzen Knäueln, von denen ich hoffe, dass sie nur aus Staub bestanden. Plötzlich erfasste mich ein Windzug. Die Spinnenweben bäumten sich auf und dann fiel die schwere Eingangstür hinter uns krachend ins Schloss.

»Keine Sorge, ich habe den Schlüssel«, sagte Herr Bachmann, »nur beim Heizungskeller müssen wir aufpassen. Wie gesagt, die Tür lässt sich nur von außen öffnen. So da sind wir.«

Der Gang war zu Ende. Vor uns war eine weitere Stahltür in das alte Mauerwerk eingelassen. Als Student hatte ich gelernt, dass die Häuser der fünfziger Jahre oft auf älteren Fundamenten gebaut wurden. Wahrscheinlich war das eines davon. Niemand konnte ahnen, wann diese Mauern in die Erde gestampft worden waren. Herr Bachmann lehnte sich an die Tür.

»Am besten bleibe ich hier stehen. Mein Freund geht gleich und wenn wir hier eingeschlossen sind, wird uns tagelang niemand finden.«

Ich stellte meine Werkzeugtasche ab. Vorsichtig, den Blick zur Decke gerichtet, ging ich in den Heizungskeller. Erleichtert stellte ich fest, dass durch ein Gitter an der Decke Tageslicht in den Raum fiel. Ich wusste zwar, dass hinter dem Haus nur weiteres Brachland lag, aber die Helligkeit beruhigte mich. Ich wandte mich der Zentralheizung zu.

»Mein Freund hat sich das Gerät auch schon einmal angesehen«, sagte Herr Bachmann, »er hat auch irgendetwas daran verstellt, aber ich weiß nicht was.«

»Soso«, sagte ich und versuchte mir vorzustellen, wie Herr Bachmann hier an den Geräten herumgefummelt und gedacht hatte, sein Freund würde das tun. Ich sah zu ihm. Er lächelte. Ein Schauer lief mir über den Rücken.

»Mein Freund sagte, das Gerät ist etwas überholt. Es müsste einmal etwas Neues her, aber sie wissen ja, wie das ist.«

»Nun ihr Freund«, sagte ich, »scheint sich mit Zentralheizungen nicht besonders gut auszukennen. Das Gerät ist zwar alt, funktioniert aber eigentlich einwandfrei.«

Ich sah mir den Thermostat an. Jemand hatte sich daran zu schaffen gemacht und so den Abschaltmechanismus der Heizung manipuliert.

»Guter Mann«, sagte Herr Bachmann, »mein Freund kennt sich mit allem aus, was mit Bau zu tun hat. Schließlich studiert er Architektur. Sie haben nur Heizung gelernt, aber er, er studiert, wissen sie. Da lernt er alles, das große Ganze.«

Ich versuchte mich auf meine Arbeit zu konzentrieren.

»Wissen sie, ein studierter Mensch ist um so viel besser ausgebildet«, sagte Herr Bachmann. »Er bekommt einen kompletten Überblick. Es ist klar, dass sie damit überfordert sind.«

Ich hielt inne. So langsam hatte ich genug.

»Ich habe auch Architektur studiert, wissen sie«, sagte ich, »und im Studium lernen sie einen Scheiß. Sie müssen zeichnen, immer nur zeichnen, dämliche Zeichnungen von dämlichen Objekten machen, die ohnehin nie realisiert werden. Von solcher Technik, gerade wenn sie so alt ist, lernen sie da gar nichts. Und ich glaube, ihr Freund hat den Defekt dieses Geräts selbst verschuldet. Ich sage immer, dass die Kunden nicht selbst Hand anlegen sollen. Damit machen sie alles nur schlimmer.«

Ich sah zu Herrn Bachmann. Er lächelte nicht mehr, wie ich zufrieden feststellte. Offenbar hatte ich einen wunden Punkt erwischt.

»Mein Freund«, sagte er, »kennt sich mit allem aus. Was wissen sie schon!«

Mit einigen Handgriffen stellte ich den Thermostat ein. Die Zentralheizung machte ein rappelndes Geräusch. Dann sprang sie wieder an.

»Sehen sie«, sagte ich, »so einfach ist das. Ihr Freund hat die Heizung deaktiviert. Er wusste eben nicht, was er tut.«

»Wie können sie das sagen?«, ereiferte sich Herr Bachmann, »mein Freund soll die Heizung kaputt gemacht haben? Das kann nicht sein.«

Ich sah Wut in seinem Gesicht. Doch war das nichts gegen das, was ich spürte. Zuerst meine Schwester gestern und nun kam der nächste Irre, der sich zwischen mich und meine Sophie stellte. Hätte ich nicht hierhin gemusst, wäre ich schon längst auf dem Weg zu ihr und wir hätten uns aussprechen können.

»Wissen sie, mein lieber Herr Bachmann«, sagte ich, »sie haben Recht. Ihr Freund hat die Heizung nicht kaputt gemacht. Sie waren es! Denn ihr Freund ist nur eine Einbildung. Sie sind verrückt, wissen sie. Sie sollten sich einweisen lassen, dann wären sie auch endlich aus diesem Haus raus und man könnte den hässlichen Bau abreißen. Sie bilden sich alles ein. Niemand im ganzen Viertel kann sie leiden, weil sie sich so seltsam aufführen und jetzt auch noch dieser Freund, den es nicht gibt. Wachen sie auf! Gehen sie in Therapie und kriegen sie ihr Leben in den Griff, verdammt nochmal!«

Nun sah ich keine Wut mehr auf seinem Gesicht. Es war blankes Entsetzen. Hinter seiner Stirn arbeitete es. Noch einmal sah ich ihn bestimmt an.

»Haben sie verstanden, was ich gesagt habe?«

Ich wusste nicht, was als nächstes kommen sollte. Ich blieb stehen, wo ich stand. Vielleicht würde er auf mich losgehen oder mich zumindest anschreien. Doch nichts davon geschah. Stattdessen lief er weg, einfach so. Ich hörte seine Schritte auf dem Steinboden. Ein paar Mal muss er gegen die Wand getaumelt sein. Dann nahm er die Klinke der Eingangstür, ich spürte einen Luftzug in meinen Haaren. Die Tür des Heizungskellers schwang nach vorne und krachte vor meinem Gesicht ins Schloss. Einige Sekunden später hörte ich die Eingangstür zuschlagen. Dann war alles still. Nur die Zentralheizung rumpelte neben mir. Sie funktionierte.

Einen Moment dachte ich zufrieden, dass ich Herrn Bachmann nun los war. Einen Anflug von schlechtem Gewissen, dass ich ihn so angefahren hatte, tat ich mit dem Gedanken ab, dass es für ihn recht heilsam sein müsste, wenn jemand ihm die Wahrheit so ins Gesicht sagte. Wahrscheinlich hätte ich das bei meiner Schwester schon längst tun müssen, dann wäre die Katastrophe gestern überhaupt nicht passiert. Aber wenigstens hatte ich nun den Rest des Tages Zeit, alles wieder gerade zu rücken.

Dann sah ich die schwere Stahltür. Keine Klinke, nur ein Knauf war auf Hüfthöhe angebracht. Eine dunkle Vorahnung beschlich mich. Hatte Herr Bachmann nicht gesagt, dass man die Tür nur von außen öffnen könne? Aber das sollte kein Problem sein. Schließlich hatte ich meine Werkzeuge dabei. Selbst wenn ich die Tür aufbrechen musste, wäre es nicht meine Schuld. Außerdem sollte das Haus ohnehin abgerissen werden.

Ich sah neben mich auf den Boden. Meine Werkzeugtasche war nicht da. Ich spürte mein Herz schneller schlagen, als ich mir vor Augen rief, wie ich meine Tasche vor der Türe abgestellt hatte.

Ich ging an die Tür und zog an dem Knauf. Nichts rührte sich. Ich rüttelte, griff den Knauf mit beiden Händen, zog daran, indem ich mein ganzes Gewicht einsetzte. Doch die Tür blieb verschlossen. Dann kniete ich mich auf den Boden und versuchte in die Lücke zwischen Tür und Türrahmen zu spähen. Beide waren fest aufeinander gepresst. Ich rüttelte wieder an dem Knauf, stellte meinen Fuß gegen die Wand und zog mit aller Kraft, doch die Tür regte sich nicht.

Keuchend ließ ich mich an der Wand herabsinken. Dann traf mich die Erkenntnis mit voller Wucht. Ich war eingeschlossen, eingeschlossen unter der Erde im Heizungskeller eines Hauses, das nur einen Bewohner hatte.

Eine Weile saß ich an der Wand und starrte auf die Heizung. Friedlich rumpelte sie vor sich hin. Zunächst überlegte ich, wie ich mich befreien könnte. Es gab keine Möglichkeit. Die Erkenntnis lähmte mich. Ich saß da und ließ meine Erinnerungen schweifen an den gestrigen Tag, als Agnes in ihrem Anfall mein Handy zerschlug. Dann stand ich wieder auf, rüttelte an der Tür, rief um Hilfe. Doch ich hörte nichts außer das summende Geräusch der Zentralheizung. Schließlich bemerkte ich, wie immer mehr kalte Luft durch die Gitter der Öffnung in den Raum drang. Wieder rüttelte ich an der Tür. Meine Hilferufe prallten ein ums andere Mal an den dicken Wänden des Kellers ab. Plötzlich hielt ich inne. Da war ein Geräusch. Die Außentür des Kellers wurde geöffnet.

»Ist jemand da?«, rief ich.

Es war still. Dann hörte ich wieder Schritte.

»Hallo? Ist da jemand?«, rief ich, »Sie müssen mir helfen! Ich bin hier eingeschlossen!«

Jemand kam in den Vorraum. Ich ballte die Fäuste und hämmerte wie besessen an die Tür.

»Hallo, so sagen sie doch etwas!«, rief ich.

Es folgten noch einige Schritte. Ich hörte, wie jemand vor die Tür meines Gefängnisses trat.

»Machen sie die Tür auf!«, rief ich, »machen sie die verdammte Tür auf!«

Mir war, als könnte ich ein Atmen hören. Für einen Moment ergriff mich die Angst. Welcher Mensch würde in den Keller eines verlassenen Hauses gehen und nichts sagen, wenn er Hilferufe hörte? Ich hielt inne. Dann hörte ich eine leise Stimme.

»Sie sind verrückt. Sie bilden sich alles ein. Niemand kann sie leiden.«

»Herr Bachmann?«, rief ich.

Wieder hörte ich die Stimme.

»Sie sind verrückt. Sie bilden sich alles ein. Niemand kann sie leiden.«

Ich hämmerte an die Tür.

»Herr Bachmann, ich bin es, der Heizungsmonteur! Sie wissen, sie haben mich gerufen, weil die Heizung nicht funktioniert. Ich bin hier eingeschlossen!«

Füße bewegten sich draußen auf dem staubigen Boden.

»Herr Bachmann, um Gottes Willen, holen sie mich hier raus!«, schrie ich.

»Nein«, schrie der Mann vor der Tür plötzlich. Dann flüsterte er wieder.

»Sie sind verrückt. Sie bilden sich alles ein. Niemand kann sie leiden.«

»Herr Bachmann«, rief ich, »hören Sie. Versuchen sie sich zu erinnern. Ich bin keine Einbildung. Sie haben mich gerufen, haben mir Frühstück gemacht. Erinnern sie sich! Ich habe etwas bei Ihnen gegessen. Ich war es. Nun bin ich hier eingeschlossen. Lassen sie mich raus!«

Wieder hörte ich Schritte. Dieses Mal entfernten sie sich von der Tür.

»Herr Bachmann?«, rief ich, »Gehen sie nach oben und sehen sie nach. An ihrem Frühstückstisch hat jemand gegessen. Das war nicht ihr Freund, den bilden sie sich ein. Das war ich. Nun bin ich hier eingeschlossen. Sehen sie nach und kommen sie wieder. Lassen sie mich hier raus!«

Ich hörte, wie Herr Bachmann sich entfernte.

»Sie sind verrückt. Sie bilden sich alles ein. Niemand kann sie leiden.«

Dann war es still.

Wieder hämmerte ich gegen die Tür, bis ich erschöpft niedersank. Bewegungslos saß ich da. Ich hörte den Wind durch die Gewölbe des Kellers rauschen. Ein kalter Luftzug erfasste mich, der unter dem Türschlitz hindurchfuhr. Als mein Körper vor Kälte zu zittern begann, stand ich auf und ging in meinem Gefängnis hin und her, schlug gegen die Tür und schrie um Hilfe. Irgendjemand musste mich doch hören. Doch ich hörte nur das Echo meiner eigenen Stimme.

Durch die Gitter konnte ich sehen, dass die Sonne bereits hoch am Himmel stand. Trotzdem kroch die Kälte immer weiter unter meine Kleidung. Immer wieder versuchte ich meine Hände warm zu hauchen. In Gedanken war ich bei Sophie. Natürlich war unsere Verlobungsfeier nicht so, wie wir uns das vorgestellt hatten, aber das konnte sie mir bestimmt verzeihen. Wenn ich mich aber heute nicht bei ihr melden würde, was würde dann passieren? Ich wollte es mir nicht ausmalen.

Es mussten einige Stunden vergangen sein, als ich wiederum Schritte draußen auf dem Gang hörte. Ich stürzte zur Tür und klopfte.

»Herr Bachmann? Sind sie das?«

Schuhsohlen schleiften über den Boden.

»Herr Bachmann, hören sie? Ich bin es, ihr Heizungsmonteur, bitte lassen sie mich heraus!«

Plötzlich hörte ich jemanden pfeifen. Ich schlug mit der Faust gegen die Tür.

»Herr Bachmann, es ist ernst. Ich bin hier eingesperrt. Es ist kalt, ich werde mir hier den Tod holen. Machen sie jetzt die Tür auf! Bitte!«

Plötzlich war es still. Mir war es, als könnte ich auf der anderen Seite der Tür jemanden schwer atmen hören.

»Herr Bachmann, um Gottes willen, lassen sie mich frei!«

Ich lauschte. Ein leises Gemurmel drang an mein Ohr.

»Gehen Sie in Therapie. Kriegen Sie ihr Leben in den Griff.«

Dann hörte ich wieder Schritte. Dieses Mal entfernten sie sich.

»Herr Bachmann!«, brüllte ich, »bitte, holen sie mich hier raus! Herr Bachmann!«

Die Schritte verstummten. Noch einige Male rief ich seinen Namen. Doch es war still.

Ich geriet in Panik. Zum ersten Mal hatte ich das Gefühl, dass mich niemand aus meinem Gefängnis befreien würde. Niemand kam hier hin. Es musste schon ein Feuer ausbrechen. Wahrscheinlich würde man erst beim Abriss des Hauses meinen Leichnam im Keller finden. Dann hielt ich inne. Sophie würde mich vermissen, bestimmt, spätestens heute Abend würde sie sich fragen, warum ich mich nicht melde, würde zuhause anrufen und feststellen, dass ich nicht da bin. Bestimmt würde sie die Polizei rufen, bestimmt. Es musste einfach so sein. Dann würde man mich befreien und alles würde wieder gut werden.

Plötzlich fiel mein Blick auf einen Gegenstand in der Ecke. Als sollte es ein Zeichen sein, schien die Nachmittagssonne auf ihn. Es war ein Schraubenzieher, dick wie ein Meißel. Ich hob ihn auf und hielt ihn in die Höhe. Dann sah ich auf den Türrahmen. Er war zwar aus Stahl, aber das Mauerwerk, das ihn umschloss, schien porös. Vielleicht konnte ich die Tür aufbrechen, indem ich den Rahmen aus dem Mauerwerk hebelte. »Für Sophie«, dachte ich und machte mich an die Arbeit.

Stundenlang kratzte ich wie ein Besessener an den Steinen der Mauer. Putz bröckelte ab und gab Ziegelsteine frei. Doch der Stahlrahmen bewegte sich nicht. Schließlich machte ich mich daran, im Mörtel zwischen den Steinen zu kratzen. Vielleicht konnte ich einen Stein entfernen und so einfach durch die Mauer brechen. Mittlerweile stand die Sonne tief. Ich schwitzte und fror zugleich. Immer wieder keimte die Hoffnung in mir auf, dass ich mich befreien könnte, doch weder die Ziegelsteine noch der Rahmen bewegten sich.

Als es schon fast dunkel war, hörte ich durch das Gitter Schritte im Garten. Ich hielt inne. Dann stürmte ich zum Gitter.

»Herr Bachmann?«, rief ich von unten herauf, »Herr Bachmann, hören sie? Das ist wirklich ein Notfall, ich bin hier unten eingesperrt! Bitte kommen sie in den Keller und machen sie auf!«

Die Schritte stockten. Dann hörte ich wieder das Gemurmel.

»Sie sind verrückt. Gehen sie in Therapie!«

Plötzlich kam mir eine Idee.

»Herr Bachmann«, säuselte ich mit meiner freundlichsten Stimme, »ich bin es, ihr Freund! Sie wissen, der Freund, der Architektur studiert und sich mit allem auskennt. Ich bin im Keller. Kommen sie zu mir, dann können wir reden, essen, eine gute Zeit haben. Sie wissen, was Freunde eben tun. Und sie haben Freunde, zumindest einen, nämlich mich! Kommen sie herunter zu mir!«

Das Gemurmel verstummte.

»Herr Bachmann, hören Sie? Ich bin ihr Freund, über den sie so glücklich sind. Befreien sie mich, bitte!«

Einen Moment war Stille. Dann hörte ich, wie die Schritte sich entfernten.

»Herr Bachmann, verdammt nochmal!«, schrie ich, »merken sie denn nicht, dass es um Leben und Tod geht? Sind sie so beschränkt, dass sie das nicht verstehen? Ich bin hier gefangen!«

In wilder Verzweiflung packte ich den Schraubenzieher und grub ihn wieder und wieder in den Mörtel. Ich schrie, fluchte, hämmerte gegen die Mauer. Schließlich stemmte ich den Schraubenzieher mit letzter Kraft gegen den Mörtel. Plötzlich rutschte ich ab. Die Spitze des Schraubenziehers bohrte sich tief in meine Hand. Ich schrie auf. Blut floss meine Handfläche herab. Es spritzte gegen die Ziegelsteine, als ich mein Werk wieder aufnahm. Doch schließlich konnte ich nicht mehr. Nahe einer Ohnmacht sank ich zu Boden. Die Sonne war verschwunden und es wurde kalt. Mit letzter Kraft robbte ich durch den Dreck bis zur Zentralheizung, die ein wenig Wärme spendete.

So lag ich da, fröstelnd, meine blutende Hand unter meiner Achsel verborgen. Langsam wurde es mir gewiss, dass ich hier sterben könnte, hier, auf dem dreckigen Boden eines dreckigen Heizungskellers. Mein Leben, das mir so viele Anstrengungen, aber auch viel Freude beschert hatte, würde hier enden, einsam in der Kälte, schutzlos, sinnlos. An Sophie dachte ich nicht mehr. Erinnerungen an Agnes spukten in meinem Kopf herum. Meine kleine Schwester war ein fröhliches Kind gewesen. In der Grundschule hatte sie viele Freunde. Ich erinnerte mich an einen Kindergeburtstag von ihr. Ich war bereits auf dem Gymnasium und genervt angesichts der vielen kleinen Kinder, die unser Haus an diesem Tag bevölkerten. Mir war es peinlich, wie stolz sie mich jedem als ihren großen Bruder vorstellte. Doch als sie selbst auf das Gymnasium kam, begannen ihre Probleme. Sie verstand den Stoff nicht, hinkte immer mehr den anderen in ihrer Entwicklung hinterher. Sie malte komische Bilder und dachte sich komische Geschichten aus. Mit der Zeit erzählte sie immer mehr von Menschen und Dingen, die sie sah, die andere aber nicht sahen. Spätestens jetzt ging ich ihr aus dem Weg. Als sie vierzehn Jahre alt war, wurde bei ihr zum ersten Mal Schizophrenie diagnostiziert. Es folgten die Ausbrüche, zunächst nur bei uns zuhause. Sie schrie, hatte Angst vor dem, was nur sie sah und wir nicht. Immer wenn sie eingewiesen wurde, war ich froh, dass sie weg war. Es gab meinem Leben Normalität. Meine Eltern bestanden darauf, dass sie zur Familie gehörte. Obwohl sie wussten, dass es immer wieder zu Ausbrüchen kam, wollten sie, dass sie bei allem dabei war. So kam es nicht selten vor, dass ich sie hasste. Ich hasste sie, meine kleine Schwester, wollte sie nicht haben, nur weil sie nicht in mein System passte. Aber jetzt verstand ich: Sie war immer für mich da, versuchte, mich vor den Dingen zu beschützen, die sie sah, so beängstigend sie auch waren. Selbst hier, in der Kälte und der Einsamkeit würde sie alles tun, um mich zu beschützen.

Ich muss eingeschlafen sein, denn das Nächste, was ich sah, war das Licht der Morgensonne, das durch die Gitter fiel. Ich war steif, mein ganzer Körper gefroren. Nur meine verletzte Hand schmerzte und pochte wie wild. Plötzlich hörte ich wieder Schritte.

»Herr Bachmann?«, rief ich, »Sind sie das?«

Wieder war da nur Stille.

»Herr Bachmann? Sind sie da?«

»Ja, ich bin da.«

Eine Antwort, endlich! Mit letzter Kraft richtete ich mich auf.

»Herr Bachmann, hören sie? Bitte gehen sie nicht weg! Ich bin es, ihr Heizungsmonteur. Bleiben sie doch einen Moment. Wir können uns unterhalten. Sie können mir etwas über ihren Freund erzählen. Sie wissen, ihr Freund, mit dem sie so glücklich sind.«

»Mein Freund?«, fragte Herr Bachmann, »aber den gibt es doch gar nicht. Mir wurde gesagt, dass ich ihn mir nur einbilde.«

»Aber Herr Bachmann, das ist doch nicht schlimm. Sie sind doch glücklich mit ihm, oder?«

»Ja, das bin ich.«

»Und er ist sehr nett zu ihnen, stimmt das? Er ist nett und klug, studiert Architektur und kennt sich mit allem besser aus als sie und ich.«

»Ja, das ist er.«

»Also, freuen sie sich. Sie haben einen Freund. Ihr Freund ist da oben bei ihnen, passt auf sie auf, isst mit ihnen, sieht mit ihnen fern. Er lebt mit ihnen dort. Deswegen bin ich hier unten. Ihr Heizungsmonteur von der Firma Henkens. Bitte machen sie die Tür auf.«

Trotz meines durchgefrorenen Körpers und meiner vor Entzündung pochenden Hand spürte ich nur noch, wie mein Körper vor Erleichterung zusammensackte, als ich hörte, wie Herr Bachmann die äußere Türklinke betätigte.

»Um Gottes Willen, Herr Henkens!«, rief Herr Bachmann, als er mich vor der Zentralheizung liegen sah. Er kam auf mich zu.

»Passen sie auf, dass die Tür nicht wieder zufällt«, hauchte ich mit letzter Kraft, »bitte, bringen sie mich hier raus.«

Vorsichtig half er mir auf und führte mich in den Vorraum. Dort setzte er mich ab, zog seinen Pullover aus und legte ihn über mich. Wenig später trugen mich einige Sanitäter aus dem Keller und fuhren mich ins Krankenhaus. Ich wurde an der Hand operiert und schließlich lag ich in einem Krankenzimmer. Von da bekam ich nichts mehr mit. Ich schlief ohne die Angst, nicht mehr aufzuwachen.

Als ich schließlich die Augen öffnete, sah ich eine Gestalt an meinem Bett stehen. Ich spürte eine Hand auf meiner, dann sah ich in ihr Gesicht. Es war meine kleine Schwester.

»Agnes, du bist hier«, sagte ich leise.

»Ganz ruhig«, sagte sie, »es wird alles wieder gut. Sophie ist …«

»Das ist nicht wichtig«, unterbrach ich sie, »Die Hauptsache ist, du bist da.«

Agnes drückte meine Hand.

»Es tut mir leid«, sagte ich.

»Was tut dir leid?«

»Alles. Bitte verzeih mir. Und bitte bleib hier, die ganze Zeit. Versprichst du mir das?«

Ich spürte, wie sie meine Hand drückte. Dann umarmte sie mich. Mit meiner verbundenen Hand streichelte ich ihren Kopf. Ich wollte sie nie wieder loslassen.

Winter

Gib es zu, wenn der Kakao nicht so lecker wäre, wärst Du nicht hier. Schließlich ist es kalt draußen, ungemütlich und nicht zuletzt ist es dir peinlich, dass Du nun beim monatlichen Treffen Deines Buchklubs bist, obwohl Du dieses Buch noch gar nicht zu Ende gelesen hast. Drei Teile hast Du gelesen, Frühling, Sommer und Herbst. Es fehlt noch der Winter, aber Du versprichst, mehr Dir selbst als den anderen, dass Du ihn noch lesen wirst.

Du schaust in die Runde, die sich wie immer in einem Stuhlkreis versammelt hat. Einige sagen, bevor es losgeht, dass ihnen der Winter zu dunkel ist, andere mögen ihn, weil es dann besonders gemütlich wird. Das Jahr ist fast vorbei, es soll viel gefeiert werden und es kommt irgendwann auch die Frage auf: Was kommt danach? Niemand kann es Dir sagen, deswegen ist man angehalten, beides gleichzeitig zu planen, das Ende des alten und den Beginn des neuen Jahres. Das sagt Dir gewöhnlich Deine Stimme. Bald wird sie wieder da sein, wie Du an den noch verbliebenen Seiten dieses Buches erkennen kannst. Unsere gemeinsame Zeit ist fast vorbei.

Tatsächlich genießt Du die Treffen Deines Buchklubs sehr. Die Mitglieder gehören nicht zu Deinen üblichen Bekanntschaften. Ihr seid untereinander nicht eng befreundet. Es ist einfach eine Gelegenheit, einmal aus der eigenen kleinen Welt herauszutreten und sich mit anderen Menschen auszutauschen. Euch verbindet nur das jeweilige Buch, das Ihr Euch zu lesen vorgenommen habt, und gewöhnlich geht es auch um nichts anderes in Euren Gesprächen.

Das heißt, im Falle von Michael, dem blonden Typen neben Dir, der für seine fünfundfünfzig Jahre noch jung aussieht, bist Du Dir nicht ganz sicher, denn er redet gerne über sich selbst. Er ist Frühpensionär, weil er die von ihm gegründete Firma vor ein paar Jahren mit viel Gewinn verkaufen konnte. Nun hat er *ausgesorgt, nennt dazu ein Haus am Meer sein Eigen und kann von seinem Ersparten leben. Er ist klug. Nur dumme Menschen würden ihm auf Grund seines regionalen Dialekts und seines Lispelns die Intelligenz absprechen. Oft scheint er beneidenswert ausgeglichen. Nur wenn er neben sich schaut und Petra sieht, wird er nervös. Er sitzt immer neben Petra. Du glaubst, es ist Absicht, denn verheiratet ist er nicht. Zwar kann man Petra vielmehr als ihm wegen ihres grauen Bubikopfes und ihrer rauen Stimme anmerken, dass sie die Fünfzig vor ein paar Jahren überschritten hat, dafür ist sie sehr charismatisch. Sie wirkt selbstsicher und engagiert, setzt sich aktiv für den Klimaschutz ein und erzählt gerne, dass der Grund dafür eine Reise in die Antarktis gewesen sei, die sie einmal als Journalistin machen durfte. Neuem aufgeschlossen ist sie nicht unbedingt, hält die politische Linke bis heute für die beste Methode, die Welt zu retten. Außerdem interessiert sie sich sehr für spirituelle Themen.*

Petra hat den ersten Wortbeitrag, als Euer Gespräch beginnt. Sie sagt, dass »Auf der Reeperbahn morgens um halb 10« ihre Lieblingsgeschichte sei, weil sie ihre Ansicht verdeutliche, dass zu viel Umgang mit künstlicher Intelligenz die Menschen verblöden ließe. Dagegen habe sie den Protagonisten in »Das Leben geht weiter« gehasst, weil sie generell allzu passive Menschen nicht leiden könne. Michael lächelt, als sie das sagt. Er wirft ein, dass er bei »Menschen im Gras« dieselbe Abneigung gegen die Hauptfigur verspürte und »Die letzte Chance« seine Lieblingsgeschichte sei, was für ihn als Elvis-Fan natürlich nahe liege. Du selbst fragst Dich, ob Menschen wie Petra und Michael, die vordergründig so erfüllt von innerer Einkehr zu sein scheinen, nicht doch ein Problem mit Einsamkeit haben, weil sie aus ihrer Welt letztlich nicht hinauskommen können. In dieser Hinsicht erinnert Dich Michael an die Hauptfigur in »Der Hammer« und Petra an das Medium in »A Halloween Carol«.

Da es reihum geht, soll als Nächstes Nadine sprechen, die neben Petra sitzt. Wie immer ist Nadine ganz in schwarz gekommen. Selbst der Rahmen ihrer

Brille ist schwarz, hinter der ihre Augen so groß wirken, dass in ihrem Kopf immer Platz ist für die Sorgen der Menschen, die sie sich in ihrem Beruf als Sozialarbeiterin anhört. Schon mehr als einmal soll sie auch Bedürftige privat unterstützt haben, was für sie nicht immer von Vorteil war. Bunt an ihr sind nur die vielen Sticker auf ihrem Rucksack, der neben ihr steht und so aussieht, als hätte sie ihn sich von ihrer kleinen Tochter geliehen. Doch wahrscheinlich ist der Rucksack älter als ihre Tochter. Vielleicht würden sie und ihr Sitznachbar Patrick sogar ein gutes Paar abgeben. Beide sind Anfang 30, tragen Brillen und gerne schwarz. Doch darüber hinaus haben sie nicht viel gemeinsam. Patrick hockt tagein tagaus über seinen Studien der Naturwissenschaften. Eine Abwechslung bedeutet für ihn, einmal etwas anderes zu lesen, wie hier im Buchklub. Beim Dating ist er einfach zu anspruchsvoll, wie er gerne verlauten lässt. Du kannst es Dir vorstellen. Schon mehr als einmal hat er sich den Unmut von Nadine zugezogen, als er sich über Menschen beschwerte, die seiner Ansicht nach psychische Krankheiten vortäuschen, um nichts aus ihrem Leben machen zu müssen.

Somit dürfte Nadine auch nicht auf seine Zustimmung hoffen, als sie »Die Heimat der Sterne« als ihre Lieblingsgeschichte angibt, weil sie die gesellschaftliche Ignoranz für Menschen mit psychischen Problemen deutlich werden lässt. Dagegen mag sie »Gleich kommt der Regen« überhaupt nicht, schließlich tue die Mutter einfach nur ihr Bestes für ihr Kind und Nadine sieht in der Geschichte eine moralische Verurteilung des absolut menschlichen Umstandes, dass die Mutter eben nicht alles schaffen kann. Tatsächlich nickt Patrick und erzählt daraufhin, dass »Das Schweigen der Pommes« seine Lieblingsgeschichte sei, da so viele Leistungen von Menschen, welcher Art auch immer, niemals Anerkennung finden würden. Mit der Geschichte »Burn-out« konnte er nichts anfangen, weil sie die Wissenschaft in den Schmutz ziehe und faulen Menschen einen Grund für ihre Faulheit an die Hand gebe. Du selbst denkst bei einem Blick in Nadines große Augen daran, dass ihr vielleicht Ähnliches widerfahren könnte wie der Frau in »Die Kellertreppe«, da sie einfach zu sehr an das Gute im Menschen glaubt. Für Patrick empfindest Du sehr viel Mitgefühl und findest, dass er wirklich einmal einen Vertrauten gebrauchen könnte und sei es nur ein imaginärer wie in der Geschichte »Herr Bachmanns Freund«.

Definitiv kein gutes Paar würden die letzten beiden in der Runde abgeben: Sarah und Jan. Sarah liebt Katzen über alles und hätte gerne ihr Hobby zum Beruf gemacht. Doch ist die blonde Frau mit dem hübschen Teint ein absoluter Planungsmensch, studierte Lehramt, ist nun verbeamtet und hat noch mindestens fünfzehn Jahre Zeit, sich mit dem Thema Kinderwunsch auseinanderzusetzen. Tatsächlich liebt sie ihren Beruf und nennt es ihr größtes Ziel, ihren Schülern eine wundervolle Kindheit und Jugend zu bescheren, ohne dass sie die von ihr verhassten Medien vor ihrer Zeit verderben. Stets verdreht sie die Augen, wenn Jan von neuen Therapiemethoden erzählt, die er als angehender Therapeut lernt und die das Versagen unserer Bildungssystems ausbügeln müssten. Jan liebt Geschichte und Science-Fiction, was ihn unter den Verdacht stellt, überall zuhause zu sein, außer in der Gegenwart. Oft kratzt er sich sein dunkelblondes Kraushaar, um seine akademischen Fähigkeiten zu unterstreichen, wenn Sarah die Hoffnung äußert, dass er als Therapeut niemals praktizieren wird.

Natürlich will Jan gleich protestieren, als Sarah »Gruseldingsbums« als die beste Geschichte des Buches bezeichnet, weil hier Medienkritik mit einer angemessenen, wenn auch nicht kindgerechten Brachialgewalt geübt wird. Bei der Lektüre von »Einhornschokolade« hätte sie dagegen fast gekotzt, so viel miese Schulklischees wären ihr da entgegen getreten. Jan grinst nur, als sie das sagt, und flüstert Patrick zu, dass er Sarahs Vorlieben eigentlich genau umgekehrt eingeschätzt hätte. Wegen der ausführlichen Darstellung eines tragischen Akademikerlebens nennt er »Die Dame mit dem Kätzchen« seine Lieblingsgeschichte. Dass in »Geisterwanderung« allerdings behauptet würde, dass ein gebildeter, *geschichtlich interessierter Mensch einfach nur ein Einfallspinsel oder gar ein Betrüger sei, ginge aus seiner Sicht gar nicht. Du selbst denkst bei Sarahs Worten an »Unschuldscracker«, weil sie sich in gewisser Hinsicht genauso wenig aus ihrer heilen Welt hinaustraut wie die Hauptfigur dieser Geschichte. Jan dagegen, so Deine Ansicht, sollte sich merken, dass man sich seiner psychologischen Fähigkeiten niemals zu sicher sein sollte, wie er zumindest andeutungsweise in »Die Wurst des Grauens« erkennen könnte.*

Nachdem Michael, Petra, Nadine, Patrick, Sarah und auch Jan ihre Meinung zu den Geschichten kundgetan haben, bist Du eigentlich dran. Aber so weit lassen wir es nicht kommen. Der Winter ist nicht die Zeit für große Reden, er ist die Zeit der inneren Einkehr. Also lies das Buch, bis es fertig ist, sieh noch einmal in Dich hinein und sag nur mir, der Stimme Deines Buches, welche Geschichten Dir gefallen haben. Danach ist es Zeit, Abschied zu nehmen. Denn auch der gehört in die Zeit des Winters. Deine alte Stimme kehrt wieder zu Dir zurück. Bestimmt hat sie Dich vermisst und ist in Zukunft, falls nötig, ein wenig netter zu Dir. Das wäre dann das Ultimative, das Letzte, was den Winter so einzigartig macht: Ein Neuanfang und vielleicht sogar eine echte Wiedergeburt.

Das Haus am Meer

»Es war in unseres Lebensweges Mitte, als ich mich fand ...«
Inferno – Dante Alighieri

Eine Flamme tanzt im Fenster zum Rhythmus des Sturms der Nacht. Ihr Schein erfüllt die Dunkelheit des Zimmers. Draußen rauscht das Meer, Wellen toben und springen voller Freude über diesen ersten Abend im Dezember wie kleine Hundewelpen, die man endlich zum Spielen herausgelassen hat. Allein sitze ich in meinem Sessel, habe nichts als einen Koffer, Kleidung, ein paar Schüsseln zum Kochen und Backen, ein wenig Geld, Kerzen und eine Taschenlampe.

Dunkel sind alle Anfänge. Vor meiner Geburt wollte ich das Kind hübscher und reicher Eltern sein, bis ich das erste Licht sah. Danach war alles verschwommen. Ich konnte nur einen Meter weit blicken durch die Zeit, die Zukunft, die Vergangenheit. Lichter strömten auf mich ein, tausend Lichter, die mich zu sich locken wollten. Als man mir im Kindergarten auftrug, ich solle ein Spielzeug mitbringen, brachte ich einen Stoffeisbären, damit wir Zoo spielen könnten. Zuhause hatte ich nie Zoo gespielt. Niemand brachte sonst ein Stofftier mit und seitdem wollte ich Teil von etwas Großem sein.

Ich stehe auf, nehme meine Taschenlampe und lösche die Kerze. Dicke Jacke, wetterbeständige Hose mit langer Skiunterhose, Mütze, Schal, Handschuhe und warme Schuhe, so trete ich aus meinem Haus der See und dem Wind entgegen. Hätte ich das früher gewusst. Mir wäre so viel erspart geblieben. Wie oft habe ich diese Sätze in früheren Zeiten gesagt. Das ist Gras unter meinen Füßen. Das ist der Sturm, der mich von der Seite anweht und das riesige schwarze Loch mit den weißen Streifen vor mir, das ist das Meer mit seinen Schaumkronen. Es ist nichts Schlimmes, ich muss nur vorbereitet sein.

Stattdessen hörte ich in der Schulzeit ein ums andere Mal von Menschen, deren Kraft so groß, deren Haut so zäh und deren Verstand so gewaltig war, dass sie es mit allen schwarzen Löchern aufnahmen. Mein Mathelehrer konnte nicht addieren. So ging ich zu ihm, als er mir eine sechs gegeben hatte, und rechnete ihm die Punkte vor. Da gab er mir eine fünf und ich blieb nicht sitzen. Er sagte mir, ich könne ohne Mathe nicht leben.

Das Gras unter meinen Sohlen teilt sich. Das Gurgeln der Brandung wird lauter, als ich über einen Holzweg schreite. Es ist ein vorgezeichneter Pfad. Ich sehe Scheinwerfer, die einen Leuchtturm bestrahlen. Man sagt, dass er in früheren Zeiten ein helles Licht auf das Meer warf, um den Schiffen draußen den sicheren Weg zu zeigen. Ich möchte dorthin, möchte dieses Licht anzünden, um selbst etwas zu tun, zu retten oder auch nur zu sehen. Ein Licht im Dunkeln, das Anderen den Weg zeigt. Damals an der Universität war ich beseelt von diesem Leuchten. Endlich konnte ich selbst Lichter anzünden, kleine Kerzen, die im Wind verwehten, Sie waren ein Anfang, der Beginn des großen Feuers, in dem ich mein Gesicht erstrahlen lassen wollte. So ging ich, wie ich jetzt gehe, zum Leuchtturm, um festzustellen, dass die Scheinwerfer die einzigen Lichter sind, die hier noch leuchten. Sein Feuer ist erloschen. Die Weisheit ist eine Zierde, denn die Schiffe da draußen brauchen das Licht schon längst nicht mehr. So blieb mir nur die Liebe zu ihm.

Endlich bin ich am Strand. Unter meinen Sohlen gibt der Sand nach. Die ersten Schritte sind unsicher. Unter dem ewigen Rauschen der Wellen erkenne ich nur schemenhaft schwarze Schatten, die in den Himmel ragen. Rückwärtsgewand sehe ich Häuser, deren Lichter erloschen sind. Erst als der Mond hinter einer Wolke hervortritt, leuchten die Farben des Sandes, der Wellen und der Dünen, in ein weißes Licht gehüllt. Das Gewimmel von fröhlichen und glücklichen Menschen ist hier nur eine Erinnerung, eine Szenerie, die auf Urlaubsfotos, Postkarten und Bildern mit Schlagzeilen konserviert ist. So viele Menschen wollten mir den Weg zeigen, wie ich es schaffen kann, meinen Platz zu finden und hinterher sah ich immer nur welche, die es augenscheinlich besser machten als ich. Ich suchte, bewarb mich und versuchte mich in den Glanz zu stellen, der ihnen als das neue Licht erscheinen sollte. Ich wollte sie erleuchten. Aber nicht selten wurde es schwer, so wie hier durch den Sand zu stapfen, und mein einziger Trost war die Vorstellung, dass der Sand überall und für alle gleich ist. Doch instinktiv spürte ich, dass das eine Lüge war. Immer gab es Menschen mit mehr Können, mehr Verstand und mehr Glück, als ich es hatte.

Als der Mond sein Licht hinter die Wolken zurückzieht, kann ich nur noch das Meer sehen. Die Flut trägt das Wasser näher an mich heran. Der Wind frischt auf und ich friere an Stellen, die ich mit mehr Kleidung hätte bedecken sollen, wenn ich es vorher gewusst hätte. So erreiche ich endlich das Wasser. Die Brandung möchte meine Füße umspülen. Ich spüre zum ersten Mal, wie es ist, hier zu sein, wo viele Menschen sein möchten, doch nicht um diese Jahreszeit. Das ist mein Geheimnis. Ich bin angekommen, aber nicht dann, wenn es alle sein wollen, nicht dort, wo es so aussieht wie an dem Ort auf den Urlaubsfotos, Postkarten und Bildern. Aber ich bin hier und denke für einen Moment, wie ich als Kind davon träumte, hier zu stehen. So wie ich das Glück hatte, Weniges von dem, was mir alles bedeutete, aufmerksamen Menschen präsentieren zu dürfen, in Klängen, in Büchern und auf Bühnen. Da dachte ich schon, dass ich es schaffen könnte, weit auf das Meer zu fahren, dorthin, wo es für die meisten unbekannt ist, und wofür alle, die es erleben, von anderen bewundert werden. Ich machte mir nur ein wenig die Füße nass. Aber ich habe es berührt, das Meer, und wie anders mag das Gefühl schon sein, wenn man weit draußen ist. Und um wieviel besser?

Schließlich, als das Bild des Strands gewöhnlicher, der Wind aber nicht wärmer wird, zieht es mich nach Hause zurück. Ich stapfte durch den feuchten Sand und denke daran, wie mir damals die Meinung von zu vielen Menschen zu wichtig wurde. Dann steige ich auf die Holzplanken, die über den Deich führen mit dem Gedanken an diesen einen Wunsch, auf den mein ganzes Streben hinauslief. Der Wind wird leiser, als ich das Gras erreiche, und ich sehe mein Domizil. Statt der einen Kerze hinter der Scheibe sind die Fenster nun hell erleuchtet. Ich trete ein und plötzlich sitzt du da. In einer hellen Küche nehmen wir unsere Schüsseln und backen etwas, über das ich mich als Kind gefreut habe. Darüber wird alles einerlei. Der Wind hat sich gelegt, das Meer rauscht nicht länger und meine nasse Kleidung wird wieder trocknen. Ich weiß nicht mehr, wo diese Küche ist oder wie ich hierhin gekommen bin. Nur eines weiß ich: Du bist es. Du bist mein Haus am Meer.

Antarktis

»Nicht entmutigen lassen!«
Maria-Elena Vorrath, Geowissenschaftlerin

Fußball spielen bei -10 Grad, Schiff gegen Station. Das funktioniert gut, denn es ist Februar, also Spätsommer. Die Eisausdehnung ist minimal. Trotzdem muss der Kühlschrank geheizt werden, damit die Lebensmittel richtig lagern. Eier bleiben hier bis zu neun Monate frisch. Zum Grillen gibt es Glühwein statt Bier. Das macht Spaß. Aber das hier ist keine Spielwiese, es ist der tödlichste Kontinent der Welt. Obwohl es so kalt ist, muss man sich vor der Feuchtigkeit schützen. Es ist wie in den Tropen, nur mit Minusgraden. Halos, die Fata Morgana der Antarktis, entstehen durch Eiskristalle in der Luft, sobald man sich an der Küste bewegt. Mit dem Helikopter ist es nicht besser. White Out nennt man es, wenn Piloten den Horizont nicht mehr sehen, Himmel und Erde nicht mehr unterscheiden können, weil alles weiß ist. Die meisten kommen unbeschadet von hier nach Hause zurück, einige nicht. Nicht nur bei der Expedition von Robert Falcon Scott, auch heute behält die Antarktis noch einige Polarforscher für immer bei sich. Was in der Antarktis passiert, bleibt in der Antarktis. Daher weiß ich nicht, ob ich etwas Falsches tue, wenn ich diese Zeilen schreibe, meine Gefühle ergründe, die mich heimsuchen, wenn ich einmal nicht Schicht an Deck habe oder auf einem riesigen Tank sitzend Kerosin einatme. Vielleicht werde ich sie niemals jemandem zeigen. Aber womöglich sollte ich es. Denn ausgerechnet hier wird am frühesten deutlich, dass der Mensch mit vollem Einsatz eine Kraft entfesselt hat, die er selbst niemals beherrschen kann. Das hat mich verändert, hat meinen Verstand ein unwiderstehliches Bedürfnis nach Wahrheit eingepflanzt, einer neuen Wahrheit und einer neuen Ordnung, die alles in Frage stellt, was ich bisher gelernt habe. Ich rode den Wald der Psychosen, seitdem ich hier bin. Ich schaue nicht über den Tellerrand. Ich sitze auf ihm. Die ungeheuren Kräfte des Universums, die Kopernikus, Keppler und Newton spürten und sie dann berechneten, hier sehe ich sie. Denn was würde sonst bewirken, dass ich am unteren Ende unseres geneigten Erdballs nicht in die Ewigkeit stürze?

Die Wahrheit – jeder ist auf der Suche nach ihr, doch im Grunde interessiert sie niemanden. Wahrheit ist subjektiv. Wahrheit ist das, was jeden Menschen in seinen eigenen Ansichten bestärkt. Doch bin auf sie gestoßen und es schmetterte mich zu Boden. Nun liege ich dort. Kann ich es akzeptieren? Kann ich mir leisten, es zu akzeptieren im Angesicht dessen, was mich nun seit ein paar Wochen hier umgibt? Der unendliche Horizont, der uns überall auf der Welt begegnet, findet hier seinen neuralgischen Punkt, konzentrierte Kreise, die sich immer enger um den Ort, die ultimative Spitze des Erdballs ziehen.

Da reden wir immer von »Mutter Erde«, aber die Erde ist schon längst nicht mehr unsere Mutter (irgendwo habe ich das schon einmal gehört). Sie ist vielmehr wie ein Haustier, ein Pferd vielleicht, das einzige auf einem Hof voller Menschen, die alle etwas von ihm wollen. Einige wollen, dass es ihren Pflug zieht, andere wollen, dass es Rennen gewinnt, damit sie eine Menge Geld machen. Wieder andere wollen zu ihrem Vergnügen darauf reiten und noch andere halten es generell für veraltet und überholt. Doch es gibt Menschen, die in einem stillen Moment zu ihm gehen, es streicheln und ihm tief in die Augen schauen, es umarmen und trösten, die Last der ganzen Begehrlichkeiten für einen Moment von seinen Schultern nehmen wollen. Der Gedanke liegt nahe: Ja, natürlich musst Du irgendwann sterben. Alles stirbt irgendwann. Aber muss man deswegen keine Rücksicht auf Dich nehmen? Muss man deswegen in Kauf nehmen, dass das Sterben viel früher eintritt, als es sein müsste? Armes, kleines Pferd.

Der Schnee hat hier fast dieselbe Farbe wie der Himmel. Wahrscheinlich liegt es an der Reflektion, zumindest habe ich mal gehört, dass dies der Grund ist, warum wir Wasser als blau empfinden. Im Mittelalter hatten viele Menschen die Vorstellung, dass auf dieser Seite der Erde (nein, sie haben nicht gedacht, dass sie eine Scheibe ist) das Land der Antipoden liegt. Das sind Lebewesen, die auf dem Kopf gehen. Über so etwas spotten wir heute, dabei ist das mit dem Mikroplastik viel dümmer und viel trauriger. Doch am traurigsten ist der Umstand, dass die Klimasünden unserer Industrienationen zuerst in dem den Menschen nur schwer zugänglichen Teilen der Erde spürbar sind. Schade eigentlich, das ist, als würde sich in der nördlichen Hemisphäre einer auf eine heiße Herdplatte setzen und einem Menschen der südlichen Hemisphäre tut im selben Moment der Hintern weh.

Ich habe die Schmelzseen gesehen und mir ist klar geworden, dass wir Menschen hier nichts zu suchen haben. Die Seen sind nicht mehr weit weg von den Touristenkreuzern, die am nördlichen Zipfel der Antarktischen Halbinsel kreisen. Dort wird es immer wärmer. 18 Grad war der Temperaturrekord vor einigen Jahren, ein Frühling in Paris, nur eben am unteren Ende der Welt. Und die Menschen schwärmen: Mein Gott, haben wir schönes Wetter. Hier müssen wir öfter hinfahren. Grand Paradiso, mit Frühstück, auch sehr sauber und das in diesem Land, das das zweitgrößte der Erde wäre, wenn es ein Land wäre. Aber es ist kein Land, zumindest hat man sich zu seinem Schutz darauf geeinigt. Denn Länder können erobert werden und was getan werden kann, wird auch irgendwann getan. Die Schmelzseen sagen mir, es wird schon getan. Weil dem Menschen der Imperialismus zu langweilig wurde, hat er den Tourismus erfunden.

Der Mensch hatte stets den Traum vom Fliegen, sagen alle. Aber geben wir es zu, früher, zu Zeiten der Gebrüder Lindbergh, war Fliegen etwas für Idioten, die sich um nichts Wichtigeres kümmern wollten. Und heute? Heute ist es wieder so. Weltweite Kommunikation hat die Menschen nicht dazu gebracht, weniger zu fliegen. Kreuzfahrtschiffe tuckern über leere Ozeane. Ab und zu kommt eine Plastiktüte in Sicht. Der Mensch braucht Navigationsgeräte, um zur nächsten Stadt zu kommen, will aber sagen: Ich bin auf dem Pazifik gefahren. Auf der großen Erde scheint es nicht genug Platz zu geben für die Natur und das Ego des Menschen. Noch frage ich mich, was stärker ist. Vielleicht wird die Wissenschaft eines Tages eine Antwort darauf haben. Aber was tun die Wissenschaftler? Sie messen, messen und dokumentieren. Sie heben den Zeigefinger, loben sich und ihresgleichen für die Veröffentlichung ihrer Ergebnisse, die zu verstehen der menschliche Wille nicht stark genug ist. Viele schauen weg, die Wissenschaftler schauen zu, zucken mit den Schultern und reden darüber, unter sich. Dabei haben sie gesehen, was ich sah.

Als mein Schiff hier ankam, sah ich sie zuerst: die Eisschollen. Sie schwimmen auf dem Wasser. Manche sind nur handtellergroß, manche haben mehr Fläche als Fußballfelder. Das Eis ragt an der Küste zwanzig Meter in die Höhe. Die Menschen der Forschungsstation müssen mit Kränen an Land und wieder auf das Schiff gehoben werden. Sie sind klein, so klein, hier, wo alles Weiß ist.

Hinter der Küste ist das Eis allgegenwärtig. Vor uns erstreckt es sich, größer als die Sahara, fast 5000 Meter ist der höchste Punkt, fast

3500 unter dem Meeresspiegel der tiefste. Die Mathematik erlaubt es uns, solche Dimensionen zu denken, doch fassen kann sie unser Verstand nicht. Robben gibt es hier und Pinguine, alle anderen Tiere, die an Land leben, sind nicht größer als Mücken. Nichts Lebendiges ist übermäßig groß hier. Der Ozean hingegen beherbergt Seevögel, Fische, Wale, Orcas, Korallen, Schwämme und alle sprechen voller Unschuld, wenn sie sagen wollen: Nichts auf dieser Welt muss der Feind des Lebens sein, auch der Mensch nicht.

Doch das Gewaltigste ist der Himmel. Im Sommer ist er nichts weiter als wunderschön, denn die Sonne geht niemals unter. Die Wolken scheinen sich in Bahnen hinter dem Horizont zu ihrem Ursprung zu vereinigen. Sie tauchen ein und kehren zurück, um sich wieder auf dem ganzen Erdball zu verteilen. Nähert sich die Sonne aber schließlich im Herbst dem Horizont, so gibt es Anblicke, die das Auge und den Verstand vor Schönheit verzweifeln lassen. Näher kann ein Mensch nicht daran kommen zu verstehen, wie unvorstellbar das Universum ist. Einen fast kreisrunden Regenbogen konnte ich einmal beobachten, wie er sich um die Sonne schloss. Es war, als würde Gott selbst oder eine andere Ewigkeit mich direkt anblicken, mich fragen, warum in der Welt die Menschen sich selbst für zu groß oder das Leben für zu unbedeutend halten, um dafür einzustehen.

Ich kann immer noch nicht glauben, dass dies hier ein Teil unserer Welt ist. Wenn es so etwas Wunderschönes gibt, wie kann es sich dann nicht lohnen, dafür zu kämpfen, richtig zu kämpfen? Die Gedanken an das tägliche Leben in unserer mit Green-Washing-Produkten verseuchten Welt, in der die größten Narzissten unter uns die gequälte Natur auch noch missbrauchen, um dem Bürgertum seine Bürgerlichkeit vorzuhalten, machen mich krank und frei zugleich. Ich bin frei,

frei zu sagen: Menschen dürfen nicht alles. Die Natur ist ein Geschenk, aber letztlich auch Ankläger, Richter und Henker zugleich. Die Natur war mutig genug, uns zu erschaffen, seien wir nun mutig genug, sie nicht zu zerstören. Das Eis und das Wasser der Antarktis sagen es uns: Wir können die Natur lieben und achten, aber wir können sie nicht vernichten, bevor sie uns vernichtet.

Der Mann auf der Brücke

»Mary, you're nearly a treat, but you're really a cry«
Pigs – Pink Floyd

»Ein Mann steht auf einer Brücke.«

Sie schaute vom Papier auf. »Das ist alles, was du geschrieben hast?«, fragte sie. Nervös zupfte sie an den Trägern ihres neuen Abendkleids. Im Foyer des Theaters glitten die Stimmen der Besucher langsam an dicken Vorhängen herab, nur um vom kalten Steinboden wieder in die Höhe geschleudert zu werden.

»Das ist alles«, antwortete er. Zornig kniff sie die Augen zusammen und legte das Papier auf den Stehtisch neben sich. Sofort sog es verschütteten Champagner in sich auf.

»Lass mich das nur verstehen«, sagte sie, »wir arbeiten monatelang, schlagen uns Tage und Nächte um die Ohren, ich nehme Jobs an den gottverlassensten Orten an, nur um Geld für das alles hier zu bekommen. Und jetzt zeigst du mir dieses Papier?«

Sie rieb sich die Schläfen. Ihre Handtasche, gerade schön genug, um es auf die Wühltische eines Markendiscounters zu schaffen, baumelte hilflos an ihrem Handgelenk.

»Es war alles, was mir eingefallen ist«, antwortete er.

Sie sah zu ihm auf. »Aber was ist mit den Kursen?«, fragte sie, »den ganzen Schreibkursen, die ich für dich bezahlt habe. Hast du da gar nichts gelernt?«

»Ich habe sie nie besucht«, sagte er, sah sie nicht an, weil die Gefühle, die das Weiße in ihren Augen nun langsam rot färbten, längst in ihm abgestorben waren.

Der erste Gong ertönte. Die Menschen schoben sich langsam zum Eingang des Bühnenraums. Jemand stieß sie an, ging wortlos weiter. Sie nahm ein Tuch aus ihrer Handtasche und tupfte sich die Augen.

»Aber du warst tagelang weg«, sagte sie, »was hast du gemacht, anstatt die Kurse zu besuchen?«

Er wusste, dass sie die Antwort nicht hören wollte.

»Ich stand auf einer Brücke«, sagte er.

Sie warf das Tuch weg, griff nach einem Champagnerglas und setzte es an den Mund. Es war leer. Immer mehr Menschen drängten an ihr vorbei, stießen sie an. Der linke Träger ihres Kleides verrutschte. Sie zog ihn zurück.

»Und was ist mit meinem Geld passiert?«, fragte sie.

Er sah auf seinen Arm. Weil sie die Antwort nicht hören wollte, nahm sie seine Hand und riss den Ärmel seines Anzugs nach oben. Sie sah kleine Hämatome und einige frische Einstichlöcher. Entsetzt ließ sie seinen Arm sinken.

»Also hast du die Entzugstherapie und die Rehamaßnahmen, die ich dir bezahlt habe, auch nicht gemacht.«

»Nein, ich stand auf einer Brücke.«

Die meisten Menschen waren nun ins Theater gegangen. Der rechte Träger ihres Kleides fiel von ihrer Schulter. Sie ließ es geschehen.

»Warst du wieder im Second-Hand-Laden? «, fragte er, »Solche Kleider stehen dir nicht.« Er zupfte am Stoff seines Jacketts. »Du hättest mir diesen Anzug nicht kaufen sollen. Du weißt, dass ich ihn versetze.«

»Nichts weiß ich«, antwortete sie. »Ich kenne dich nicht einmal. Ich sah dich auf der Straße sitzen, sah die Papiere neben dir, auf denen du deine Worte geschrieben hast. Was ich sah, war eine wunderschöne

Seele in einem zerschundenen Körper, ausgestoßen von der Gesellschaft, die grausam genug ist, um einen Menschen wie dich mit ihrer Ignoranz zu zerstören. Deswegen habe ich dir geholfen. Deswegen solltest du heute Abend hier auf dieser Bühne stehen und alle Menschen mit deiner Poesie aufrütteln.«

Die letzten Besucher verschwanden hinter dem Vorhang des Bühnenraums. Nun standen er und sie allein im Foyer. Die Stimmen waren verklungen. Dumpfes Gemurmel drang zu ihnen herüber, das erst verstummte, als der zweite Gong ertönte. Dann war alles still.

»Ich gehe zur Brücke«, sagte er, »Das ist die einzige Geschichte, die ich je geschrieben habe. Und du weißt, wie die Geschichte ausgehen wird.«

Tränen liefen ihre Wangen hinunter. Er schaute sie mit starrem Blick an.

»Ich habe an dich geglaubt«, sagte sie.

»Das warst du wohl die einzige«, antwortete er, wandte sich ab und ging davon.

Sie senkte den Kopf. Ihre Stimme klang zittrig, als sie ihm nachrief.

»Was habe ich falsch gemacht?«

Winternacht

»And one day when everything is gone,
the trail in the snow disappears, am I finally home.«
Loneliness (Winter) – Wintersun

Es begann erneut zu schneien. Vor dem großen Fenster des Restaurants setzte ein alter Mann mühselig einen Fuß vor den anderen. Ein Schal baumelte hilflos am Kragen seines Mantels herab. Annalena, die keinen Wein trinken wollte, mich aber ständig verbesserte, wenn ich sie »Anna« oder »Lena« nannte, sah aus dem Fenster. Ich versuchte, die Zitrone aus meiner Cola zu fischen.

»Ist das nicht furchtbar?«, fragte sie und wies auf den Alten. Das Wasser in ihrem halbvollen Glas hatte längst aufgehört zu sprudeln. »Ich möchte niemals alt werden.«

Ich sah ihm hinterher.

»Ich habe so etwas noch nie gemacht«, sagte ich. Der Versuch eines Lächelns entstellte mein Gesicht.

»Was meinst du?«

»So ein Blind Date. Ich bin etwas nervös.«

»Ich habe das auch noch nie gemacht.«

Wir wussten beide, dass wir logen, schließlich war uns bekannt, dass wir schon lange bei »Partner mit Niveau« einen Account hatten. Ein »Match« nannten sie das, was uns in dieser kleinen Pizzeria in einer Seitengasse der Innenstadt zusammengebracht hatte. Während ich mein altes Bewerbungsfoto für mein Profil verwendete, konnte man bei ihr ein perfekt ausgeleuchtetes Bild sehen, worauf sie zwanzig Jahre jünger wirkte. Hier im Schummerlicht des Souterrains waren wir zwei Verschwörer, die verzweifelt versuchten, dem Markt der von Einsamkeit entstellten Gemüter zu entkommen. Das war mir bewusst.

»Und was machst du so beruflich?«, fragte ich. Sie schien zu bemerken, dass ich die Frage aus Verlegenheit stellte.

»Projektmanagement bei einem Unternehmen«, antwortete sie. »Und du?«

»Ich bin Lehrer an einer Gesamtschule.«

Sie konnte nichts damit anfangen. Ich versuchte, mir eine weitere Frage zu überlegen, aber ihr weißes Top, das unter einem schwarzen Blazer hervorschimmerte, gab mir ebenso wenig Anhaltspunkte wie alles, was sie sagte. Sie streckte die Arme nach vorne, einmal, zweimal, offenbar war der Blazer im Laufe der Zeit an den Schultern etwas knapp geworden.

»Meine Kolleginnen sagen, auf Tinder wird nur gevögelt. Das wollte ich nicht. Ich suche etwas mit Niveau«, sagte sie.

»Und was hast du bei deinen Vorlieben angegeben?«, fragte ich.

»Uni-Abschluss«, antwortete sie, »ich kann diese Proletarier nicht mehr sehen.«

Ich nickte. Sie nippte an ihrem Wasserglas. Einen Uni-Abschluss hatte ich. Darüber hinaus hatte mich wohl schon die Art, wie ich die Zitronenscheibe auf den Bierdeckel neben meine Cola legte, als eben jenen Proletarier ausgegeben, den sie niemals mehr daten wollte. Schließlich hatte ich damit die Tischdecke besudelt.

»Ich habe angegeben«, sagte ich, »dass mir die Liebe zu Tieren sehr wichtig ist. Hast du Haustiere?«

Sie lachte und schüttelte den Kopf.

»Nein, ich habe Tierliebe nur angegeben, weil mir eine Freundin dazu geraten hat. Männer stehen auf so etwas, hat sie gesagt.«

Wieder nickte ich, versuchte zu lächeln. Bei dem einzigen Punkt, der mir wichtig war, hatte sie gelogen. Eigentlich konnten wir jetzt gehen.

Der Kellner kam und fragte, ob wir schon gewählt hätten. Wir schüttelten beide den Kopf. Natürlich hatten wir schon gewählt. Wir hatten gewählt, das hier möglichst schnell zu beenden. Die italienisch anmutende Musik, die unser Schweigen wie ein Schwarm lästiger Insekten unterbrach, rief Bilder von weißen Stränden und fröhlichen Partys in mir wach, die ich lange nicht mehr, eigentlich noch nie hatte und mein Gefühl sagte mir, dass, wie auch immer das Ende des Lebens aussehen musste, es bestimmt große Ähnlichkeit mit dem hier hatte.

»Entschuldige bitte«, sagte sie, »ich weiß, das ist nicht so, wie wir es uns vorgestellt haben. Am besten wir gehen einfach.«

Ich sah auf die Speisekarte und hörte meinen Magen knurren. Wahrscheinlich wäre ein Burger allein vor dem Fernseher im Moment das Beste, was aus diesem Abend noch herauszuholen war. Ihr Handy summte. Sie nahm es in die Hand und zog die Augenbrauen zusammen. Unschlüssig tippte sie ein paar Mal auf das Display. Ich griff in meine Tasche und wollte meinen Geldbeutel herausholen, als sie plötzlich wieder sprach.

»Kann ich dich einmal etwas fragen?«

»Ja natürlich.« Ich zog die Hand aus meiner Tasche, sah zu Annalena auf. Plötzlich entdeckte ich etwas. Ihre Augen waren ein wenig größer geworden und ich meinte, Tränen darin zu erkennen. Geistesgegenwärtig zog sie ein Taschentuch heraus und tippte auf ihrem Lidstrich herum.

»Warum machen wir das hier?« Sie sah mich mit ernster Miene an. Im Augenwinkel sah ich zwei Kellner tuscheln und zu uns herübersehen.

»Wie meinst du das?«, fragte ich.

»Ich meine, warum sitzen wir hier? Wir wissen nichts voneinander, hoffen aber, dass wir den Rest unseres Lebens miteinander verbringen können. Ist es nicht so?«

Ich spürte das Besteck zwischen meinen Fingern. Die Nachricht, die sie bekommen hatte, musste sie aufgewühlt haben.

»Nun, das ist vielleicht ein wenig weit vorgegriffen, der Rest unseres Lebens. Aber ja, im Grunde ist das so.«

Sie tupfte sich noch einmal die Augen. Dann stopfte sie das Taschentuch in ihre Tasche.

»Aber warum?«, fragte sie, »warum müssen wir das tun? Ist es nicht genauso in Ordnung, wenn wir einfach mit uns selbst zufrieden sind? Müssen wir immer an die Zukunft denken? Wir könnten auch einfach hier sitzen und uns einen schönen Abend machen.«

Sie drückte ihre Lippen aufeinander. Dann sprach sie weiter.

»Oder wir könnten einfach jeder zuhause sitzen und unsere Lieblingsserie anschauen, mit einem Becher voll Eis und einem Wein. Dann müsste ich mir keine Gedanken darum machen, ob ich wie eine Schlampe wirke, wenn ich beim ersten Date Wein trinke. Ich müsste mir auch keine Gedanken darüber machen, ob ich irgendwann heute noch deinen schweißnassen Körper für ein paar Augenblicke über mir hecheln hören muss, wenn ich nicht für prüde gehalten werden will. Denn Frauen in meinem Alter sind von der Resterampe und müssen die Beine breit machen, wenn sie überhaupt noch einen abkriegen wollen. Ist doch so! Und noch weniger müsste ich mich fragen, ob du bisher noch keine abbekommen hast, weil du entweder ein Perverser oder ein armes Würstchen bist. Die Ansprüche sinken in dem Maße, in dem die Verzweiflung steigt. Ist doch so!«

Ihr Gesicht wurde ausdruckslos. Erst jetzt fiel mir auf, wieviel Make-Up sie verwendete, denn in ihrem Eifer traten die Fältchen, die sie damit zu verdecken suchte, nur noch augenfälliger hervor. Dann sah ich auf ihre Hände. Auch die hatten Falten. Dürre Zweige, an deren Ende lange Gelnägel herausragten.

»Wahrscheinlich hast du Recht. Am besten wir gehen einfach nach Hause«, sagte ich. Ihrem verzweifelten Blick ausweichend sah ich aus dem Fenster und stockte. Der alte Mann, der gerade noch an unserem Fenster vorbeigegangen war, stand auf der gegenüberliegenden Straßenseite. Erst jetzt bemerkte ich, dass er sich auf einen Rollator stützte. Er sah zu unserem Restaurant und hob den Arm, als hätte er einen Bekannten gesehen. Ich glaubte, Annalena würde weitererzählen, aber ich hatte kein Wort verstanden.

»Niko, so heißt du doch, oder?«, fragte sie mit lauterer Stimme.

»Ja entschuldige, Nikolas eigentlich, aber so nennt mich niemand.«

»Gut, Niko, wenn wir schon einmal hier sind, können wir doch auch über etwas reden, oder nicht? Oder wollen wir beide nur aus dem Fenster schauen? Denn ehrlich gesagt gibt es etwas, worüber ich mit jemandem reden will, aber vor meinen Freundinnen ist es mir peinlich. Also rede ich jetzt mit dir darüber.«

»Nur zu«, sagte ich und wünschte, ich wäre jetzt schon zuhause.

»Weißt du«, fuhr sie fort, »ich habe mein Leben lang gearbeitet und mir wurde nie etwas geschenkt. Ich bin nach dem Abitur bei meinen Eltern ausgezogen, weil ich auf eigenen Füßen stehen wollte. Aber ich bin nicht drei Straßen weiter gezogen, so dass Mami mir weiterhin meine Wäsche und etwas zu essen machen könnte. Ich bin weit weg gezogen vom Donnersbergkreis nach Köln, vom Land in die Großstadt. Weißt du, was das heißt? Ich habe BWL studiert und hatte zusätzlich immer einen Job, um meine kleine Wohnung und mein karges Essen zu bezahlen. Mein Studium habe ich mit Auszeichnung bestanden.«

»Mit Auszeichnung?«, fragte ich. »Was war das für eine Auszeichnung?«

»Eine Auszeichnung eben, das, was man so bekommt, wenn man gut ist. Ich habe Praktika gemacht, teilweise auch unbezahlt, das hieß, ich habe auch neben den Praktika noch gearbeitet, bis ich endlich einen Job gefunden habe. Da habe ich dann noch mehr gearbeitet, um dahin zu kommen, wo ich jetzt bin.«

»Und wo ist das?«, fragte ich. Der Kellner kam an unseren Tisch und hielt ungeduldig sein Tablet in der Hand, in das er mit einem Plastikstift die Bestellungen eintrug.

»Ein Schnitzel mit Pommes«, sagte ich. Gewöhnlich hätte ich so etwas bei einem Date nie bestellt, aber ich wollte diesen Abend wenigstens kulinarisch genießen. Annalena sah mich überrascht an, kommentierte meine Bestellung aber nicht, sondern orderte ihrerseits eine Pizza mit Salami und extra Käse. Dann traf mich ihr vorwurfsvoller Blick.

»Entschuldige«, sagte ich, »aber die Frage war ernst gemeint. Wo bist du hingekommen und hat sich die ganze Arbeit dafür gelohnt?«

Sie senkte den Kopf.

»Du hast ja Recht«, sagte sie, »als die ersten meiner Freundinnen feste Beziehungen hatten, habe ich mich ihnen noch überlegen gefühlt, weil ich nur die Karriere im Blick hatte. Bei der ersten Hochzeit war ich noch die Trauzeugin und habe sogar den Brautstrauß gefangen. Das war der schönste Tag in meinem Leben, denn ich habe gedacht, dass es bei mir auch bald so weit ist. Kannst du dir das vorstellen? Der schönste Tag in meinem Leben war die Hochzeit einer anderen. Das ist doch erbärmlich. Die Hochzeiten danach waren schon weit weniger schön. Niemand wollte mich mehr als Trauzeugin und als die ersten Kinder geboren wurden, haben meine Freundinnen sich alle gegenseitig zu Taufpaten gemacht. Ich wurde immer übergangen. Unsere früher regelmäßigen Treffen fanden immer seltener statt und ich fand heraus, dass sie sich ohne mich trafen, wahrscheinlich, weil sie sich nur noch über Kinder unterhielten. Aber ich bin nicht dabei und das Schlimmste ist, selbst wenn ich jetzt sofort Kinder bekommen würde, wäre ich trotzdem allein, denn ihre gehen jetzt schon auf weiterführende Schulen. Dann kann ich wieder nicht mit ihnen reden. Ich verdiene mehr Geld als sie, aber natürlich nicht mehr als ihre Männer. Du kennst das ja. Trotzdem halten sie mich für verschwenderisch, weil ich mir ab und zu einmal etwas gönne, wie einen Urlaub oder ein neues Auto, wofür ich, wie gesagt, hart gearbeitet habe. Aber das akzeptieren sie nicht. Kurzum: Ich habe das Gefühl, dass das Leben an mir vorbeigelaufen ist und noch schlimmer, ich habe Angst, Angst vor Einsamkeit.«

Ungefragt stellte ihr der Kellner ein weiteres Glas Wasser hin. Ich bestellte mir ein Bier.

»Verstehst du das?«, fragte sie mit so lauter Stimme, dass das Pärchen am Nebentisch sich zu ihr umdrehte.

»Ja, ich verstehe«, sagte ich und nickte heftig, um sie nicht ansehen zu müssen. Mein Blick fiel zur Tür. Zu meinem Erstaunen sah ich den Alten, der auf seinen Rollator gestützt in das Restaurant kam. Niemand beachtete ihn, als er sich an einen Tisch ans Fenster setzte, den Kopf auf seine Hand stützte und hinaussah.

»Aber da sind noch andere Dinge«, sagte sie, »Auch wenn man es mir vielleicht nicht ansieht, ich habe mein Leben lang Sport gemacht.«

Sie machte eine kurze Pause. Wahrscheinlich hätte ich ihr sagen sollen, dass man es ihr ansieht, aber mein Blick heftete immer noch an dem Alten am Fenster. Aus meinen Gedanken riss mich ein Teller mit Schnitzel und Pommes, der vor mir abgestellt wurde. Annalena bekam ihre Pizza und sah sehnsüchtig auf die Schale Mayonnaise, die der Kellner neben mir abstellte.

»Scheiße, habe ich einen Hunger«, sagte sie, nahm sich die Gabel und aß. Dann fuhr sie fort.

»Also, ich habe mein Leben lang Sport gemacht und auch auf meine Ernährung geachtet, penibel geachtet möchte ich sagen. Ich habe viele Artikel gelesen, was der Körper am Tag braucht und wieviel, welche Nährstoffe, was alles gesund und was ungesund ist. Ich bin neben meinen Jobs ins Fitnessstudio gegangen, manchmal früh morgens oder nachts. Mein BMI liegt bei 18,30 konstant, das ist optimal. Wegen der schlechten Qualität der Lebensmittel habe ich Vitamine genommen, alles, was man so braucht. Ich war immer so gesund, dass ich niemals zum Arzt gehen musste, denn ich hasse es, zum Arzt zu gehen. Ich möchte behaupten, ich bin einer der gesündesten Menschen, denen du je begegnet bist.«

»Der Komparativ von gesund ist eigentlich eine Illusion, da das Wort keinen steigerungsfähigen Zustand beschreibt«, sagte ich, »entweder man ist gesund oder krank. Ein Ding kann ja auch nicht blauer sein als ein anderes.«

Sie sah mich irritiert an.

»Man hört, dass du Lehrer bist«, kommentierte sie, ließ sich aber nicht irritieren. »Jedenfalls«, fuhr sie fort, »ist mir letztens aufgefallen, dass ich nicht mehr so gut die Treppe in den fünften Stock meiner Wohnung hinaufkomme. Weißt du, was das heißt? Da ich so gesund bin, wie man es nur sein kann, bedeutet es, dass ich alt werde. Und davor habe ich Angst!«

So langsam gab ich es auf, Annalena mit kleinen Spitzfindigkeiten in ihrem Redefluss zu unterbrechen. Ich sah wieder zu dem Alten, der aus dem Fenster schaute. Er trug immer noch seine Jacke und den Schal, mit denen er der Kälte draußen getrotzt hatte, und ich fragte mich, ob es ihm nicht viel zu warm war und wann ein Kellner kommen würde, um seine Bestellung aufzunehmen.

»Es ist der Tod, verstehst du?«, sagte Annalena, »wenn ich abends aus dem Fenster sehe, die gedungenen Gestalten, die vereinzelt dick vermummt die Straße überqueren, komme ich auf die Idee, dass eine von ihnen meinetwegen hier ist. Weißt du, wie der Tod aussieht?«

Ich starrte sie an. Der Ton ihrer Stimme glich einem Flüstern, als sie den letzten Satz sagte, und ehe mich der Anblick ihres Gesichts noch weiter irritieren konnte, sah ich aus dem Augenwinkel schemenhaft, wie der Alte sich von seinem Tisch erhob und auf uns zuging. Was dann folgte, kann ich schwer beschreiben. Es war, als wäre ihre Gestalt in ein weißes Licht getaucht. Nur wir beide saßen noch hier an einem Tisch, doch die anderen Gäste, die Kellner, zuletzt das ganze Restaurant waren verschwunden. Hinter Annalena sah ich plötzlich einen Friedhof. Der Alte ging an unserem Tisch vorbei auf eines der Gräber zu, bückte sich unter großer Anstrengung und streichelte die frisch geharkte Erde. Dann legte er einen Blumenstrauß ab, drehte den Kopf und seine Lippen bewegten sich. Ich konnte nicht hören, was er sagte. Meine Augen begannen zu jucken, ich blinzelte und der Alte war verschwunden. Ich saß wieder mit Annalena im Restaurant. Ich lächelte sie an und sie gab ein Lächeln zurück.

Diese Winternacht ist fast vierzig Jahre her. Inzwischen sitze ich am Krankenbett meiner Annalena. Sie liegt im Koma. Sie hat ein schwaches Herz und eine empfindliche Lunge, sauerstoffarmes Blut gibt ihrer Haut einen lila Schimmer, doch sie ist immer noch so schön wie an jenem Abend, als wir uns kennenlernten. Der Nachtpfleger, ein junger Mann, der demnächst Geschichte studieren will, kommt regelmäßig vorbei und sieht nach uns. Ich habe ihm einige Bücher geschenkt, die ich nicht mehr brauche. Durch das Fenster sehe ich in die Nacht hinaus. Es beginnt zu schneien. Ich nehme die Hand meiner Frau, drücke sie zart und glaube, dass sie meinen Druck erwidert, obwohl sie ihre Augen wohl nie wieder öffnen wird. Noch immer weiß ich nicht, wie der Tod aussieht, doch hier, in diesem Zimmer der geriatrischen Station weiß ich, hier ist das Leben. Denn sie ist es, sie ist mein Leben.

Der Nachtpfleger kommt herein. Er stellt mir einen Tee auf den Tisch und bleibt unschlüssig stehen. Dann fragt er mich etwas.

»Soll ich Ihnen vielleicht ein Bett bringen, damit sie sich etwas hinlegen können?«

»Nein, danke«, antworte ich, »ich bin zufrieden.«

»Aber vielleicht möchten sie einen Hocker für die Beine oder eine Decke?«

»Das ist sehr nett von Ihnen, aber vielen Dank. Ich brauche nichts.«

Er zögert.

»Wissen sie«, sagt er plötzlich, »Ich finde es unglaublich, dass sie Tag und Nacht am Bett ihrer Frau sitzen, obwohl sie nur daliegt und wir nichts für sie tun können. Das ist wirklich toll von Ihnen.«

»Wo soll ich denn sonst sein?«, frage ich, »Es ist doch meine.«

Der Pfleger lächelt und ich lächele zurück. Dann geht er zur Tür hinaus.

Santa

»When I`m feeling blue all I have to do is take a look at you, than I'm not so blue.«
A groovy kind of love – The Mindbenders

Als die letzten Sonnenstrahlen hinter den Dächern der Vorstadt verschwinden, tanzen einsame Schneeflocken in den Lichtkegeln der Laternen. Weiße Weihnachten, denke ich, das wünscht sich jeder. Ich ziehe meinen Schal zurecht. Der Wind pfeift durch die Ritzen der alten Bushaltestelle, durchdringt meine viel zu dünne Jacke, während ich nur eins hoffe: Es soll schnell halb fünf werden. Ich weiß, dass ich im Begriff bin, etwas Verbotenes zu tun, etwas, das in den Augen der meisten Menschen zutiefst verwerflich ist. Wenn man mich erwischt, wird man mich verhaften, verurteilen, möglicherweise werde ich meinen Job verlieren. Aber ich kann nicht anders. Ich habe genug von alledem.

Tatsächlich zögerte ich noch bis zuletzt. Als Leiter des örtlichen Tierheims habe ich eine Vorbildfunktion, habe Rechenschaftspflicht gegenüber dem Tierschutzverein, der uns finanziert. Auch ist es meine Aufgabe, den Mitarbeitern und besonders unseren jungen Azubis zur Seite zu stehen. Schließlich entscheiden sie sich, aus Liebe zu Tieren eine Knochenarbeit zu machen und das für ein Gehalt, das weit unter dem der angeblich unterbezahlten Krankenpfleger liegt. Neben Tierpfleger bin ich insbesondere Psychologe, tröste und erkläre. Natürlich, wie soll eine Neunzehnjährige wie unsere Auszubildende Janina auch verstehen, welches Elend und welche Ignoranz sich täglich bei uns abspielt? Sie hatte Max, den verletzten kleinen Hund mit großen

Kulleraugen, sofort in ihr Herz geschlossen. Sein Besitzer gab ihn bei uns ab, weil er angeblich zu dumm war, um apportieren zu lernen. Außerdem knurrte er ständig. Kein Wunder. Sein Kopf stand schräg, er konnte sich kaum bewegen. Angeblich war er zwei Wochen zuvor in einem Heizkörper eingeklemmt gewesen. Wir brachten ihn in die Tierklinik, wo sie ihn an der Wirbelsäule operierten, natürlich auf unsere Kosten. Janina nahm ihn mit nach Hause, um ihn zu pflegen, das ist so üblich. Leider starb der Kleine noch in der Nacht.

Immer wieder kommen Familien aus den Häusern entlang der Straße. Autos fahren ab. Ich sehe unauffällig zum Eingang des Hauses, dessen Büsche unter einem wahren Moloch an Weihnachtsdekoration ächzen. Überall blinkt es. Ein überdimensionaler Santa Claus winkt mit seinem rechten Arm, während sein linker ein leuchtendes Rentier aus Draht an der Leine hält. Neben ihm stehen ein Sack und viele Päckchen. Die interessieren mich nicht. Mir geht es nur um eines, hinter den Vorhängen, wo alles noch beleuchtet ist. Bald wird die Kirche beginnen. So sehr ich den Moment herbeisehne, da die Familie aus dem Haus treten wird, so sehr fürchtete ich mich auch. Dies wird mein Zeichen sein. Ich werde eine Schwelle übertreten. Noch weiß die Familie nicht, dass ich heute ihre heile Scheinwelt, dieses Kartenhaus des jährlichen Familienglücks, zum Einsturz bringen werde. Die Wenigsten werden verstehen, warum ich das tue.

Nach dem Tod des kleinen Max kam Janina am nächsten Morgen zur Arbeit. Sie sah um fünfzig Jahre gealtert aus, hielt den toten Hund auf dem Arm und fragte mich, warum Menschen, die ein Tier so behandelten, nicht bestraft würden, warum ich den Mann nicht zurechtgewiesen und ihn zum Teufel gejagt hätte. Da musste ich ihr die traurige Wahrheit sagen. Die Menschen, die zu uns kommen, sind die

Guten. Viele setzten Tiere einfach aus, irgendwo im Nirgendwo, wo es einsam ist und sie niemand sieht. Die Tiere werden sich selbst überlassen. Viele verhungern oder verdursten, andere werden gefunden und kommen zu uns. Wenn wir die Menschen, die zu uns kommen, nicht gut behandeln, werden nur noch mehr Tiere ausgesetzt. Daran habe ich geglaubt, auch wenn Janina mich in diesem Moment dafür hasste. Ich musste es glauben, weil es nun einmal mein Job ist, bis gestern dieser Mann im Maßanzug vor mir stand.

Plötzlich kommt Bewegung in den Raum hinter der Eingangstür des Hauses. Ich vermute, dass sie sich gerade die Jacken anziehen. Wenig später tritt der Mann im Maßanzug in den Vorgarten. Ich kann die schrille Stimme einer Mutter hören, die ihr Kind zurechtweist. Dann kommt ein Mädchen auf den Mann zu gerannt, schlingt ihre Arme um seine Hüften. Er befreit sich von ihr mit dem Hinweis auf seinen neuen Anzug und auf das schöne Geschenk, das sie bekommen wird, wenn die Messe vorbei ist. Ich erkenne ihn.

Es ist der Mann, der mir vor zwei Tagen seine Visitenkarte dagelassen hat, falls ich es mir noch einmal überlege. Was gibt es da zu überlegen? Er war zu uns bekommen, weil er ein Geschenk für seine Tochter suchte. Ein besonderes sollte es sein, denn seine Ex-Frau behauptete immer, er würde sich nicht genug um sein Kind kümmern. Nicht zu teuer sollte es sein, da war er auf die Idee gekommen, für sie ein junges Kätzchen aus dem Tierheim zu holen. Die würden doch ohnehin alle eingeschläfert, wenn niemand sie wolle, also sei es doch eine gute Tat, eins von den »Dingern«, wie er sich ausdrückte, mitzunehmen. Er hielt es für eine tolle Idee, sprach von einer »Win-Win-Situation«, zumal er dafür kein Geld ausgeben müsse. Ich lehnte ab und sagte ihm, dass es bei uns üblich sei, zunächst die künftigen Besitzer kennenzulernen. Außerdem, so sagte ich, beträgt die Schutzgebühr für ein Kätzchen zweihundert Euro. Daraufhin wurde er wütend, knallte seine Visitenkarte auf den Tisch und brüllte noch im Gehen, dass es im Internet viel billigere Tiere gäbe.

Endlich steigt die Familie in einen schwarzen BMW und fährt los. Als die roten Lichter um die nächste Straßenecke biegen, erhebe ich mich langsam. Immer wieder spähe ich entlang der menschenleeren Straße, während ich mich auf das Haus zubewege. Ich versuche, mich möglichst weit von den blinkenden Weihnachtslichtern fernzuhalten, als ich am Haus vorbeigehe und in den Garten schleiche. Ich weiß nicht, ob sie eine Alarmanlage haben. Auch Werkzeug habe ich nicht dabei. Wenn man mich verhaftet, werde ich als der schlechteste Einbrecher aller Zeiten in die Geschichte eingehen. Doch ich habe keine Zeit. Die Messe wird nicht länger als eine Dreiviertelstunde dauern.

Die Tür des Hintereingangs hat zwölf kleine Glasscheiben. Das ist mein Glück. Mit dem Ellenbogen schlage ich die ein, die am nächsten zur Türklinke ist, und horche. Nichts ist zu hören, das auf einen Alarm schließen lässt. Dennoch muss ich mich beeilen. Ich stecke meine Hand vorsichtig in das Loch in der Scheibe, fühle einen Schlüssel und drehe ihn. Danach drücke ich die Klinke. Die Tür schwingt leise auf. Vorsichtig betrete ich das Haus.

Hinter der Tür liegt die Küche. Auf der Arbeitsplatte stehen Servierteller mit Gemüse, eine Schüssel Kartoffeln und ein großer Braten. Es riecht nach Fett und Wein. Ich denke an die vielen Weihnachtsessen meiner Kindheit, als meine Mutter nicht weniger als zwölf Gäste versorgte, alles Familie, die das Essen in sich hineinschaufelte, um dann nach einem kleinen Absacker bedauernd zu erklären, dass sie nicht lange bleiben könnten. Pflichtbewusst versprach ihnen meine

Mutter, dass der Braten im nächsten Jahr noch zarter, das Gemüse noch knackiger und die Kartoffeln noch fluffiger sein würden. Wie sehr ich diese Besuche gehasst habe. Ich sehe zur Tür. Dort muss es ins Wohnzimmer gehen.

Zuerst sehe ich den überdimensionalen Weihnachtsbaum. Ein großer Tisch ist eingedeckt, alles ist vorbereitet. Wahrscheinlich muss man nur »Alexa, das Weihnachtsprogramm« sagen, damit die leuchtende Idylle perfekt wird. Ich sehe Pakete unter dem Baum liegen, knie mich davor und inspizierte sie. Eins von der Größe eines Schuhkartons hat eine große rote Schleife. Und Löcher. Das muss es sein. Ich halte für einen Moment inne. Dann kann ich das leise Atmen hören. Mein Herz schlägt wie wild. Warum tue ich das hier? Ich bin zum Einbrecher geworden. Alles, was ich bislang in meinem Leben gemacht habe, wird nun überschattet von diesem einen Moment, über den sich jeder fragen wird, wie es dazu kommen konnte. Doch nun gibt es kein Zurück mehr.

Als ich meinen Finger in ein Loch des Kartons stecke, kann ich weiches Fell spüren. Plötzlich ist alle Angst verflogen. Vorsichtig nehme ich das Paket unter den Arm und schleiche aus dem Wohnzimmer. Als ich die Küchentür schließe, frage ich mich, ob der Mann im Maßanzug die kaputte Scheibe bemerken wird. Plötzlich muss ich grinsen. Wahrscheinlich wird es einen Aufstand geben, wenn seine Tochter bemerkt, dass Papa ohne Geschenk an Weihnachten gekommen ist, Streit, Geschrei, Gezeter, niemand wird ihm glauben und die falsche Weihnachtsidylle in sich zusammenfallen. Es geschieht ihm nur Recht. Ich stecke noch einmal die Hand durch das Loch in der Scheibe, drehe den Schlüssel, dann renne ich geduckt im Schatten der Weihnachtsbeleuchtung von dem Haus weg.

Das Päckchen unter dem Arm gehe ich die Straße entlang. Inzwischen ist es dunkel geworden. Ich bin auf der Flucht, tatsächlich, gehe schneller, widerstehe dem Drang, mich dauernd umzusehen. Am Ende der Straße gehe ich in eine Parkanlage und genieße die Finsternis, die nach mir greift. Erst als die Schatten der Bäume gänzlich mit der Dunkelheit verschmolzen sind, setze ich mich auf eine Bank. Ich lege das Päckchen auf meinen Schoß, reiße das Papier auf und öffne vorsichtig den Schuhkarton.

Ein kleines Fellbündel liegt zusammengerollt vor mir. Sie muss kaum älter als sechs Wochen sein. Wahrscheinlich hatte man sie sofort nach ihrer Geburt der Mutter entrissen und in diesen Karton gesteckt. Er ist alles, was sie kennt, ihre Welt, und mein Gefühl sagt mir, dass auch meine Welt nun in diesen kleinen Karton passt. Als sie ihr Köpfchen hebt und mich mit ihren großen Augen ansieht, strecke ich ihr einen Finger hin. Sie riecht daran. Ihre Ohren stellten sich auf. Dann fährt sie mit ihrem Kopf an meiner Hand entlang. Ihr Fell ist so weich, dass es mich schüttelt. Ich greife in meine Tasche, hole ein Bröckchen Futter heraus und halte es ihr hin. Sie richtet sich auf, riecht, dann nimmt sie es und zerkaut den Happen.

Als ich Schneeflocken auf meinem Gesicht spüre, sehe ich, dass der kleine Körper zittert. Ich nehme meinen Schal und wickele sie hinein. Sie lässt es geschehen. Ich spüre, wie leicht sie mir vertraut in ihrer ganzen Unschuld und hoffe nur, sie weiß, dass ihr nun nichts mehr passiert. Ich werde sie mit nach Hause nehmen und egal, was passiert, ich werde sie niemals im Stich lassen. Unsere Leben sind nun eins. Dieses kleine Wesen, für das die Welt bislang nicht mehr als einen löchrigen Schuhkarton vorgesehen hatte, soll niemals mehr leiden. Selbst wenn mich alle für verrückt erklären, mich in eine Anstalt sperren, es ist mir egal. Dann bin ich eben der Irre mit dem Kätzchen. Ich werde sie mit meinem Leben beschützen. Ich kann spüren, wie Tränen sich mit den Schneeflocken auf meinen Wangen vermischen, als ich ihr zuflüstere: »Alles wird gut. Jeder hat sein Päckchen zu tragen und du bist ab jetzt mein Päckchen. Aber eigentlich warst du es schon immer.«

Sie öffnet noch einmal ihre Augen, streicht mit ihrem Gesicht über meine Finger. Da weiß ich, dass sie es wert ist. Jedes Mal, wenn ich diese Augen sehen werde, werde ich es wissen. Und sofort fällt mir auch der perfekte Name für sie ein, der sie den Rest ihres Lebens begleiten soll: Santa.

Der letzte Baum

»I am a man, you fell down from that apple tree the other day with me and now you ask me to apologise for slowly crawling up from the sea?«
On the Faultline (closer to an animal) – Sonata Arctica

Noch kann ich spüren, wie das Serum durch meine Adern fließt. Es ist ein seltsames Gefühl, das es eigentlich nicht geben dürfte, denn das Serum macht, dass man nichts fühlt. Noch sehe ich nichts, höre nur den langen Ton. Wenn er aussetzt, bedeutet es, dass mein Herz wieder schlägt. Über das Bewusstsein wissen wir längst, wie aktiv es auch ohne den Herzschlag sein kann, dennoch finde ich es unangenehm. Endlich folgt mein erster Atemzug, dann sehe ich den blauen Schimmer innerhalb der Kapsel, in die ich mich vor achtzehn Stunden hineingelegt habe. Das System zeigt mir den Strand, den ich mir ausgesucht habe, eine Palme und das Meer. Ich liebe dieses Bild, das Rauschen und das Gefühl auf der Haut, das der Computer besser erzeugt, als es die Natur noch kann. Wie konnten die Menschen nur darauf verzichten, damals, als man noch ins Flugzeug steigen musste und stundenlang flogen, um an einen solchen Ort zu gelangen? Das erlebten aber nur diejenigen, die vor dem Jahr 2077 geboren wurden, zumindest als Kinder. Heute sind wir zum Glück vernünftiger.

Die Fixierlaschen lösen sich langsam von meinen Gelenken. Vor meinen Augen flimmern Buchstaben, die mir die neuesten Nachrichten präsentieren. Ich sehe sie mir an. Schließlich muss man informiert sein. Außerdem wird sich die Manschette um meine Stirn nicht lösen, bis ich sie gelesen habe. Heute ist der 31. Dezember 2099, der Tag des Wunschbaums, der beste Tag im Jahr. Die Menschen pilgern dorthin, zu der ehrwürdigen Eiche, die schon seit zweihundert Jahren steht, mit grünen Blättern und mächtigen Zweigen, ein Wunder der Natur. Einmal mehr wird sie heute in weiß erstrahlen, dank der vielen Zettel, die an ihr aufgehängt werden, Zettel mit Wünschen für das neue Jahr. Das ist Tradition. In vielen Reihen werden die Menschen anstehen, bis zum Eingang der großen Kuppel. Im Foyer werden Beamte auf sie warten und ihre Zettel entgegennehmen. Zum Baum selbst kommen wir leider nicht. Das ist Würdenträgern und Prominenten vorbehalten. Auf dem Bildschirm sehe ich das strahlende Gesicht des Bürgermeisters, der seinen Zettel persönlich an einen Ast des wunderschönen Baumes hängen darf. Er berührt die Rinde. Wie sich das wohl anfühlt? Vielleicht werde ich es irgendwann einmal erfahren. Aber heute ist der Tag, an dem ich ihn zum ersten Mal sehen darf. Ich habe in einem Preisausschreiben gewonnen und gehöre zu den Auserwählten, die auf der Panoramabalustrade einen Blick auf den Baum werfen dürfen. Einen echten Baum, so etwas habe ich noch nie gesehen.

Als ich alle Nachrichten gelesen habe, darf ich aufstehen. Ich habe Hunger und Durst. Mein Magen sehnt sich nach der Frühstückspille und den zwei Litern Wasser, die mir jeden Tag zustehen. Es heißt, dass bis zum Jahr 2066 die Menschen Wasserleitungen in ihren Häusern hatten mit nahezu unbegrenztem Vorrat. Sie hatten eigene Duschkabinen, unter die sie sich stellen konnten, solange sie wollten. Und das taten sie, ohne schlechtes Gewissen. Die Firma, für die ich arbeite, ist reich geworden mit der Erfindung von wasserlosen Säuberungseinheiten, die die Duschen ersetzten. Es ist viel besser, viel hygienischer und geht viel schneller. Außerdem ist es unumgänglich, weil Wasser knapp ist und für wichtigere Dinge gebraucht wird. Gewöhnlich würde ich mich nun an meinen Arbeitsplatz neben meiner Ruhekapsel setzen und fünf Stunden die Funktionskontrolle der Säuberungseinheiten in unserem Viertel überwachen. Aber nicht heute, heute habe ich frei. Schließlich ist Wunschbaumtag. Da erwartet mich neben der Erlaubnis, den Baum zu sehen, auch ein frischer Muffin zum Frühstück, ein echter, keine Pille, wie es sonst üblich ist. Das geschieht nur an Silvester und am 3. Oktober, dem Nationalfeiertag. Tag der deutschen Einheit nennen sie ihn, aber ich weiß nicht mehr, ob sie damit eine Nahrungs-, Säuberungs-, Arbeits- oder Freizeiteinheit meinen. Sie werden es schon wissen. Aber auf den Muffin freue ich mich schon seit einer halben Ewigkeit. Echtes Essen hält das Volk bei Laune, heißt es oft. Und mich auch.

Als ich meine Nahrungskammer betrete, halte ich inne. Meine Ration ist noch nicht da. Wahrscheinlich wieder einer dieser Defekte oder ich habe der Werbung, die vor dem Betreten des Raums gezeigt wird, nicht aufmerksam genug zugeschaut. Schon ärgere ich mich, dass ich die ganze Prozedur noch einmal wiederholen muss, was von meiner Wachzeit abgeht, da spüre ich, dass mir das Atmen schwerfällt. Die Luft ist stickig und abgestanden. Vielleicht ist meine Belüftungseinheit kaputt. Das wäre eine Katastrophe. Schon höre ich es in meiner Lunge rasseln und ich sehe helle Punkte vor meinen Augen. Da fällt es mir ein. Ich habe den Wachknopf vergessen. Sie wissen gar nicht, dass ich schon aufgestanden bin und versorgen daher meine Wohneinheit auch nicht mit Nahrung und Sauerstoff. Schließlich könnte ich tot sein und dann würden wichtige Ressourcen verschwendet. Der Wachknopf ist neben der Kapsel, jeder Dummkopf sollte das wissen. Meine Knie geben nach, als ich zurück in meiner Schlafkammer gehe. Mit ausgestrecktem Arm erreiche ich keuchend die Kapsel und drücke den Knopf. Er leuchtet rot auf und eine Sekunde später strömt herrlich gefilterte Luft durch die Rillen meiner Klimaeinheit. Luft ist wertvoll, deswegen darf jeder Mensch nur sechs Stunden pro Tag wach sein. Ansonsten werden die Sauerstoffeinheiten überlastet. Erleichtert nehme ich einen tiefen Zug.

Als ich zurück in meine Nahrungskammer komme, macht mein Herz vor Freude einen Sprung. Neben dem Wasserbehälter und den Frühstückspillen steht er, der Muffin. Unter dem Schokoladenüberzug schimmert heller Teig. Er sieht aus wie ein Pilz und damit meine ich nicht diese schlammige Masse in einer Petrischale gezüchteter Kulturen, sondern einen Pilz wie er wohl ausgesehen hat, als sie noch im Wald wuchsen, als es noch einen Wald gab. Diesen Genuss möchte ich zelebrieren. Obwohl die No-Waterwaste-Vereinigung gerade wieder eine Kampagne mit dem Titel »Waschen geht gar nicht« initiiert, schütte ich ein wenig Wasser aus dem Behälter über meinen Kopf. Schließlich ist heute Wunschbaumtag, da kann man sich schon einmal etwas gönnen. Genussvoll spüre ich die lebendigen Tropfen auf meiner Haut. Danach nehme ich meine Nahrungspillen, setze mich hin und beobachte den Muffin, während ich auf das Sättigungsgefühl warte.

Ein Muffin und der Wunschbaum, heute ist wirklich ein besonderer Tag. Tatsächlich ist Wunschbaumtag mein Lieblingsfeiertag. Ich weiß auch schon genau, was ich mir wünsche. Dieses Jahr, so habe ich mir vorgenommen, reihe ich mich nicht in die Menge derer ein, die sich mehr Geld, mehr Erfolg oder eine bessere Gesundheit wünschen. Der Baum ist schließlich kein Zauberer, ihm wohnt lediglich jener Zauber inne, von dem man sich erzählt, dass er früher einmal durch die Natur allgegenwärtig war: Pflanzen und Tiere, die wie von selbst entstehen und wachsen auf frischer Erde, die Nahrung finden, einfach so, weil sie da ist. Das hat mich schon immer fasziniert. Als ich noch zur Schule ging, hat man uns einmal auf einem Ausflug einen echten Hund gezeigt. Ich kann mir bis heute nicht vorstellen, dass Menschen früher so ein Tier zuhause hatten. Er macht einfach Dinge, ohne dass man ihn speziell programmiert hat, anders als die Roboter-Haustiere, die sich nur die Reichen leisten können und die viel hygienischer sind als echte Tiere. Dennoch war ich sofort verliebt in diesen Hund und oft zwischen meiner Arbeitszeit und der Schlafenszeit schaue ich mir Filme von früher an, die von Hunden handeln.

Mein Wunsch, den ich heute an den Wunschbaum hängen werde, hat nichts mit alledem zu tun. Es geht um Daniel, meinen besten Freund aus der Schulzeit. Vor ein paar Jahren haben wir uns verkracht und seitdem nicht wieder miteinander gesprochen. Er ist wütend auf mich und ich war wütend auf ihn. Ich weiß nicht mehr, worum es in unserem Streit eigentlich ging. Mir ist es auch egal. Ich will, dass wir wieder miteinander reden, wieder Freunde sind, denn die freie Zeit ist einsam. Es gibt nur Wenige, die sich trauen, abseits der von der Regierung organisierten Zusammenkünfte zwecks Heirat und Kinderzeugung andere Menschen zu treffen. Dafür gibt es dreimal im Jahr ein Zeitfenster, das die meisten ungenutzt verstreichen lassen. Aber ich will sie endlich nutzen. Schließlich bin ich noch jung. Was kann mir schon passieren?

Ich lasse mir Zeit mit meinem Muffin. Fast eine Stunde dauert es, bis ich ihn aufgegessen habe. Danach bleibe ich traurig sitzen, weil es nun Oktober werden muss, damit ich einen neuen bekomme. Meine Untätigkeit bleibt nicht lange unbemerkt. Leise summend schiebt sich der Monitor aus der Decke. Zunächst sehe ein Feuerwerk und Konfetti über den Bildschirm fliegen. Es ist eine Glückwunschkarte meiner Eltern zum Wunschbaumtag. Meine Eltern hatten einen Service abonniert, der mir zu allen wichtigen Feiertagen eine Karte sendet, damit sie es nicht vergessen. Wegen ihres plötzlichen Todes konnten sie ihn nicht kündigen. Trotzdem freue ich mich, dass sie an mich gedacht haben. Danach fordert mich der Monitor auf, ein Unterhaltungsprogramm zu wählen und eine Nachricht auf mein Dashboard zu senden. Ich mache ein Foto von mir und schreibe darunter »Yeah, heute geht es raus, Wunschbaumtag!«. Das verschafft mir Zeit. Denn bei zu langer Untätigkeit im Wachzustand sendet der Computer eine Nachricht, dass mir langweilig ist. Das hätte einen Shitstorm zufolge, denn Langeweile ist Atemluftverschwendung und das geht, laut der neuen Pro-Aktiv-Initiative der Regierung, einfach gar nicht.

Der Computer wählt eine Dokumentation über die Feierlichkeiten zum Millennium im Jahr 1999. Das ist seit vier Wochen das Standardprogramm. Bislang habe ich es vermieden, mir anzusehen, wie Menschen vor hundert Jahren auf den Straßen gefeiert, Feuerwerkskörper in ihre frische Luft geschossen und sich amüsiert haben. Eigentlich hassen sie alle, weil sie unsere Umwelt zerstört haben, aber insgeheim wäre ich gerne mit dabei gewesen. Vielleicht wären Daniel und ich noch Freunde, wenn wir uns einmal einfach so auf der Straße begegnen und uns aussprechen könnten. Plötzlich fällt es mir wieder ein. Wir haben uns gestritten, weil Daniel auf seinem Dashboard eine illegale Aktivistengruppe unterstützte, die jedem Menschen das Doppelte an Wachzeit zugestehen wollte, zu Lasten der Umwelt. Ich war schockiert, schrieb ihm eine persönliche Nachricht, doch er antwortete nicht. Für so viel Sturheit kann niemand heutzutage Verständnis aufbringen. So bleibt mir nur der Wunschbaum.

Eine halbe Stunde lasse ich die Menschen in der Dokumentation über mich ergehen, dann fordert mich der Computer auf, drei

Werbespots anzusehen, damit sich meine Einkleidungseinheit aktiviert. Ich habe nicht mehr viel Zeit. Gleich wird sich meine Tür öffnen. Der Computer wählt einen hellblauen Einteiler für mich. Vor dem Spiegel betrachte ich mich. Es sieht dem Anlass angemessen aus. Danach öffnet sich endlich die Tür meiner Wohneinheit.

Während ich mich von dem Beförderungsband bis zum Platz der Freiheit in der Innenstadt fahren lasse, betrachte ich den blauen Himmel und lausche den Möwen, die auf den Bildschirmen der Schutzröhre angezeigt und nur durch gelegentliche Werbespots unterbrochen werden. Nach etwa einer halben Stunde hält das Band an und ich gehe einige Schritte, bis ich das Ende einer Menschenschlange erreiche, die bis zu einer verschlossenen Türe reicht. Im Minutentakt öffnet sie sich und so können weitere Wartende hindurch. Dort bekommt jeder den Zettel für seinen Wunsch und muss dann wieder stundenlang warten. Doch ich nicht. Ich habe mein Ticket für die Panoramabalustrade in der Tasche. Mich werden sie vorlassen.

Stolz zeige ich mein Ticket vor, als ich endlich durch die Tür treten darf. Gleichgültig reicht der Beamte mir einen Zettel und weist mir den Weg durch einen Gang, jener Gang, von dem ich mich in den letzten Jahren so oft gefragt habe, wie es dahinter wohl aussieht. Ich schreibe meinen Wunsch auf den Zettel, dann durchschreite ich feierlich die Tür, fühle weichen Boden unter meinen Füßen und erreiche endlich einen Röhrengang. Luft, die ich aus meinem Waldspaziergang-Programm zuhause kenne, durchströmt ihn, doch viel frischer, intensiver und viel facettenreicher. Ich höre Vögel zwitschern und vor mir breitet sich eine Landschaft mit Bäumen, Sträuchern und einem Waldweg aus. Was für eine spektakuläre Animation, würdig als Einstieg dafür, dass ich gleich einen echten Baum sehen werde. Sie wird nicht einmal durch Werbespots unterbrochen und so komme ich mir tatsächlich vor, als würde ich durch einen Park spazieren. So müssen sich die Menschen vor hundert Jahren gefühlt haben. Langsam gehe ich weiter, bis ich zwischen den Wipfeln der Bäume blauen Himmel sehen kann. Wenig später komme ich an eine Tür. Das muss der Eingang zur Panoramabalustrade sein. Mit einem Anflug von Ehrfurcht öffne ich sie.

Hinter ihr eröffnet sich mir der Blick auf die große Kuppel. Die Luft ist hier noch frischer als in dem Gang. Sonnenstrahlen bescheinen einen blauen Himmel. Ganz leise im Hintergrund kann ich die 4. Symphonie von Beethoven hören. Was für eine großartige Inszenierung. Ich sehe Menschen vor mir, die sich staunend gegen ein Geländer lehnen. Gleich werde ich ihn sehen, den Wunschbaum, den ich so nur von Bildern kenne, die mächtige Eiche mit den grünen Blättern, gespickt mit Zetteln, den Hoffnungen einer ganzen Stadt auf eine bessere Zukunft. Als ich das Geländer erreiche, schließe ich die Augen. Ich will den Moment auskosten. Noch einmal rufe ich mir die Bilder des Wunschbaums in Erinnerung. Dann öffne ich meine Augen wieder.

Ich erstarre. Das Bild, das sich mir eröffnet, ist nicht, was ich erwartet habe. Die Balustrade erstreckt sich in etwa zehn Meter Höhe entlang der Kuppel. Ich kann Menschen an dem Geländer stehen sehen, die alle auf die Mitte herabschauen. Dort steht der Wunschbaum. Er ist ganz und gar nicht so, wie ich ihn auf Bildern gesehen habe. Die Eiche hat nicht ein einziges grünes Blatt. Zu ihren besten Zeiten mag sie ein stattlicher Baum gewesen sein, wie ich sie aus den Dokumentationen kenne, nun erscheint sie bis zu der abgebrochenen Spitze keine drei Meter hoch. Ihre verdorrten Zweige ächzen ob der vielen Zettel, die man an sie gehängt hat. Ich kann nicht hinsehen, drehe mich um und sehe einen Stand, an dem man Souvenirs kaufen kann, alle bebildert mit einem strahlend schönen Baum. Auch dort möchte ich nicht hinsehen.

Als ich mich zur anderen Seite drehe, erstarre ich. Neben mir steht Daniel leibhaftig vor mir. Auch in seinem Gesicht spiegelt sich der Schock wider. Er dreht sich zu mir und erkennt mich sofort.

»Hallo«, sagt er, während sein Kopf nach unten sinkt. Ich erwidere den Gruß. Dann schweigen wir. Ich bin erstaunt, dass er hier ist, habe ich ihn doch nie für einen großen Naturfreund gehalten, erst recht nicht, nachdem er diese unselige Initiative unterstützt hat.

»Ich habe ihn mir ganz anders vorgestellt«, sagt er plötzlich.

»Ich auch«, erwidere ich, »Was machst du hier?«

»Ich habe in einem Preisausschreiben gewonnen. Jetzt wünschte ich mir, ich hätte nicht daran teilgenommen. Eigentlich wollte ich auch nur meinen Wunsch loswerden.«

Er nimmt einen Zettel aus der Tasche seines hellblauen Einteilers und reicht ihn mir.

»Hier, lies!«, sagt er.

»Das geht nicht«, antworte ich, »niemand darf ihn lesen. Sonst geht der Wunsch nicht in Erfüllung.«

»Vielleicht doch«, sagt er, »Ich weiß nur, dass ich ihn nicht an diesem Baum hängen will. Jedes Jahr hängen tausende Menschen ihre Wünsche an ihn, während er von dieser Last langsam verdorrt. Da will ich nicht mehr mitmachen.«

Jetzt bin ich es, der den Kopf senkt. Er hat Recht. Dann lese ich seinen Zettel:

»Ich wünsche mir, dass Christian wieder mit mir redet.«

Ich spüre Tränen auf meinem Gesicht. Dann greife ich in meine Tasche, hole den Zettel heraus und reiche ihn Daniel. Ich nicke ihm zu, bevor er ihn liest. Dann schaut er mich an.

»Ich war ein Idiot«, sage ich.

»Wir alle waren Idioten«, erwidert er. Dann schließt er mich in seine Arme. Ich drücke ihn fest an mich. Alle schönen Bilder und alle schönen Gefühle, die mir in den letzten Jahren erzeugt wurden, verblassen in dieser Umarmung. Er sieht mich an, zerknüllt seinen Zettel und wirft ihn weg. Ich tue dasselbe. Dann gehen wir von der Balustrade weg und schwören uns, nie wieder zu streiten. Mein Wunsch ist erfüllt. Ich habe wieder einen Freund.

Epilog

»Die Fehler, die du nicht mehr ändern kannst, die Worte, die du bereust, und die Nächte, in denen du nicht wusstest, wohin mit dir, die nehmen wir nicht mit, die lassen wir hier.«
Das alles kommt mit – Element of Crime

Christian Krumm

Traumschrott

180 Seiten, 12 x 18 cm, Broschur

ISBN 978-3-946425-02-1

9.95 €

Träume, mein Lieber, sind niemals Schrott.

Ein Gremium aus Politik und Gesellschaft tritt zusammen um die beste Kuzgeschichte zum Thema Traumschrott zu wählen. Mitten im Gremium sitzt Du, der Leser dieses Buches.
Nach dem ersten Treffen werden die elf Kurzgeschichten vorgestellt, die unterschiedlicher nicht sein können.
Im Anschluss trifft sich das Gremium mit Dir wieder. Die vorangegangenen Geschichten werden analysiert, und dann kommt er, der ganz große Knall, der Dich aus der Bahn werfen wird.

> „Diese Kurzgeschichten sind skurril, bizarr und schizophren. Die Wortwahl, die verschlungenen Begebenheiten, die üppige Phantasie der Traumschrottkurzgeschichten ist faszinierend.“
> - Edith Oxenbauer, http://t-arts.com -

Christian Krumm

Heaven 11

Ein Psychatrie-Roman

346 Seiten, 14,8 x 21 cm, Broschur

ISBN 978-3-946425-63-2

16.00 €

So manch hoffnungsvolle Karriere endet im Abgrund!

Diese Erfahrung muss der ehemalige Banker Marc Vossberg machen, der nach einem Burn-Out-Syndrom auf Drängen des Amtes eine Stelle als Aushilfspfleger in der geschlossenen Psychiatrie annehmen musste. Als er erfährt, dass er seinen alten Job wiederbekommen kann, keimt in ihm die Hoffnung auf. Um die Stelle antreten zu können, benötigt er lediglich eine Bescheinigung, dass er gesund ist.
Was zunächst ganz einfach klingt, entpuppt sich immer mehr als großes Problem. Keiner glaubt so recht an seine Diagnose und seine plötzliche Genesung. In seiner Verzweiflung wendet er sich ausgerechnet an den schizophrenen Patienten Gregor Thomè, der ihm dabei helfen soll, die Ärzte zu überlisten.
Denn eine Sache verheimlicht Marc: Das unheimliche Kratzen und Klopfen an seiner Zimmertür, das er seit seiner Krankheit jede Nacht hört.

Christian Krumm

(*1977) ist freischaffender Autor und Dozent für Kreatives Schreiben an der Universität Duisburg-Essen. In seinen Romanen und Kurzgeschichten beschäftigt er sich insbesondere mit der Psyche des Menschen und verarbeitet so seine Erfahrungen als Mitarbeiter in der geschlossenen Psychiatrie. Mit dieser Sammlung geht der den Weg, den er in seinen viel gelobten Büchern *Traumschrott* und *Heaven 11* eingeschlagen hat, konsequent weiter.

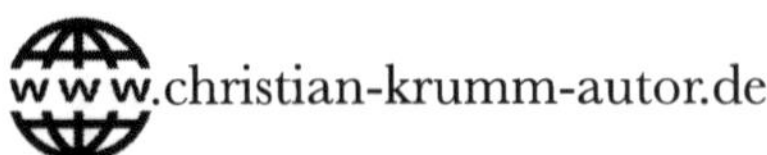